讀史是人生的必修課

《二十二史感应录》白话语译

清 彭希涑 辑
中华文化讲堂 译注

中国华侨出版社

图书在版编目（CIP）数据

读史是人生的必修课：《二十二史感应录》白话语译/(清)彭希涑辑；中华文化讲堂译注. —北京：中国华侨出版社，2013.8 （2021.4重印）

ISBN 978-7-5113-4018-4

Ⅰ.①读…Ⅱ.①彭…②中…Ⅲ.①史籍－研究－中国－古代②《二十二史感应录》－译文③《二十二史感应录》－注释Ⅳ.①K204.1

中国版本图书馆CIP数据核字(2013)第209640号

● 读史是人生的必修课：《二十二史感应录》白话语译

辑　　者	(清)彭希涑　辑
译 注 者	中华文化讲堂　译注
责任编辑	羽　子
责任校对	志　刚
经　　销	新华书店
开　　本	787毫米×1092毫米　16开　印张/20　字数/254千字
印　　刷	三河市嵩川印刷有限公司
版　　次	2014年6月第1版　2021年4月第2次印刷
书　　号	ISBN 978-7-5113-4018-4
定　　价	49.80元

中国华侨出版社 北京市朝阳区静安里26号通成达大厦3层 邮编：100028
法律顾问：陈鹰律师事务所
编辑部：（010）64443056　传真：（010）64439708
发行部：（010）64443051
网　址：www.oveaschin.com
E-mail：oveaschin@sina.com

原 序

春秋者，史家之祖也。春秋纪灾异，所以著天人感应之故甚明，左氏因而传之。凡国之废兴，人之生死，事之成败，必先原其善恶得失之所由。而究其所终极，如立竿睹影，持镜取形，无豪发之爽。其人也，其天也，其皆一心之自为感应也。自周以降二千年间，史家记载，事变日出，不可殚穷。而有不变者存焉。由不变者观之，其天人感应之故，可得而详矣。然感应之故，有可知有不可知。善者祥，恶者殃，此其可知者也。善者不必祥，恶者不必殃，此其不可知者也。夫使天之与人，判然其相格也，冥然其不相关也，是则古来感应之故，类不足凭。乃其可知者，固已章章矣。即其可知者而推之，天之与人，诚若是其相关，而未始相格也。必无有明于此，而暗于彼者也，必无有通于此，而窒于彼者也。然而善者不必祥，必其善有未至也。不然，彼其祥有不可见者矣。恶者不必殃，必其殃有未熟也。不然，彼其殃有不可见者矣。夫不可见，则不可知矣。然而未始不可知，吾于其可知者知之，其可知者其不变者也。《太上感应篇》出于道藏。其书导人以修身立命之学，其旨足与春秋左氏相发。后之注者多杂引稗官小说，不足征信于世。兄子希涑阅二十二史，取其事应之显著者，汇而录之，分为二卷，将刊板以行。使人知天人感应之故，不以古今而异其豪发，其于君子修身立命之学当有助焉。易大传曰：善不积不足以成名，恶不积不足以灭身。夫君子之为善也，未始谓为善也。有去恶而已矣，去恶即善也，善之所由以积也。小人之为恶也，未始谓为恶也。有自以为善而已矣，自以为善即恶也，恶之所由以积也。是故君子日虚，小人日满。虚者集祥，满者集殃。其天

1

也，其人也，其皆一心之自为感应而已矣。而何不可知之有。读是书者，诚能反躬自鉴，决去其恶，勉进于善，日积而不已。求自尽于其心焉，吾知天必有以应之矣。

乾隆四十六年孟夏之月长洲彭绍升序

【译文】

  《春秋》是史书的鼻祖。《春秋》中记载异常的自然现象，受到天人感应的影响非常明显，作者左丘明因此列入到传记中。所有国家的兴衰，人物的生死，事业的成败，必须先找到他们善恶得失的原因。当探究根本原因时，就像立竿见影、持镜取形一样，丝毫不差。人事和天意都是自己的起心动念感应来的。自周朝以来的两千年间，史书记载，世事天天都在变，没有穷尽。但也有不变的东西存在，从不变的部分去观察，天人感应的原因可以看到而且很详细。但是感应的原因有些可以知道，有些却不可知。做好事的人得到吉祥，做坏事的人受到灾殃，这是感应可以知道的部分。做好事的人不一定吉祥，做坏事的人不一定遭到报应，这是感应不可知的部分。天对于人来说，表面上是相互区别的，看似不相关的，好像自古以来感应的原因，大抵不足为据。然而因果感应可知的部分，本来已经很显著了。从因果感应可知的部分推演看，天对于人，的确是相关的，而且没有相区别。一定没有在此处应验，却在彼处不应验的，一定没有在这里行得通在那里行不通的。然而如果做善事不一定吉祥，一定是善事有不周到之处，要不然就是有常人看不到的吉祥。作恶者不一定遭受灾殃，一定是报应的时机尚未成熟，要不然，就是有看不到的隐患在发生。看不到的就不知道了，但也未必不可知，我可以从可知的部分了解它，可知的规律是不变的。《太上感应篇》出自道教典籍，这本书是教导人修身立命的学问，它的目的足以与左丘明的《春秋》相应。后来注解的人多处引用野史小说，不足以令世人信服。我的侄子彭希涑读了二十二史，从中选取因果报应比较明显的，汇集摘录成两卷，将要印刷流通。此书使人知道天人感应的原因，不会因为古今时间的差异而有不同，对于君子修身立命的学问是有帮助的。《周易》中说："不做大量有益的事情就不能成为一个声誉卓著的人，不干坏事就不会成为毁灭自己的人。"君子行善,未必说是做善事,只是改过而已,改过就是向善了,善就是这样积累的。小人作恶,未必说是做恶事,只是自以为是善事而已,恶就从这里积累起来。所以君子日益谦虚,小人日益骄傲。谦虚的人积累吉祥,骄傲的人收集灾殃。人事和天意都是自己的起心动念感应而已,哪里有不可知的部分。本书的读者,确实能自我反省引以为戒,坚决去除坏习气,努力增长善念,每天积累不停止。力求从修心上下功夫,我相信上天一定会有响应的。

乾隆四十六年孟夏之月长洲彭绍升序

自 序

　　自有载籍以来，劝惩之书多矣。其言感应之故详矣，大要在使人止恶而进善。欲使人止恶而进善，必先有以起人之信心。信与不信，善恶之所自萌也。《太上感应篇》，载善恶条类綦详，其旨通于六经，而其公案具在二十二史。后之为注释者，多采取稗官说部，里巷传闻，以为之证。使童駿妇竖见其书，聆其说，莫不形惕心惴，其为功于世教非浅。而当世士君子反有以文不雅驯、菲薄不屑视者，始以其事为不足信，继且以其理为不足信。岂太上煌煌垂训，可以劝愚众，而不足以规学者哉？夫轻薄佻浮之子，俪规越矩者，勿论矣。即其间有志进修者，伤德丧名之行，自问无之？而或勉其暂不能慎其常，矜于众不能慊于独，然则善何由而纯，恶何由而尽。苟非取古昔记载，切于劝惩者，置之左右，反复寻觅，晓然洞悉于感应之所由，不以初终隐显而或二，又乌能奉身寡过而俯仰无愧怍也哉。希涑幼承家学，颇知向往。稍长，阅历世故，益有契于感应之理。爰以读史余闲，择其善恶事迹，果报最著者，得一百八十余条，编为二卷。子曰："举一隅不以三隅反，则不复也。"二十二史，无一事而非感应之证也。兹之所载，二十二史之一隅也。伊古及今，普天匝地，无一事而非感应之证也。二十二史，又古今感应之一隅也。推之而稗官说部，里巷传闻，苟由此而反之，其理明，其事确，又何不可信之有？吾愿读是书者，决志进修，为善去恶，如火之然，如泉之达。是书所录之善，吾得取之以为善；所录之恶，吾得反观内镜，务使根株之胥绝焉。然则太上垂训之旨，其不在斯乎。

彭希涑序

【译文】

　　自从有书籍记载以来，惩恶劝善的书就很多。其中讲到因果感应的原因都很详尽，主要目的是让人改过迁善。要使人能改过迁善，一定先让人对因果真正相信。在信与不信之间，善行和恶行就自然产生了。《太上感应篇》上记载的善恶行为的果报非常详细，它教人向善的目的与六经是相通的，而且里面的范例都出自二十二史。后来为此书作注释的人，大多搜集选取野史小说和市井传闻作为例证。让孩童和妇女看到这本书，或听到讲这本书，无不警惕畏惧、惴惴不安，这对于教化世风功劳不小。但现在读书为官的人反倒有些因为文字不高雅，鄙视不屑于看此书，原因在于认为其中的事例不可信，继而认为书中的道理也不可信。难道太上如此盛美昭彰的教诲，可以教化文化水平不高的人，却不能规劝有学问修养的人吗？那些不稳重朴实的人，不守规条法令的人，先放下不谈。即使是有志于增进道德建立功业的人，损伤德行败坏名声的事情，扪心自问就没有吗？有的短时间很勤勉却不能恭慎保持，在人前道貌岸然，独处时却放纵随意，那么善行怎么能纯厚，恶行怎么能消除呢？如果不是看着前人的历史记载，常把讲因果感应的书放在身边，反复阅读，明明白白清清楚楚地知道天人感应的原因，不对事情的起因结果和报应的明显隐晦产生怀疑，又怎么能保持节操少犯过失，随心而为也不会做惭愧事呢？末学彭希涑自幼蒙受家学的教导，对因果感应的历史故事很感兴趣。长大以后，亲身见闻世事变迁，更加证明了因果感应的道理真实不虚。于是在阅读史书的闲暇时，挑选行善作恶的故事中，果报最显著的，总结了一百八十多条，编辑成上下两卷。孔老夫子说："举出一个角为例来教他，而他不能推断出其他三个角的情况，即不能举一反三，那就不用再教他了。"纵观二十二史中，没有一件事不是因果感应的证明。这里所摘录的，只是二十二史宽阔殿堂里的一个角落。从古至今，漫天遍地，没有一件事不是因果感应的证明。二十二史，又只是古今所有感应事的一小部分。进一步想到野史小说，市井传闻，如果以此类推的话，道理清楚，事实确凿，又有什么不可以相信的呢？我希望本书的读者，下定决心提升品德修养，多行善事去除恶念，像火一样燃烧不息，像泉一样直达内心深处。本书中节录的善人善行，我们要遵从学习；书中节录的恶人恶行，我们要反躬自省，定要将它连根拔除以绝后患。那么太上教诲我们的目的，就已经达到了。

彭希涑序

凡 例

一、史书所载善者祥，恶者殃。其事不胜录也，兹取天人感应之神异显著者。凡降祥降殃，确知为某善某恶之报，则录之。

二、事有暗相关照，而其故不甚明著者，如李斯谮韩非下狱，非欲自陈不得。后李斯为赵高所谮，亦欲自陈不得。此类甚多，若欲繁引殚书，转属有心牵合，且挂漏反多。概不载人。

三、如《史记》所载，而复见《汉书》，则不重录，从其较详者录之。

四、所载祸福报应，只录其与本事有关者，其终身名寿子孙不尽载。或所作善恶之报，必合终身名寿子孙而后见者则仍书。

五、是书原为士大夫修省之助，至本纪所载皆不录入。若春秋列国诸侯，位非至尊分有相匹，仍录之。

六、书一事，而义可触类贯通。或其事互见于他书中者，附书于后，庶理完而文备云。

七、采辑既就，别作绪论数条，判决疑义，综论得失，以就正于尚论之君子焉。

绪 论

史书体例不志怪神，然有可以明人事之得失者，虽涉灵异不以为病。如《史记》载秦缪公死七日而寤，曰："我之帝所，甚乐。"且谓帝与言晋国休咎甚悉，命书而藏之，皆验。又赵简子疾不知人，既寤，语大夫曰："我与百神游于钧天广乐，九奏万舞，不类三代之乐。"亦谓帝与言晋国事亦皆验。其事两见于赵世家扁鹊传，使人知天人相与之故，则知所以事天，故不厌详也。若《晋书》载刘聪为遮须夷国主，《隋书》载韩擒虎为阎罗王，义无可取，乃为体例之病矣。

【译文】
史书的编写原则是不记载怪异鬼神之事的，但如果可以说明人或事的得失祸福，虽然涉及神奇怪异的事情也没有问题。比如《史记》记载秦缪公死了七天后醒来，说："我到了天帝的住所，非常高兴。"还说了天帝跟他说晋国未来详细的吉凶祸福，命人记录下来收藏，后来都应验了。又有赵简子病得不省人事，刚醒过来，对大夫说："我和百神游玩到天上，聆听仙乐，乐器奏着许多乐曲，跳着各种各样的舞蹈，不像上古三代时的音乐。"还说了天帝说的晋国事也都应验。此事两次出现在《赵世家·扁鹊传》中，让人知道天道和人道是相通的，就知道为什么要敬天，所以不会嫌书中描写太详细了。如《晋书》记载刘聪做了遮须夷国王，《隋书》记载韩擒虎做了阎罗王，于道义无可取之处，就是编写原则上的缺陷了。

司马子长于天人之理甚明，其论韩氏之昌，以为存赵氏之阴德，表其微也。蒙恬之诛也，自谓绝地脉之咎。而子长以阿意兴工，不惜民力，为恬罪。举其大也，其必有常矣。

【译文】

司马迁对于天人感应的道理非常明了，他论及晋国的韩厥一家能够昌盛，是因为保住赵氏孤儿的阴德，表明隐藏的善因。蒙恬被诛杀，他自己说是因为修长城时截断地脉的处罚。但司马迁认为，蒙恬迎合秦始皇大兴土木，不爱惜民力，才是获罪的原因。举出报应的重大恶因，必然会引起这样的结果。

《后汉书·史弼传》论曰，语云："活千人者子孙必封。"史弼全平原之党，而其后不大，斯亦未可论也。按弼为平原相时，诏举钩党，郡国所奏连及者多至数百，弼独无所上，济活者众。弼后为河东太守，为侯览所诬，下狱，诏论弃市。平原吏人奔走诣阙讼冤，委曲营救，以免弼罪。复起官，以寿终。方弼被逮时，其去死也近矣，卒赖平原人以免，岂非活人之报耶？由是推之，为善而福不至，必阴消其无形之祸也，其禀诸命者本薄也。为恶而祸不至，必阴消其当得之福也，其禀诸命者本厚也。迨善恶之积既久，而命乃退处无权，则人定胜天也。

【译文】

《后汉书·史弼传》评论说，古语讲："能够救活千人的人，其子孙必定会受封。"史弼保全平原的党人，但他的后代并没有发达，这也不可以一概而论了。书中记载史弼出任平原相时，皇帝下诏揭发搜捕党人，郡国各地所奏牵连涉及的人有几百之多，只有史弼一个人也没揭发，救活很多人。史弼后来担任河东太守，被侯览诬陷，关进牢狱，按诏当诛杀弃市。平原郡的官吏百姓都为他奔走申冤，辗转周折营救，免除史弼的罪过。后来他又被起用为官，得以善终。当史弼被捕时，处于九死一生的险境，最后全靠平原百姓帮助才免死，这难道不是救活千人的善报吗？以此推论，做善事而福气没有来，一定是暗中消除了不露痕迹的灾祸，此人本来命薄福浅。做恶事而灾祸没有降临，一定是暗中消减了应得的福报，此人本来福德深厚。等到善恶积累很长时间，而命数就隐退不再发挥作用，正所谓人的行为改变命数了。

《后汉书》袁安拜楚郡太守时，治楚王英狱。英辞所连及者数十人，吏按之急，迫痛自诬，死者甚众。安到郡，理其无明验者出之。为河南尹，政号严明，然未尝以赃罪鞫人。安后位至司空，子孙贵盛。史氏论曰："袁安理楚狱，未尝鞫人于赃罪，其仁心足以覃乎后昆，子孙之盛不亦宜乎？"愚按安之不鞫人于赃罪，非得其赃状而故纵之也。盖推其居心仁恕，不欲入人于重罪耳。《宋史》：韩亿见诸路有撌拾官吏小过者，辄颜色不怿，史氏因以为其后必大。合而观之，皆所以觇人心术之微也。

【译文】

《后汉书》中记载，袁安担任楚郡太守时，负责审理楚王刘英案。此案牵连到几十人，官府追查十分急迫，被逼得痛苦不堪的无辜者也认了罪，惨死的人非常多。袁安到了郡上，审理后将那些没有明确罪证的犯人放了。担任河南尹时，政令严格赏罚分明，但从没以贪污受贿罪而审讯过人。袁安后来做到了司空，子孙富贵兴盛。史书作者评论说："袁安审理楚狱时，没有因为经济犯罪而抓捕审讯过人，这种仁爱之心足以延续到后代子孙，子孙兴盛不也是应该的吗？"我看袁安不因为经济罪抓人，不是因为是经济罪就故意放任，我推测应该是存着仁爱宽恕的心，不想让人落入重罪的惩罚。《宋史》中记载的韩亿看见路上有专门收集官吏过失的人，就面露不悦之色，史书作者因此认为他的后代必定发达。综合来看，都是因为能观察到人心的深层动机。

《后汉书》范滂被党祸，将诛，顾谓其子曰："吾欲使汝为恶，则恶不可为。使汝为善，则我不为恶。"夫桓灵之间，党祸蔓延，残贼士类，盖亦气数之厄。然而匹夫横议，品核公卿，裁量执政，固有取祸之道矣。若范滂者，清心自好，克有令名。然疾恶过甚，为郡功曹，致中人以下莫不归怨，卒以此得罪。太刚必折，物理之常，尚不自反，而慷慨仰天，语多怨尤，惜不奉教于郭林宗袁夏甫诸君子也。

【译文】

《后汉书》中范滂因党派相争之祸，将被诛杀时，回头对儿子说："我要叫你做坏事，坏事毕竟是不该做的；我要叫你做好事吧，可是我一生没有做坏事，却落得这步田地。"在汉桓帝和汉灵帝年间，党派斗争的灾难连绵不断，残害官员，也因为气数应有此劫难。但是平常人随意议论，品评高官，裁判国家政事，本来也会引祸上身的。如果像范滂，心地清净自重，保有好名声。但怨恨心过重，担任郡里的功曹，致使才能一般的人没有不怨恨他的，最后因此而获罪。太刚强一定会折断，这是事物的一般规律，还不自己反省，反倒朝天感叹，言语大多怨天尤人，可惜不向郭泰（字林宗，与范滂同时代，坚决辞官不仕）、袁闳（字夏甫，同时代，隐居不仕）等诸位君子学习。

《宋书》刘湛被收入狱，亦谓其弟曰："相劝为恶，恶不可为。相劝为善，正见今日如何。"湛初为殷景仁推引，共参政事，乃以景仁位居己前，反相倾构。又附宗室义康，无人臣之礼，卒以伏诛，宜矣。若其他小节，即如生女辄杀，为士流所怪，何者可自附于善邪？小人之为恶，终其身不自知其恶也。吁，可畏已。

【译文】

《宋书》中记载，刘湛被抓入狱时，也对他的弟弟说："劝你作恶，恶是不能做的，劝你行善，我行善今天又是什么下场。"刘湛当初被殷景仁推荐做官，共同参与政事，后来因为殷景仁官职比自己高，反而排挤陷害他。又依附于彭城王刘义康，不讲为臣尽忠的礼义，最后伏罪被杀，是罪有应得。如果再追究其他小节，比如生了女儿就杀死，读书人都觉得很怪异，怎么能把自己归入行善的行列呢？见识浅狭的人做了坏事，终其一生也不知道是做了坏事，哎，可怕呀！

《南齐书》谢朓告王敬则反，敬则女为朓妻，常怀刃欲相报，朓不敢相见。及朓以他罪将见诛，叹曰："天道其不可昧乎，我虽不杀王公，王公因我而死。"朓为人臣，知敬则反状，而具以告，义也。与讦发人阴私以为己利者不同。岂其以是获罪于天哉。

【译文】
《南齐书》中记载，谢朓告发王敬则谋反，王敬则的女儿是谢朓的妻子，经常怀藏利刃想报复他，他都不敢见他的妻子。等到谢朓因为其他事情获罪将被杀时，感叹地说："天道是不可以冒犯的啊，我虽然没有杀王敬则大人，他却因我而死，现在我的报应也到了。"谢朓作为臣子，知道王敬则谋反，据实告发，是符合道义的。与揭发别人隐私为自己谋利不同，他怎么会因为这个而得罪上天呢？

或以梁武崇信佛法，卒遭侯景之祸，疑报应之理不足凭。不知梁武弑齐主东昏侯及和帝，以取其位。侯景之祸，固其报复也。朝野佥载谓东昏侯死之日，侯景生焉，时人以景为东昏侯后身，其说殆信。

【译文】
有人因为梁武帝萧衍推崇信奉佛法，却遭遇侯景之乱而死，怀疑因果报应的道理根据不足。却不知道梁武帝杀齐国东昏侯萧宝卷和齐和帝萧宝融，达到夺取皇位的目的。侯景之乱本是对此的报应。官方和民间都有记载，东昏侯萧宝卷去世的日子，正是侯景出生的当天，当时人认为侯景是东昏侯的转世，这个说法也许可信。

唐长孙无忌、褚遂良，皆以直谏获罪，人皆哀之。然无忌、遂良，与江夏王道宗不协，遂诬奏道宗罪，配流象州，病卒。无忌又陷吴王恪，诛之。遂良又诬刘洎罪，赐自尽。而无忌、遂良卒皆不得其死，《旧唐书》以为天网不漏，岂不信然。考刘肃唐世说，亦谓遂良之败，由陷洎之报。又载无忌之害吴王恪也，恪临刑骂曰："无忌窃弄威权，构害良善，若宗社有灵，当见其族灭。"不久竟如其言，与史论可互证云。

【译文】

唐朝的长孙无忌和褚遂良都因为直言上谏而被治罪，人们都为之同情。但长孙无忌和褚遂良与江夏王李道宗不和，就诬陷上奏李道宗有罪，将他发配流放到象州，病死在那里。长孙无忌还陷害吴王李恪，使他被诛杀。褚遂良诬陷刘洎有罪，赐他自尽。长孙无忌和褚遂良都不得善终，《旧唐书》认为天网恢恢、疏而不漏。研究唐朝历史的刘肃在《大唐新语》中的说法，也认为褚遂良败身丧命，是因为诬陷刘洎的报应。还有记载说长孙无忌陷害吴王李恪时，李恪在临刑前怒骂说："长孙无忌玩弄权术，陷害忠良，如果祖宗有灵的话，应该会灭他的族。"没过多久竟然真如他所说，这与史书评论相互印证了。

为将以嗜杀受阴祸，是录中所载多矣，其理更有见于史书论赞中者。《宋史》王韶、章楶皆用兵有功。韶子寀，能致天神，帝试之无验，弃市。楶子綖，或诬以私铸钱，配沙门岛。论曰："佳兵好还，道家所禁。"寀以左道杀，綖以铸钱陷，非其验欤。《明史》徐达、常遇春俱为太祖将。遇春下城邑，不能无诛僇。达所至不扰，达后赠中山王，子孙世其爵。遇春年四十，暴疾卒，追封开平王。子茂袭爵，未久，以事安置龙州。赞曰：中山赏延后裔，世叨荣宠。而开平天不假年，子孙亦复衰替。贵匹勋齐，而食报或爽，何也？太祖尝语诸将曰："为将不妄杀人，岂惟国家之利，尔子孙实受其福。"信哉，可为为将帅者鉴矣。

【译文】

　　担任武将因为喜好杀戮而受到冥冥中的惩罚，是摘录中记载很多的，此类规律还在史书后面的评语中有论述。《宋史》中记载，王韶和章楶都立下战功，王韶的儿子王寀，自言能与天神沟通，皇帝考查他并无此能耐，于是被杀弃市。章楶的儿子章縡，有人诬陷他私自铸造钱币，被发配到沙门岛。评论说："坚甲利兵是不吉祥的，因此道家禁忌用兵。"王寀因研究邪门旁道而被杀，章縡被陷害铸造钱币，不正是此言的应验嘛。《明史》中记载，徐达和常遇春都是宋太祖朱元璋时的大将。常遇春攻下城池，不能禁止诛戮。徐达带兵所到之处不扰百姓，徐达后来被封中山王，子孙承袭他的爵位。常遇春四十岁时暴病而死，追封为开平王，儿子常茂继承爵位，不久，因事被贬到龙州。评论说：中山王所受赏赐延及子孙，世代享有荣誉恩宠。但开平王寿命不长，子孙也衰败。同样的尊贵和功劳，受到的果报却相违背，为什么呢？宋太祖曾经对诸位将领说："做将军不乱杀人，难道只是国家受益，你的子孙其实得到了福报啊。"确实是这样，可以给当将帅的人引以为戒。

　　余观古名臣事业，凡拯乱救荒，以及河渠工筑，动活数十万人，未尝不叹仁人之利之溥也。虽然，尤愿人反求诸心，即所能尽者而自尽焉。如史称宋曹彬总戎专征，秋豪无所犯，而其平居，于百虫之蛰，亦不忍伤。使彬不为将，而抱此不忍伤一物之心，与下江南不杀一人之心，无盈绌无广狭也。然则一介之士，孰不可自尽其心乎？《贾子》称孙叔敖埋蛇而母知其阴德，《摭言》称裴度还带而神貌顿改。彼其所以动天者，亦一念之力耳，岂必有凭藉，而后得行其志哉？

【译文】

　　我看自古名臣所办政事，凡是救助天灾人祸，以及建造治理河渠，救活数十万人之多，定会赞叹他们给百姓带来的利益如此广大。即使如此，仍然希望人们可以反省要求自己的用心，也就是能做的要尽力去做。例如史书说到宋朝曹彬统管军士受命征伐，军纪严明对百姓秋毫无犯，他平时在虫子蛰伏冬眠时，都不忍心伤害它们。假使曹彬不做武将，而怀有这种不忍心伤害众生的心，和下江南不误杀一人的心，他的仁爱之心不会因为做不做武将而有多少大小的区别。既然这样，一个普通读书人，哪个不能尽心为善呢？《贾子》记载孙叔敖把双头蛇埋葬，母亲就知道他积了阴德。《唐摭言》记载裴度拾玉带归还原主后，容貌神气立刻发生变化。他们之所以可以感动上天，也只是一个念头的力量，哪里是一定要等条件具足，才能实现志向呢？

或谓伊古忠臣孝子，多身际蹇屯，流离患难。不必尽有风雷之感，呵护之灵。而身犯不韪者，或竟坐享福泽终其身，何也？曰天之向福也有五，寿、富、康宁、考终命，此四者。其事无过一身之乐，而其时不越百年之间。若天所以福圣贤，而不与庸众共之者，则攸好德而已。夫纯臣孝子处辛苦难堪之境，而甘之如饴者，岂有他哉？彼将以成仁而取义也。仁义者天地之心，而人之所以为人也，彼体天地之心，以求尽人之所以为人，浩然之气塞于两间，流万古而不息。而天顾以怜庸，庸者怜之，岂因材而笃之道乎？若夫罔之生也幸而免，免矣，仍未始免也。宴然食息运动，而其有生之理已尽而无余，则一行尸而已矣。其与身受诛殛夷灭者，何以异哉？

【译文】

有人说古代的忠臣孝子，大多身逢窘境，流转于艰险困苦。不一定都能有风雷的感应和神灵护佑。但犯了过失的人，有时竟能享受福禄一生，为什么呢？上天赐我们五福，其中四种是长寿、富贵、身心健康和善终。这四种福报不过是自身的喜乐，时间也不过百年之间。如果说上天专赐给圣贤，而没有一同给平常人的福，就是宅心仁厚、乐善好德而已。忠臣孝子处在辛苦窘迫境地时，心中能以苦为乐，哪里是有别的呢？就是抱着为正义而牺牲的心。仁义是天地的心，人之所以成为人，是他能领悟天地的心，力求竭尽全力做个好人，浩然正气充满天地间，流芳万年而不停息。老天怜悯见识浅陋的人，他们就顾影自怜，哪里是没能发挥他们的长处呢？如果不正直的人侥幸地避免了灾祸，看似避免，仍然没有完全免于灾祸。安详地吃饭、呼吸、行动，但他生命的意义已经荡然无存，只是一具行尸走肉而已。这与身体受诛被杀，又有什么区别呢？

　　世俗神灭之说，昔人辨之甚详，然不若证以实事，尤为较著。如《汉书》元始元年二月，朔方广牧女子赵春病死，敛棺积六日，出在棺外，自言见夫死父曰：年二十七不当死。太守谭以闻。《后汉书》建安四年二月，武陵女子李娥物故，瘗于城外已十四日，有闻其冢中有声者发出，遂活。注中言，娥见冥中事甚悉。《晋书》干宝父亡，母生推婢于墓中。后十余年母丧开墓，而婢伏棺如生，载还，经日乃苏，言其父常取饮食与之，家中吉凶辄语之，地中亦不觉为恶。又宝兄尝病气绝，积日不冷，后遂悟，云见天地间鬼神事，如梦觉，不自知死。宝遂撰集古今神祇灵异人物变化，名为《搜神记》。《辽史》孩里从上猎，坠马，愤而复苏，言始见二人引至一城，宫室宏敞，有衣绛袍人坐殿上，左右列侍。持牍者曰："误执汝。"示之牍，书官至使相，寿七十七。挤之大壑而寤。上闻之，命书其事，后皆验。《明史》洪武二十四年，河南龙门民妇司牡丹死。三年，借袁马头之尸复生。此皆死而再生，见冥中事者也。《北史》魏临漳令李庶亡后，其妻元氏更适赵起。梦庶谓曰："吾薄福，托刘氏为女，明旦当生，彼家甚贫，恐不能见养。夫妻旧恩，故来相见告。君宜取我。刘家在七帝坊十字街东南，入穷巷是也。"元氏不应，庶曰："君似惧赵公意，我自说之。"于是起梦亦符。遂持钱帛往求刘氏，如所梦得之。养女，长而嫁焉。《魏书》宋颖妻邓氏，亡后十五年，颖梦邓氏向颖，拜曰："新妇今被处分，为高崇妻，故来辞君。"泫然流涕，崇亦旋卒。《南史》齐宗室铿死后，有陶宏景与铿旧识，忽梦铿来，惨然言别。云某日命故，无罪，后三年当生某家。宏景访以幽中事，多秘不出，觉后访之，果与梦符。《旧唐书》崔咸父锐为泽潞从事，有道人自称卢老，锐馆之于家，一旦辞去，且曰："我死当与君为子。"因指口下黑子以为志，咸之生也果有黑子，其形神即卢老也。父即以卢老字之。《宋史》王氏妇梁，归夫家。数月，会元兵至，妇谓夫曰："吾不受污必死，若后娶，当告我。"

17

顷被掠不辱而死。夫后以无嗣，谋更娶，梦妻曰："我死后生某氏家，今十岁矣，后七年当复为君妇。"明日遣人聘之，一言而合，询其生与妇死年月同。此皆死此而生彼者也。《北史》夏侯夬亡后三日，其交好相率至夬灵前。时日晚天阴，咸见夬在坐，衣服形容，不异平昔，但无语耳。夬从兄欣宗忽作夬语，如平生。发家人阴私窃盗，皆有次绪。《明史》毛吉官广东佥事，战死，方出军时，赍千金犒。委驿丞余文司出入，已用十之三。既死，文悯其贫，以所余金授吉仆。使治丧。是夜，仆妇忽坐中堂，作吉语曰："请夏宪长来。"举家大惊，走告按察使夏埙。埙至，起揖曰："吉受国恩，不幸死于贼。今余文以所余官银，付吉家，吉负垢地下矣。愿亟还官，毋累我。"言毕仆地，顷之始苏。此皆死而与生人接语者也。他如是录中所载，幽明感应事甚多。彼执死而神灭之说者，岂往古记载皆虚矫不足信乎？抑别有说以解此乎？盖亦弗思尔已。

【译文】

世间有关人死神识不灭的说法，古代人解释得非常详细，但不如用事实来证明，更为显著。例如《汉书》中记载，元始元年（公元1年）二月，朔方广牧女子赵春病死了，入殓到棺材中有六天了，突然爬出棺外，说是见到了丈夫死去的父亲，对她说："你才二十七岁，还不到死的时候。"谭太守将此事上报朝廷。《后汉书》中记载，建安四年（公元199年）二月，武陵女子李娥过世了，埋葬在城外已经有十四天之久，有人听到坟墓中有声音发出，就挖出来将其救活。史书注释中说，李娥见到地府中的事物非常详尽。《晋书》中记载，干宝的父亲过世了，母亲将父亲生前宠爱的侍女推到坟墓中殉葬。十多年后，干宝母亲过世打开坟墓，侍女还趴在棺材上像活着一样，用车子载回家，过一天才苏醒过来，说干宝的父亲常常拿些饮食给她，家中的吉凶事，都说得非常准确，在地下也没觉得不好。干宝的哥哥曾经病得断了气，好几天身体都不僵硬，后来苏醒过来，说是见到天地间的鬼神事，就像做了个梦，不知道自己死了一回。因此干宝就搜集古往今来神怪灵异及人事变化的故事，写了一本书叫《搜神记》。《辽史》中记载,孩里跟随皇上去打猎,跌落马下,昏死后苏醒,说开始看见两个人带着他到一座城中,那里官殿高大宽敞,有一位穿绛色袍的人坐在大殿上,左右有侍卫站立,有个拿着木简的人说:"抓错你了。"给他看木简,上面写着"官位做到使相,七十七岁寿终"。后来他被挤进大海后苏醒过来。皇上听说此事,命令记下这件事,后来全部应验。《明史》中记载,洪武二十四年(1391年),河南龙门有一位妇女叫司牡丹,去世三年,神识附在袁马头的尸体上。这些都是死了之后又重生的情况,见到了冥府中所发生的事。《北史》中记载,魏临漳令李庶过世后,他的妻子元氏再嫁于赵起。梦中见到李庶对她说:"我德浅福薄,投生在刘家做女儿,明天早晨会出世。他家非常贫穷,恐怕不能养育我。我们夫妻旧日有恩情,所以来相见告诉你,请你收养我。刘家在七帝坊十字街东南,走进最里面的巷子就是。"元氏没有答应,李庶说:"你好像是害怕现在的先生赵起吧,我自然会说服他。"因此赵起也做了同样的梦。于是就拿上钱财布帛前去寻找刘氏,如梦中所说找到了,收养了他家的女儿,抚养长大后嫁了人。《魏书》中记载,宋颖的妻子邓氏,死后十五年,宋颖梦见邓氏向他行礼后说:"你的妻子我今天被裁决,要做高崇的妻子,所以来与君辞别。"说完伤心流泪,高崇也很快过世了。《南史》中记载,齐宗室萧铿死后,陶宏景与他是老朋友,忽然梦到萧铿前来,凄惨道别。说某天会转世,没有大罪过,之后三年会生在某人家。陶宏景向他咨询阴间的情况,大多保密不说,醒来后查访梦中所说事,果然都相符。《旧唐书》中记载,崔咸的父亲崔锐担任泽潞从事,有一位道人自称叫卢老,崔锐在家中接待他,一天后道人辞别说:"我死后会做您的儿子。"指着嘴下的一个黑痣为记号。崔咸妻子生下的儿子果然嘴下有黑痣,形体神态也像卢老,他就给儿子取字为卢老。《宋史》中记载,王氏的妻子梁氏,嫁到夫君家几个月,就遇到元兵入侵,妻子对丈夫说:"我不愿被玷污就一定会死,如果你以后再娶妻,一定告诉我。"不久梁氏被元兵抓住,不愿受辱而死。丈夫后来没有子嗣,想再娶妻,梦见妻子说:"我死后投生在某人家,今年已经十岁了,七年后会再做你的妻子。"第二天派人去下聘礼,一说对方就同意了,询问对方的出生时间,与之前妻子死去的年月相同。这些都是死后投胎生到别家的例证。《北史》中记载,夏侯夬死后三天,他平日好友相约来到他的灵前。当

19

时天色已晚阴沉昏暗，众人都看见夏侯夬坐在那里，衣服样貌与往日相同，但没有说话。忽然他的堂兄夏侯欣宗被附体，像夏侯夬一样说话。揭发家里人不可告人的小偷小摸之事，都说得头头是道。《明史》中记载，毛吉任广东佥事，打仗时战死。当他出兵时，官府拿出千金作为犒赏，委托驿丞余文管理这笔钱的收支，已经用去了十分之三。毛吉死后，余文怜悯他家贫困，把剩余的钱财交给了毛吉的仆人，让他拿去办理丧事。当天晚上，仆人的妻子忽然坐在中堂像毛吉一样说话："请夏宪长来。"全家都大吃一惊，跑去告诉按察使夏埙。夏埙到后，仆人妻起身作揖说："毛吉享受国家的恩典，不幸死在贼兵手下。今天余文把剩余的官银给了毛吉家，我在地下要背负这个罪恶，希望立即归还官府，不要玷污了我。"说完就倒在地上，过会儿才苏醒。这些都是死者与活着的人交谈的例证。其他像这里摘录的史书中记载，阴间与人间感应交流的事情非常多。那些固执人死神识也消亡说法的人，难道从前史书记载都虚伪做作不可信吗？或者有别的说法能解释？大概是自己想法错了吧。

或谓生命修短，谓有鬼神掌之。如增算夺纪之说，有可征乎。曰：《博物志》谓泰山主召人魂魄，司生命之长短，证诸于史。《后汉书·许峻传》，峻自云："尝笃病三年不愈，乃谒泰山请命。"《乌桓传》：死者魂神归赤山，如中国人魂神归泰山也。《三国志·管辂传》，辂谓其弟辰曰："但归至泰山治鬼，不得治生人。"其说可信矣。又《宋书》，谢宏微之卒也，时有一长鬼，寄司马文宣家，云受遣杀宏微。宏微疾增剧，辄豫告文宣。宏微既死，与文宣分别而去。则勾召魂魄者，又实有之矣。

【译文】

有人说寿命的长短，是由鬼神来掌管的。比如增长或夺取寿命的说法，史书上有印证吗？在《博物志》中说泰山神掌管召唤人的魂魄，负责生命的长短，在史书中多处有证明。《后汉书·许峻传》中许峻说："我曾经重病三年不见好，于是拜谒泰山神请求保全性命。"《后汉书·乌桓传》中说：乌桓人死后魂神归附于赤山，就像汉族人死后魂神归附泰山一样。《三国志·管辂传》中管辂对他的弟弟管辰说:"我要归附到泰山神那里去管理鬼,不能再管活人了。"这个说法是可信的。还有《宋书》中谢宏微死时,有一个长鬼寄住在司马文宣家中,说被派遣来杀谢宏微。谢宏微病情加剧时,就预先告诉司马文宣。谢宏微死后,长鬼就与司马文宣告别离开了。根据这些记载有鬼神掌管召唤魂魄,也是确实存在的。

列史《五行志》,有人变异形者。《后汉书》灵帝时,黄氏之母,浴而化为龟,入于深渊,其后时出见。《晋书》吴孙皓宝鼎元年,丹阳宣骞母,年八十,因浴化龟。《宋史》衡湘间人有化为虎者。夫心形之主也,人之异于禽兽者,在心不在形。孟子曰:"夜气不足以存,则其违禽兽不远。"可以得轮回之理矣。

【译文】
众多史书的《五行志》中,记载了人变成其他生物。《后汉书》中记载,汉灵帝时,黄氏的母亲沐浴后变成乌龟,游进深潭,后来还时有出现。《晋书》中记载,吴国孙皓统治下的宝鼎元年,丹阳人宣骞的母亲,八十岁那年,沐浴后变成乌龟。《宋史》中记载,衡湘之间有人变成了老虎。心是身体的主人,人与禽兽不同之处在于心而不在于外表。孟子说:"晚上静思所产生的良知善念如果不足的话,人和动物之间的差异就不大了。"由此可以看到生死轮回的根据了。

目 录

卷 上

史 记
三句善言，星动灾灭 / 3
借刀杀人，伤己宫变 / 4
背信弃义，遭报被擒 / 5
苛政严罚，害己丧命 / 6
坑降戮俘，削爵自刎 / 7
为将三世，家有不祥 / 9
嫉妒杀人，苍犬据掖 / 10
虚诬诈伪，阴祸后世 / 11
夺田杀人，阴魂索命 / 12
杀降戮俘，不得封侯 / 13
忍作残害，罪灭五族 / 14

汉 书
毒弑许后，招致灭门 / 16
治狱无冤，子孙必兴 / 17
怜护无辜，拜相封侯 / 18
舍身护堤，退灭水祸 / 20
忍作残害，壮年受戮 / 21
救活万人，孙女为后 / 22

后汉书
父仁子慈，累世贵宠 / 24
至孝仁恩，巨富子兴 / 25
以身护柩，孝心灭火 / 26
母子连心，啮指驰归 / 26
遏恶扬善，驱虎散蝗 / 27
狱无冤囚，子孙贵显 / 28
慈心于鬼，安葬露骨 / 29
黄雀报恩，四世三公 / 29
廉洁忠信，神鸟悲鸣 / 30
平允宽恕，子孙为卿 / 31
杀贼百人，家不添丁 / 31
乐人之祸，祸将自及 / 32
扰乱国政，暴尸漂棺 / 33
孝妇平冤，久旱逢雨 / 33
面火叩头，降雨止风 / 34
收葬露骨，旱逢澍雨 / 35
不贪人财，彰德显名 / 35
亭鬼申冤，送丧归乡 / 36
蝗灾不侵，坐薪祷雨 / 37
自焚求雨，天感至诚 / 38
起塘利民，忠信感灵 / 39
设坛罪己，虫患自消 / 39
义不受辱，雷电惊贼 / 40

1

三国志

曹人之梦，权重受诛 / 41
以德化人，天佑避祸 / 42
陷人冤枉，月余猝死 / 43
逼死忠良，见厉寻毙 / 44
井杀叔母，三人　疾 / 45
枉杀良善，扑镜自毙 / 46
孟宗至孝，哭竹生笋 / 46
幽冥传讯，其日战死 / 47
投火百人，程普疠死 / 48
诛及婴孩，被灭三族 / 48
陷人冤枉，惊惧病死 / 49

晋书

无故杀生，必遭不祥 / 51
卧冰求鲤，位至三公 / 52
怙宠无忌，后人横死 / 53
不敬鬼神，见鬼即卒 / 54
因果不虚，勤修道德 / 57
放龟于溪，封侯拜将 / 57
慈心于物，投水免死 / 58
接葬流棺，获报州官 / 58
至孝守丧，猛兽无犯 / 59
尽心奉嫂，天人送药 / 60
盛冬生菫，粟赐孝子 / 61
叩冰求鱼，感化继母 / 62
孝子抚棺，风止火息 / 62
弃子系树，后不复孕 / 63

违逆谋反，害己丧命 / 64
谋逆枉杀，显灵作祟 / 65
纵暴杀伤，鬼神不饶 / 66
诛降戮俘，必受灾殃 / 67
枉杀良臣，中弩而死 / 68
诵经开械，逃脱死劫 / 69
违逆叛主，阴肿而死 / 69
僭位杀谏，冤魂作祟 / 70
杀人灭口，归案受杀 / 71

宋书

忠孝友悌，风浪获免 / 72
诵经千遍，死刑得免 / 72
孝子营葬，天赐泉水 / 73

齐书

助杀怀怨，获罪赐死 / 75
征战遇险，戒杀善终 / 76
罢官礼佛，祥瑞而终 / 76

梁书

掩埋露骸，百人拜谢 / 78
废寝事母，目疾豁然 / 78
清廉不党，凶避善人 / 79
孝子医母，仙人送浆 / 80
洁己省苛，枯木逢春 / 80
寒瓜奉母，天降祥瑞 / 81
孝子尝粪，祷延父寿 / 81

母病危殆，祈天得愈 / 82
送柩遇风，孝感天助 / 83
舍宅为寺，慧水医父 / 83
五十侍疾，诚笃延寿 / 84
母亲有疾，子感而返 / 84
六时精进，往生净域 / 85
尘缘未尽，游礼佛塔 / 86

陈书
稼枯重生，孝子大贵 / 87
慈心于物，戒杀护生 / 88
鹦妻养母，妖变无犯 / 88
孝子载柩，贼悯不犯 / 89

南史
不敬神明，发病而卒 / 90
见利忘义，自遭噬杀 / 91
至孝守丧，风暴独全 / 92
淳德所感，道人授药 / 92
戒杀护生，洪灾独存 / 93
劝人杀戮，梦剑断舌 / 94
恩将仇报，蛭啮惨死 / 95
毒害亲弟，引祸自毙 / 96
孝子念母，梦中得见 / 97
行道救母，莲花不萎 / 97
见利忘义，头折暴亡 / 98
竹灯夜祈，树茂母愈 / 99
母病夜祈，仙人赐药 / 99

孝悌著称，清净登仙 / 100
德感神明，猛兽自毙 / 100
政德感天，猛兽静息 / 101
祭拜至诚，神灵卫之 / 102
安置庙神，一州相报 / 103
投贼告密，反被贼杀 / 103
毁佛铸钱，以恶疾死 / 104
损公肥私，事发罢职 / 105
慈心于物，灾祸不侵 / 106
精诚所致，感天护佑 / 106
家风至孝，天神护佑 / 107
至诚诵经，三日疾愈 / 108
以直伤人，赐死狱中 / 108
丁忧至哀，梦母送药 / 109
滴血寻尸，天佑孝子 / 110
至孝守丧，疾差冬实 / 111
母病积年，诚祷赐药 / 111
大逆不孝，痢血而死 / 112
母疾诚祷，仙君赐方 / 112
盲女至孝，哭父目明 / 113
孝养废亲，神助疗疾 / 113
为母诚祷，天赐良药 / 113
母亡经日，至哀竟苏 / 114
微言谮贤，乌啄其口 / 114

魏书
陷人冤枉，未几见杀 / 116
布施散生，病差为僧 / 116

鞭罚神像，疽发暴亡 / 117
贪暴嗜杀，受报见杀 / 117
陷人冤枉，为祟而死 / 118
不敬经书，辱虐至死 / 119
泛施爱人，福及后世 / 120
救雉放生，夜梦拜谢 / 120
诬告恩公，被谮伏诛 / 121
乐善好施，安享百年 / 122
善心化人，险境不危 / 122
纵暴杀伤，楚极而卒 / 123
焚首数千，焦烂而卒 / 123
陷人冤枉，百日病卒 / 124
酗酒败家，楚痛而死 / 125
鞭毁神像，父子俱亡 / 126
滥杀淫，梦断其头 / 127
至心诵经，枷脱免死 / 127
祭祖至诚，标间复役 / 128
兄弟至孝，风暴无犯 / 128
忠义守城，天雨相助 / 129
恩将仇报，见祟病卒 / 129

北齐书

夜传凶兆，战败自尽 / 131
睚眦必报，家门殄灭 / 132
斫破经函，断胫而卒 / 132
杀蛇裆，砍牛受死 / 133
仁政感附，猛兽不侵 / 133
诬陷恩公，旬日而卒 / 134

残暴滥刑，鞭杖受死 / 134

周书

阴贼良善，颠倒伏诛 / 136
六旬登峰，诚感降雨 / 137
收葬露骸，亢旱逢雨 / 137
守正明察，子孙皆贵 / 138
至孝事母，神泉赐鱼 / 139

北史

背信弃义，狂病惊绝 / 140
阴贼良善，以罪见杀 / 141
忘恩报怨，死于危难 / 141
不敬亡骨，遇疾而卒 / 142
剧饮恣行，狂病而卒 / 142
疾不废公，天佑勤恪 / 143
惠政夷服，山出玉浆 / 144
恃势使威，吐血而亡 / 145

卷 下

隋 书

射杀神鱼，凶手溺死 / 149
忍作残害，壮年夭亡 / 149
轻蔑天民，灭门族诛 / 150
杀兄篡位，子受夭折 / 151
忍作残害，群鬼为厉 / 152
陷杀功臣，迅即自毙 / 153
为民祈神，天雨相救 / 153
丁忧至哀，刀创自愈 / 154
至孝守丧，盗贼无犯 / 155
孝子忧父，天赐良药 / 155
仁政易俗，水灾无损 / 156
纵暴杀伤，赐死蛆食 / 156
仁政爱民，福得善终 / 157
负兄求棺，天赐殓葬 / 158

唐 书

阴杀皇子，当年受死 / 159
僭位称帝，未几自毙 / 160
忠良受贬，神明相护 / 160
父积阴德，子享余贵 / 161
为民诚祷，天赐良木 / 161

忘恩负义，惨遭灭族 / 162
反复小人，受贬暴亡 / 163
陷人冤枉，岁余自亡 / 164
昭雪冤情，天旱逢雨 / 165
一门孝友，六至三品 / 166
不迁私怒，子孙显贵 / 166
忮心失恕，阴责绝嗣 / 167
安葬露骸，梦受厚谢 / 167
投宦求荣，坐罪腰斩 / 168
唐氏乳姑，妇孝家昌 / 169
忍作残害，剔骨验尸 / 170
事母至孝，天赐甘泉 / 170
血书祈神，母疾痊愈 / 171
施恩不言，遇难呈祥 / 171
忍作残害，作笼自缚 / 172
酷毒至极，食肉践骨 / 172
滥刑残暴，请君入瓮 / 173
阴刻乐祸，病亟速卒 / 174
涂炭妇孺，受刑被斩 / 174
逸死诅咒，斩及妻儿 / 175
为民祈晴，至诚感天 / 176
杀降戮俘，得罪受斩 / 177
公报私怨，被祸受报 / 178
廉直断案，冤鬼拜谢 / 178
修道一生，小过失仙 / 179
忍作残害，剖腹自尽 / 180
凶忍恐后，相次而死 / 181

读史是人生的必修课

五代史
枉法杀谏，卒于他乡 / 183
杀人取财，自杀枭首 / 183
杀人取财，荡赀亡家 / 184
枉杀勋旧，天降大雾 / 186
涂毒良女，受祟而死 / 187
籍没人赀，受磔于市 / 187
枉杀兄弟，自受其戮 / 188

宋史
爱惜物命，临危无患 / 189
累为统帅，无德庇后 / 190
冤累无辜，久病至卒 / 190
慈心不杀，阴德后世 / 191
爱惜物命，独享殊荣 / 192
深文少恩，酷吏无嗣 / 193
愿人流贬，自至死途 / 193
谗毁杀人，生疡疾卒 / 193
讦人之私，号呼而死 / 194
遏恶劝善，王氏三槐 / 195
仁政慎刑，后世必兴 / 196
善巧护民，后世荣兴 / 196
祭礼不诚，暴疾而终 / 197
护生免难，八子知名 / 198
赈灾济民，延寿七年 / 198
宽人一命，自生贤了 / 199
为民请命，预知时至 / 199
宽人性命，后世阴福 / 200

失信杀降，必受恶报 / 200
品行笃正，天赐钱财 / 201
诱杀屠城，子遭磔刑 / 202
日行夜告，安坐而逝 / 203
杀降戮弱，狂病而亡 / 204
从政为民，水患不侵 / 204
诈伪杀降，断颈而死 / 205
忠孝正直，邪恶无侵 / 205
贬正排贤，后祀断绝 / 206
宅心仁厚，谈笑而逝 / 207
至孝执丧，天赐良药 / 207
谗毁忠良，子亦受报 / 208
孝友天至，风暴不侵 / 208
诌上欺下，受狱而亡 / 209
阴毒害命，疽发而卒 / 210
至诚祷天，损寿益母 / 211
济人之急，五十得子 / 211
诌上杀人，狂疾而终 / 212
教儿有方，天赐贵子 / 213
正直断案，诅咒不侵 / 214
公正司法，阴德后世 / 214
以身殉职，城隍显灵 / 215
公报私怨，惊惧而死 / 215
绝酒茹素，母寿百年 / 216
刺血抄经，母目复明 / 216
至孝侍母，暴虎不残 / 217
孝女托梦，为母申冤 / 217
焚香　股，父疾痊愈 / 218

恃才慢人，坐狱被诛 / 219
落井下石，自作自受 / 220
残害神像，死无全尸 / 221

辽 史

无私奉公，预知时至 / 222
诬陷其夫，难产而死 / 222
正直不阿，邪风不侵 / 223
廉洁奉公，天遂人愿 / 223
枉证鄙怀，千顶疽死 / 224

金 史

割指祷天，灾厉不起 / 225
劝善护生，子孙必兴 / 225
淫虐不道，见杀暴尸 / 226
　股食母，目疾自愈 / 227
救死扶伤，无疾而终 / 227

元 史

虚诬诈伪，雷击而死 / 229
当谏不言，横死受报 / 229
保境安民，子孙显贵 / 230
宽仁治狱，子孙必兴 / 230
虐死正妻，小妇伏罪 / 231
为民请命，诸灾不侵 / 231
仁政爱民，祈天即灵 / 232
为国尽忠，暴尸不腐 / 233
孝子求鱼，天遂人愿 / 233

至孝事亲，天灾无犯 / 234
至孝祷天，皆遂人愿 / 235
至孝祷天，为父延寿 / 235
至孝祷天，母疾遂愈 / 236
割股食母，母疾痊愈 / 236
至孝守丧，雷雨不湿 / 237
至孝祷天，父骨得还 / 237
割股奉母，神授良药 / 238
至孝祷天，为父延寿 / 238
天矜孝子，助寻母棺 / 238
天佑孝子，暑天赐冰 / 239
孝妇治棺，火灾不侵 / 239
寻夫求骨，天助义妇 / 240
母贞子孝，天赐甘泉 / 240

明 史

刑酷害命，世子暴卒 / 242
祖上厚德，子孙必兴 / 242
阴毒险刻，父子受诛 / 243
冤枉无辜，楚疾而卒 / 244
深文刻薄，受诬狱卒 / 245
法网恢恢，疏而不漏 / 245
诬杀直臣，终以罪诛 / 246
义妇冤死，天降大旱 / 247
虐下诬杀，号病而卒 / 247
扰乱国政，死于非命 / 248
诬人冤枉，楚疾而死 / 249
厚德慎言，子孙满堂 / 250

祷告城隍，昭雪冤情 / 251
直谏受刑，天感护佑 / 251
阴贼良善，终受报应 / 252
为公直谏，避害免死 / 252
尽忠守节，鬼神护佑 / 253
不媚权势，天神护佑 / 254
惠政爱民，喜生贵子 / 255
守节尽忠，天神护佑 / 255
为民诚祷，感天降雨 / 256
为民息灾，诚感天地 / 257
天悯冤情，作恶受报 / 257
仁政爱民，饥年施粥 / 258
尽忠殉节，尸骸不腐 / 259
母疾祷天，神授良药 / 260
寻鱼奉母，飞鸟相助 / 260

孝子寻父，神明相助 / 260
孝养父母，猛虎不侵 / 261
至孝寻父，贵人相助 / 261
至诚寻父，家人团聚 / 262
孝子寻母，天感其诚 / 263
万里寻亲，仙人指路 / 265
孝女至诚，天遂人愿 / 265
残杀烈女，无处可逃 / 266
孝顺守节，天神护佑 / 266
至诚守节，官府赡老 / 267
割乳救姑，至诚感天 / 267
诬谤烈女，惨受杖杀 / 268

原　跋 / 271

附　积善之家：长洲彭氏
　　家族简介 / 273

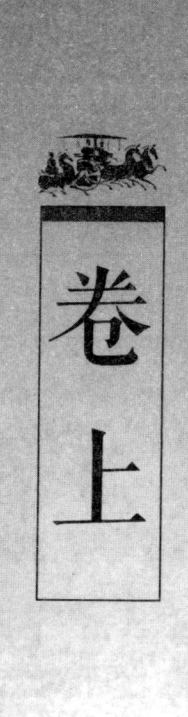

卷上

史 记

三句善言，星动灾灭

宋景公①时，荧惑守心②。心，宋之分野也。景公忧之。司星子韦曰："可移于相。"景公曰："相，吾之股肱。"曰："可移于民。"景公曰："君者待民。"曰："可移于岁。"景公曰："岁饥民困，吾谁为君。"子韦曰："天高听卑，君有君人之言三，荧惑宜有动。"于是候之。果徙三度。（《宋世家》）

【注释】

①宋景公（？~前469年）：春秋时代诸侯，姓子，本名头曼，宋国第二十七任君主，宋元公之子。宋景公无子，取公孙周之子得为太子，在位48年而卒。

②荧惑守心："荧惑"是指火星，由于火星荧荧似火，行踪捉摸不定，故得名。"守"指一星侵犯另一星的正常位置。"心"是指天蝎座中的红色一等亮星，天蝎座是黄道星座，在中国传统的天文学中属于二十八宿之中的心宿。火星留守在天蝎座的罕见的天象，为不祥之兆。

【译文】

春秋时期宋景公的时候，火星侵占心宿星的位置。根据当时的星相，心宿星是宋国的天区，这意味着凶事要降临宋国。宋景公为此非常忧虑。朝中负责占星相的官员子韦说："我可以将这个祸患转移到宰相身上。"景公说："宰相是是我的股肱重臣啊，怎么能够把灾祸移到他身上呢？"子韦说："那可以把这个灾祸移到百姓身上。"景公说："国君要依靠子民啊，怎可让百姓承受灾难呢？"子韦又说："可以转移到当年的谷物收成上。"景公回答说："年成歉收会闹饥荒，人民困苦不堪，我去做谁的国君啊？"子韦感叹说："上苍神明虽高高在上，却能够听到人间最细微的声音，现在君主您讲了体现君主仁德的三句话，必然会感动上天，火星应该会移动了。"再观测天象，火星果然移动了三度。宋国这一年没有遭受灾难。(选自《宋世家》)

借刀杀人，伤己宫变

鲁桓公①如齐，齐襄公②使力士彭生拉杀鲁桓公，而杀彭生以谢鲁。十二年，襄公猎沛邱，见彘③，从者曰彭生，公怒射之。彘人立而啼。公惧，坠车伤足。公孙无知④等闻公伤，乃作乱。(《齐世家》)

【注释】

①鲁桓公(?~前694年)：春秋时代鲁国第十五任国君。姬姓，鲁氏，名允，一名轨，为鲁惠公之子，鲁隐公之弟。鲁桓公夫人是齐襄公的妹妹。

②齐襄公(?~前686年)：春秋时代齐国第十四任国君。姜姓，名诸儿，齐僖公禄父的儿子，齐桓公(公子小白)的哥哥。周庄王元年(前698年)即位，在位十二年。

③彘：猪。

④公孙无知(?~前685年)：春秋时期齐国公族，姜姓，名无知，齐襄公的堂弟。前685年齐大夫连称、管至父杀齐襄公，立公孙无知即位。同年，齐大臣雍廪杀公孙无知迎公子小白即位，为齐桓公。

【译文】

公元前694年，鲁桓公和夫人(文姜)来到齐国。文姜是齐襄公的妹妹，两人却通奸。鲁桓公发现此事后，怒责夫人，文姜把此事告诉了齐襄公。齐襄公宴请鲁桓公，把桓公灌醉，派大力士彭生把鲁桓公抱上车，趁机杀死桓公。鲁国人为此责备齐国，齐襄公杀了彭生向鲁国谢罪。齐襄公十二年(公元前686年)，他在沛邱打猎，见到一只野猪，随从的人说那是彭生。齐襄公愤怒之下用箭射它，野猪像人一样站立起来大声嚎叫。齐襄公受到惊吓，从车子上摔下来

跌伤了脚。公孙无知等人听说他受伤之后，趁机作乱，袭击他的宫殿，将齐襄公杀死了。(选自《齐世家》)

背信弃义，遭报被擒

狐突之下国，遇太子申生，申生与载而告之曰：夷吾无礼，余得请于帝，将以晋①与秦。秦将祀余。狐突②对曰：臣闻神不食非其宗，君之祀毋乃绝乎，君其图之。申生③曰：诺，吾将复请帝，后十日，新城西偏，将有巫者见我焉。许之，遂不见。及期而往，复见申生。告之曰，帝许罚有罪矣，弊于韩。惠公④六年，秦伐晋，合战韩原，秦获晋侯以归。(《晋世家》)

【注释】

①晋献公(？~前651年)：春秋时代的晋国君主。姬姓，晋氏，名诡诸。在位二十六年。

②狐突(？~前637年)：原姓姬，后姓大狐。他的两个女儿狐季姬、小戎子嫁给晋献公，后来狐突成为晋国大夫。

③申生(？~前656年)，春秋时代人物，姬姓，晋献公之嫡长子，夫人齐姜所生，本是晋国太子。后被骊姬陷害，不愿作乱，自杀而死。谥号"恭太子"、"恭世子"。

④晋惠公(？~前637年)，春秋时代晋国君主，姬姓，名夷吾，晋献公之子，申生和晋文公(重耳)的弟弟。

【译文】

(晋献公二十一年(前656年)，晋发生了骊姬之乱，骊姬设计陷害太子申生，申生逃到新城，十二月自杀。之后骊姬又诬告另外两位公子重耳和夷吾，献公逼走重耳、夷吾，立骊姬子奚齐为太子。公元前651年献公去世，诸公子争位，晋国大乱，国君之位几经变更，最终夷吾归国即位成为晋惠公。后来晋惠公仗势乱伦污辱他的嫡母贾君，贾君请求为故太子申生申冤，择地改葬。晋惠公同意了，命大夫狐突前往祭告。)狐突到了陪都曲沃，把申生重殓入棺，此时遇到申生的鬼魂,申生让他一起乘车并告诉他说:"夷吾是个无礼的人,我要向天帝请求,将把整个晋国送给秦国,秦国将祭祀我。"狐突回答说:"我听说神是不享用不是自己宗族祭祀的,如此一来,您的祭祀不是断绝了吗?您仔细考虑考虑吧!"申生说:"好吧,我要再请示天帝。十天后,新城西边有个巫人,我将托言答复您。"狐突答应了申生,申生就不见了。等到狐突按期前往新城西,果然遇到了为申生托言的巫人,申生告诉他说:"天帝已答应惩罚罪人了,夷吾将在韩原大败。"晋惠公六年(公元前645年),惠公背义于秦国,秦国起兵讨伐,惠公兵败于韩原,成了秦国的俘虏。(申生的托言得到了应验。)(选自《晋世家》)

苛政严罚,害己丧命

卫鞅①好刑名,执秦政,封于商,定变法之令。民有言令不便者,或有言令便者,尽迁于边城。公子虔②犯约,劓之。公子虔之徒,告商君欲反,发吏捕商君,商君亡。欲止客舍,舍人曰:商君之法,舍人无验者坐之。商君叹曰:嗟乎!为法之弊一至此哉。去之魏,不受。内之秦。秦人车裂以徇。(《商君传》)

【注释】

①商鞅(约前395年~前338年):汉族,卫国(今河南安阳市内黄梁庄镇一带)人。战国时代卫国的庶公子,姓公孙,名鞅。因封于商(今陕西商州)所以称为商鞅,号称商君,爱好法家刑名之学,秦孝公任用为相,励行改革法律,修定新法。

②公子虔:嬴姓,名虔,战国时秦公子。曾为秦孝公太子驷之太傅。

【译文】

卫国人公孙鞅被封在商(今陕西商州)这个地方,因此称为商鞅。他喜欢研究刑名之学,执行政令,非常严苛,在为秦孝公做宰相时制定了很多新法令。(比如:命百姓五家为一保,两保十家相连,互有纠察检举之责,一家有罪,九家共同举发,若不举发十家连带处罚。凡犯有外患内乱罪,隐瞒不告发的,一概斩杀。百姓一家有两个以上成年男子，如是不分家的，征收两倍的赋税；从事工商业，因懒惰不从事农业生产，而导致贫穷的人，就收他妻子，充当官府奴婢。）新法刚开始公布施行时，秦国百姓议论纷纭，有人说新政令不好，有人说新政令好，商鞅下令，把评论新政令的人一概放逐到边疆去当戍卒。他认为：说不好是违抗政令，说好是谄媚政令，都是扰乱民心，百姓从此再不敢议论政令。太子驷论变法的过失，商鞅处罪于太子的老师公子虔，让太傅公子虔受到割鼻刑罚，由于刑戮残苛，贵戚大臣，及天下百姓多怀恨在心。秦孝公去世，群臣奉太子驷惠公即位，公子虔一伙人告发商鞅要谋反，惠公下令逮捕商鞅，商鞅扮成卒隶，逃亡到函谷关下。天色将黑，商鞅投宿旅店，店主不知他是商鞅，向他索取身份凭证并对他说："根据商君的法令，留宿不能验明身份的人，店主要负连带责任，会受处罚，所以不敢留你。"商鞅感叹地说："我制定的法令如此严苛，竟然害了自己啊。"只好星夜混出关门，逃到魏国，魏国怨恨商鞅曾经诱骗魏公子昂，而大败魏国军队，不让他入境。把商鞅送交秦国，秦惠公将商鞅处以五马分尸的极刑。（选自《商君传》）

坑降戮俘，削爵自刎

秦将武安君白起①，累战有功。其后秦王使武安君攻邯郸，武安君称病不行。秦王怒，赐之剑，令自裁。武安君引剑将自刭，曰：我何罪于天而至此哉。良久曰：我固当死。长平之战，赵卒降者数十万人，我诈而尽坑之，是足以死，遂自杀。（《白起传》）

按《夷坚志》②载，江南民陈氏女，年十七，素不知书。得病，临绝，忽语人曰：我秦将军白起也，为生时杀人七八十万，在地狱受无量苦，近始得复人身，然只世世作女人，寿不许过二十岁，今日之死，亦命也夫。言毕而殁。然则史书所载，特其现生较著者耳。

【注释】

①白起（？~前257年）：白起为白公胜之后，故又称公孙起。战国时，秦国郿

邑人，为秦将军，善于用兵，秦昭王时封为武安君。战国四名将之一（其他三人分别是王翦、廉颇、李牧）。

②《夷坚志》：宋代志怪小说集，作者洪迈。

【译文】

战国时秦国大将军白起，因屡建战功，而被封为武安君。（他曾经与赵国将军赵括在长平交战，伴装战败退走。暗中埋伏两队奇兵，加以胁制。赵括不知，乘胜追至秦军壁垒，壁垒坚固拒守，不得攻入，而秦奇兵在后断绝赵军粮道，白起率轻骑攻击，赵军屡战失利。因而赵军只得筑军垒坚守，以待救援，赵军断粮四十六天，饥饿不堪，人与人自相杀食，赵括亲自出阵搏战，被秦军射杀，赵括中箭而死，败兵四十万人投降，白起说："赵国士兵反复无常，不全部杀掉，恐怕日后会成为灾乱。"于是用欺诈手段把赵国四十万降兵，全部活埋杀死，只留下年纪小的二百四十人，让其返回赵国报信。这场长平之战，秦军前后斩杀俘虏多达四十五万人，赵国人为之震惊。后来秦王多次派别的将军攻打赵国，屡战不利。）秦王因此想任用白起为将攻打邯郸，白起推辞不受，秦王亲自强迫他前去，白起还是托称生病推辞了。于是秦王大怒，（削去白起所有封号爵位，贬为士兵，放逐到阴密。当白起才出咸阳西门，秦王派使者）赐剑给他，命他自己了断。白起引剑自杀时，说："我怎么得罪老天了，以至于落到如此下场？"他思索良久，长叹说道："我本来就该死，长平之战赵国投降兵士数十万人，我诈骗引诱全部坑杀，这个罪足以让我去死了。"于是自刎而死。(选自《白起传》)

据《夷坚志》记载：江南有一户姓陈人家的女儿，长到十七岁，从来没有读过书。身患重病快死了，忽然对人说："我是秦国将军白起，当年在世时杀了七八十万人，在地狱受尽了折磨，最近才获准投胎转世为人，但每次投胎都只能做女子，而且寿命不会超过二十岁，今天我的死，是我命该如此啊。"说完就死了。而史书上所记载的只是大将军白起那一世，因为他当年名气较大的缘故。

为将三世，家有不祥

陈涉①反，秦使王翦②之孙王离③击赵。围赵王及张耳④巨鹿城，或曰：王离，秦之名将也，今将强秦之兵，攻新造之赵，举之必矣。客曰：不然，夫为将三世者必败。必败者何也，以其所杀伐多矣。其后受其不祥。今王离已三世将矣。居无何。项羽救赵。击秦军，果虏王离。(《王翦传》)

【注释】

①陈胜(？~公元前208年)：字涉，楚国阳城县(今河南驻马店市平舆县阳城乡)人。秦朝末年反秦义军的首领之一，与吴广一同在大泽乡(今安徽宿州西南)率众起兵，成为反秦义军的先驱；不久后在陈郡称王，建立张楚政权。后被秦将章邯所败，遭车夫刺杀而死。

②王翦：战国末期秦国著名战将，杰出的军事家，与其子王贲在辅助秦始皇兼灭六国的战争中立有大功，除韩之外，其余五国均为王翦父子所灭。

③王离：秦朝时期大将，王翦之孙、王贲之子。秦二世刚继任时，蒙恬被夺军权，北方军队由王离所接管。公元前207年，起义军四起，王离以重兵围赵王于巨鹿，攻势猛烈，赵国军情危急，不断派使臣向楚国要求援军。之后项羽破釜沉舟，九战秦军，杀退王离数十万大军，生擒王离。

④张耳(前264年~前202年)：大梁(今河南开封)人。秦末汉初人物，曾参加秦末农民起义军，项羽分封十八路诸侯时，张耳被封为常山王，后归汉成为刘邦部属，被加封为赵王。

【译文】

秦朝末年，人民因为不堪暴政，便有陈涉等人起义反抗。秦王派王翦之孙王离来围攻赵国和张耳的巨鹿城。有人便说："王离是秦国的名将，现在让他带领强秦的大军攻打新成立的赵国，一定可以赢得胜利。"有人却说："这话不一定，名将做到了第三代一定会败亡。为什么这样说呢？因为他们攻伐杀戮太多了，他们的子孙会得到报应而遭受到不祥的命运。从王翦算起到王离已经是三

代为大将军了。"没过多久,项羽来帮赵国打退秦军,王离果然被项羽俘获了。(选自《王翦传》)

嫉妒杀人,苍犬据掖

吕氏①妒戚夫人②有宠,遂鸩其子赵王如意③,而杀戚夫人。后吕后过轵道,见物如苍犬据后掖,忽弗复见。卜之云:赵王如意为祟。吕后遂病掖伤,未几崩。(《吕后本纪》)

【注释】

①吕氏:姓吕名雉(前241年~前180年)字娥姁,通称吕后,或称汉高后、吕太后等等。汉高祖刘邦的皇后,秦始皇嬴政时期的仲父吕不韦的族人。高祖死后,被尊为皇太后,是中国历史上有记载的第一位皇后和皇太后。

②戚夫人:(?~约公元前194年),称戚姬,姓戚,名懿,下邳(今江苏邳州)人,祖籍秦末汉初定陶(今山东定陶),是汉高祖刘邦的宠妃,曾随刘邦征战四年,她也是西汉初年的歌舞名家,擅跳"翘袖折腰"之舞。刘邦死后,戚夫人被吕后虐杀于厕所,死状甚惨。

③刘如意(前208年~前194年):汉高祖刘邦第三子。汉高祖刘邦和宠妾戚姬所生的儿子,受封赵王。后被嫡母吕后害死。

汉惠帝刘盈(前211年~前188年):西汉第二位皇帝,他是汉朝开国皇帝刘邦的嫡长子,母亲吕雉,在位7年,死时年仅24岁。谥号"孝惠",葬于安陵。

【译文】

吕后是汉高祖刘邦的正妃,好妒忌又残酷,生太子盈(后来的孝惠帝)性情仁弱。汉高祖有宠妃戚姬夫人,生子如意封为赵王,聪敏过人,深得高祖欢心,因此高祖常想废太子立如意,但因大臣力争,不得实现。吕后忌恨不平,从此对戚姬母子仇恨日深,常想将她母子置于死地。高祖驾崩,吕后立刻施展报复手段,先把戚夫人囚禁,然后下诏命赵王如意回京,孝惠帝知其母后要害如意,亲自迎接赵王入宫,两人同起居共饮食,吕后没有机会下手。一天,孝惠帝早起出外打猎，赵王尚未起身，吕后得悉，即刻命人送去毒酒，赵王喝了之后毒发身亡。吕后又斩断戚夫人的手脚，挖去双眼，又给她喝哑药，把她投入厕所里，叫作"人彘"。事隔数年，一次吕后经过轵道（今陕西咸阳东北）见一怪物，形状像苍狗，向吕后猛扑并咬伤她的腋窝，忽然又不见了，回宫命卜官占卜说："这是赵王如意在作祟。"从此吕后腋下伤口日渐恶化，竟不治身死。（选自《吕后本纪》）

虚诬诈伪，阴祸后世

陈丞相①平佐高祖定天下，多出奇计，封曲逆侯。尝曰："吾多阴谋，是道家之所禁。吾世即废亦已矣。终不能复起。以吾多阴祸也。"其嗣何，坐罪国除。曾孙陈掌以卫氏亲贵戚。愿得续封。然终不得。（《陈丞相世家》）

【注释】

①陈平（？～前178年），阳武（今河南原阳）人，西汉王朝的开国功臣之一。在楚汉相争时，初在项羽手下做谋士，后归汉王刘邦帐下。曾多次出计策助刘邦。曾任丞相，后迁左丞相。曾先后受封户牖侯，曲逆侯，死后谥献侯。

【译文】

西汉初年，陈平曾"六出奇计"，辅佐汉高祖刘邦平定天下，被封为曲逆侯。（陈平少年时，本来喜好黄帝、老子的道家学说。）他曾说过："我出了很多诡秘的计谋，这是道家所禁忌的。我这一代如果被废掉爵位，就算完了，以后终究不会再度兴起的，因为我暗中积下的祸因已经很多了。"陈平死后，他的儿子共侯陈买继承侯位。过了两年陈买去世，陈买的儿子简侯陈恢继承侯位。过了二十三年陈恢去世，陈恢的儿子陈何继承侯位。又过了二十三年，陈何因夺人之妻而获罪，在市上被公开处死，所封侯国废除。后来他的曾孙陈掌因为是卫氏亲戚而身份显贵，希望能续封陈氏后代为侯，但始终没有得到。（选自《陈丞相世家》）

夺田杀人，阴魂索命

魏其侯窦婴①、武安侯田蚡②俱汉外戚，时灌夫③亦倚魏其而列封侯。及魏其罢政，武安为丞相，使人请魏其城南田。魏其大望曰：老仆虽弃，将军虽贵，宁可以势夺乎。时灌夫闻，怒骂使者，武安由此大怨灌夫魏其。元光四年，武安取燕王女为夫人，诏召列侯宗室往贺，武安劾灌夫骂坐不敬，诛灌夫族。魏其锐身为救，亦弃市。其春，武安侯病，专呼服谢罪，使巫视鬼者视之。见魏其灌夫共守，欲杀之，竟死。(《魏其武安传》)

【注释】

①窦婴(？～前131年)：字王孙，清河观津(今河北衡水东)人，是汉文帝皇后窦氏堂兄之子，以军功封魏其侯。后因与武安侯田蚡不和，被以"伪造诏书罪"斩首。

②田蚡(？～前131年)：长陵(今陕西咸阳)人，汉景帝王皇后同母异父弟，汉武帝的舅舅。建元二年(前140年)，刘彻登基，为汉武帝。同年，田蚡被封为武安侯，五年后，又当了丞相。得势后专横跋扈，公元前131年，暴毙于床榻之上。

③灌夫(？～前131年)：字仲孺，颍阴(今河南省许昌县)人，初以勇武闻名，为人刚直不阿，好饮酒骂人。七国之乱时，与父俱从军，以功任中郎将，与丞相田蚡不和，后因在蚡处使酒骂座，戏侮田蚡，为蚡所劾，以不敬罪族诛。

【译文】

魏其侯窦婴(是窦太后的侄儿，汉景帝的表兄，尊崇儒术，为人慷慨正直，景帝在位时，做詹事官，掌皇后太子家务。)武安侯田蚡(汉景帝王皇后的胞弟，有口才，善阿谀。武帝即位时，封为武安侯，曾任太尉及丞相。每次奏事，多称合帝意，权重一时。吴楚等七国造反，曾拜为大将军，七国平定，受封武安侯，权势显扬朝野，天下游士多来归从。)两个人都是汉朝皇室夫人家的亲戚。灌夫为人刚直，是位好酒易怒的血性汉子，灌夫也因与窦婴关系甚好，被封了侯。田蚡未得志时，曾对窦婴屈身奉承。景帝驾崩，太子武帝即位，窦婴被罢官，田蚡得到宠信做了丞相。田蚡派手下人向窦婴要求献出城南田地，窦婴生气地说："老夫我虽然被朝廷弃而不用，将军你虽然位贵权重，难道就可以仗势强夺我田地吗？"这时灌夫听到消息，打抱不平，怒骂来使。田蚡得知，从此怀恨灌夫和窦婴。武帝元光四年，田蚡娶燕王女为夫人，太后下诏让所有的王侯前往祝贺，灌夫和窦婴也前去祝贺。酒宴中，田蚡举杯向宾客敬酒，在坐宾客都离开座位表示敬意。当窦婴举杯向大家敬酒时，只有少数老朋友离开座位而已。灌夫看得怒火中烧，便借酒纵性，破口大骂。田蚡于是弹劾灌夫在丞相府中待客不敬等罪状，并检举灌夫过去旧案，逮捕灌氏全家，均判处死刑。窦婴奋不顾身地营救灌夫，田蚡想尽办法制造谣言，诬告窦婴，武帝大怒判窦婴死罪，当年十二月将窦婴斩首示众。第二年的春天田蚡忽然病倒，病中自言自语，不断呼叫"我有罪"之类的话。让能看见鬼神的巫师来诊视他的病，都说看见窦婴和灌夫两个人的鬼魂共同监守着田蚡，要杀死他。群医束手无策，田蚡不治身亡。（选自《魏其武安传》）

杀降戮俘，不得封侯

李广①为汉将，善骑射，号曰飞将军，然不得爵邑。尝谓望气王朔曰："诸将材能不及中，以军功取侯者数十人，广不为后人，然无尺寸之功，以得封侯者，何也，岂吾相不当侯乎，且固命也。"朔曰："将军自念，岂尝有所恨乎？"广曰："吾为陇西守，羌尝反，吾诱而降，降者八百余人，吾诈而同日杀之，至今大恨，独此耳。"朔曰："祸莫大于杀已降，此将军所以不得侯者也。"广后以出征失道自杀，孙陵又以降敌族诛。（《李将军传》）

【注释】

①李广（？～前119年）：陇西成纪（今甘肃天水）人，西汉时期的名将。汉文帝十四年（前165年）从军，一生与匈奴交战四十余年，大小七十余战，匈奴人畏其英勇，称之为"飞将军"。

【译文】

　　李广是汉朝名将，能征惯战，善骑马射箭，被敬称为"飞将军"。（武帝在位时派李广镇守右北平，匈奴听说李广来了，都畏惧逃避，多年不敢侵入境内。）然而李广一生命运不济，始终不得获封爵位。他的部下却封侯者不少，李广曾询问占卜专家王朔说："诸位将领中才能普普通通，却因军功而被封侯的有数十人，我打仗勇猛不落人后，却没有功劳而不得封侯，这是为什么啊？难道我的命相不好不该被封侯吗？这是命中注定无缘受爵？"王朔回答："将军自己想一想，平生是否做过愧对良心的遗憾事呢？"李广说："过去我镇守陇西时，羌人造反，我曾使用诈术，诱羌兵八百多人投降，却在当日将他们杀害，至今想来都追悔莫及，也就这件事了吧。"王朔说："最大的灾祸，莫过于杀害已经投降的人，这就是将军平生不得封侯的原因啊！"后来匈奴犯境，武帝命大将军卫青领军出击匈奴，李广自愿随军出征，卫青命他出东道围攻，李广因不熟地形，迷路而耽误了军期，李广引剑自刎而死。后来李广之孙李陵领兵深入匈奴腹地，兵尽粮绝而投降匈奴，武帝得知，将李陵全家斩首处死。（选自《李将军传》）

忍作残害，罪灭五族

　　王温舒①，好杀伐，为广平都尉，捕豪猾，连坐千余家，大者至族，小者论死。其治中尉奸猾穷治，大抵尽靡烂，其爪牙吏虎而冠。后人告温舒奸利事，罪至族，自杀。其时两弟及两婚家，以各自坐他罪而族。光禄徐自为曰：悲夫，古有三族，而王温舒罪至同时而五族乎。（《杨仆传》）

【注释】

　　①王温舒（？~前104年）：汉朝酷吏，阳城（陕西省咸阳市东）人。汉武帝时，历任河内郡太守、中尉、廷尉、少府。太初元年（前104年），西汉王朝派兵征大宛。武帝下诏征发豪吏从军，而王温舒却藏匿官吏不从征大宛，犯下灭族之罪，他被迫自杀。

【译文】
　　王温舒是汉武帝时期十大酷吏之一，喜好杀戮。他担任广平都尉时，抓捕郡中强横狡猾和不守法纪的人，互相牵连而获罪的达一千多家。然后他上奏朝廷，将罪重的诛灭其族，将罪轻的本人处死，家中财产全部没收。皇上听说了王温舒的事，认为他有才能，就调任他为中尉。那些奸猾不法之民得到了彻底惩治，大都受酷刑死在了狱中。王温舒的爪牙属吏个个如狼似虎，暴虐至极。（后来，遇朝廷发兵征伐大宛，皇上下召征招豪吏。）王温舒藏匿手下豪吏华成，且有人告发王温舒作奸犯科、贪图私利，论罪应该诛灭全族，王温舒难以承受此打击，于是便畏罪自杀。当时王温舒的两个弟弟家及两弟妻全家也都因为其他罪而一并灭族。光禄大夫徐自为说："可悲呀可悲！古时候有因犯罪诛灭三族之事，而王温舒的罪行竟导致诛灭五族！"（选自《杨仆传》）

汉 书

毒弑许后，招致灭门

霍光①为大将军，威震海内。光妻显，私使乳医行毒药。弑许后，及光子禹嗣博陆侯，缮治第宅，走马驰逐于乐馆，显梦第中井水溢流庭下，灶居树上，又梦大将军谓显曰：知捕儿不，亟下捕之。第中鼠暴多，与人相触，以尾画地，鸮数鸣殿前树上，第门自坏。禹梦车骑声正讙，来捕。禹举家忧愁，遂谋逆。事发，禹要斩，显及诸女昆弟皆弃市。（《霍光传》）

【注释】

①霍光（？~前68年），字子孟，西汉河东郡平阳县（今山西省临汾市）人，政治家，麒麟阁十一功臣之首，名将霍去病异母弟，昭帝上官皇后外祖父，宣帝霍皇后之父。先后任郎官、曹官、侍中、奉车都尉、光禄大夫、大司马、大将军等职位，封博陆侯，谥号为宣成，是以又被尊称为博陆宣成侯。历经汉武帝、汉昭帝、汉宣帝三朝，期间曾主持废立昌邑王。宣帝地节二年霍光去世，过世后第二年霍家因谋反被族诛。

【译文】

（汉武帝时，）霍光为奉车都尉（为人沉静详审，深得武帝信任。武帝崩，受遗诏辅少主昭帝即位，授大司马大将军官职，封博陆侯。昭帝年幼视他如父，威名震服海内。昭帝崩，霍光迎立昌邑王贺，因荒淫无道，不久被废，霍光又迎立武帝曾孙病已即位，是为宣帝，位极人臣，富甲天下，但霍光敛容谦恭，毫无骄矜神态。）秉政二十年，国泰民安，四夷宾服。霍光夫人显，为人却贪妒成性，想让小女儿成君当皇后，暗中指使御医淳于衍用毒药害死许皇后，再劝霍光奏请宣帝纳成君为后。(许后崩,御医淳于衍下狱,宣帝追究主凶,显怕事机泄露,将实情告诉霍光,霍光大惊,想举发妻子罪行,因念夫妇情深,竟忘大义灭亲,奏请宣帝勿究治御医罪。霍光死后,其子霍禹继承侯位。此时宣帝亲政,霍氏政敌当朝,有人泄露显杀害许后的事,宣帝闻知,收取霍氏兵权,逐步削减霍氏势力。)霍禹继爵为博陆侯后,修建住宅,常在乐馆骑马玩乐。霍光夫人显梦见住宅中的井水溢出流到厅堂下,厨房的炉灶挂在树上。有一天,夫人显梦见霍光告诉她说:"你知道我们儿子要被捕了吗?正紧急抓捕他呢。"霍府中突然老鼠横行肆虐,甚至与人相对抗。殿前的树上猫头鹰哀叫,府第的大门无故自坏,霍禹又梦见马车轰隆声急速前来捉拿他,全家忧虑不安。于是霍禹预谋废帝立新君,不久事情败露。霍禹被腰斩处死,显和她的女儿兄弟都被斩杀于市,霍氏亲族惨遭灭门之祸。(选自《霍光传》)

治狱无冤,子孙必兴

于公①为县狱吏郡决曹,决狱平,郡中为之立生祠。东海有孝妇,少寡,姑欲嫁之,终不肯。姑谓邻曰:"妇亡子守寡,久累丁壮。奈何。"姑后自经死,姑女告吏:妇杀我母,吏治诬服,于公心知妇冤,争之弗得,乃抱其具狱,哭于府上。辞疾去,太守竟论杀孝妇。郡旱三年,后太守至,于公请祭孝妇冢,表其墓,天立大雨。时公闾门坏,父老共治之。公曰:"少高大门闾,使容驷马高盖车,吾治狱多阴德,未尝有所冤,子孙必有兴者。"子定国②果为丞相,孙永为御史大夫,封侯传世。(《于定国传》)

【注释】

①于公:西汉东海郯县(今山东郯城西南)人,是汉相于定国之父,曾任县狱吏、郡决曹。他精通法律,治狱勤谨,无论大小案件,他都详细查访,以德治狱,千古称颂。

②于定国(?~前40年):西汉丞相。字曼倩。少时随父学法。为狱吏、郡决曹。宣帝时,任廷尉。为人谦恭,能决疑平法,被时人所称赞。后为丞相,封西平侯。

【译文】

　　于定国的父亲于公，担任县衙审理官司的小吏，判案公平允当，触犯律法的人，莫不心服口服，毫无怨言。郡中百姓于他在世时便立有祠堂，以表尊敬爱戴。东海有一位孝妇，年轻守寡，又没有儿子，事奉婆婆恭敬孝顺。婆婆劝她改嫁，孝妇始终不肯。婆婆曾对邻居说："我的媳妇事奉我孝顺勤苦，可怜她年轻守寡又没有儿子，为了我耽误终身幸福，我年纪大了，怎么能长久拖累年轻人呢？"于是婆婆自杀而死。婆婆的女儿不明实情，诬告孝妇杀死婆婆。太守逮捕孝妇，并迫其含冤认罪，狱案就此完成文书，送到官府。于公知道孝妇是冤枉的，据理为孝妇力争，太守不听，于公极力争论不能得，于是只能手持案卷，哭诉于太守府门。后来太守竟然杀害孝妇，致其枉死。孝妇死后，东海郡内大旱三年，民不聊生。后来新任太守到任，询问缘故，方知是天谴不公。于公请太守亲自祭祀孝妇之墓，并立碑于墓前表彰她的德行。天立时下大雨，当年东海郡五谷丰收，郡中人由于此事，更加敬重于公。后来于公家的门庭坏了，父老乡亲共同帮他修理，于公说："门庭可做高大些，使能通过驷马高盖车。我管理狱讼的事情积了很多阴德，未曾冤枉过人，将来子孙必有昌盛显贵之人。"他的儿子于定国后来果然做到了丞相的高位，于公的孙子于永官至御史大夫，数代封侯传世。(选自《于定国传》)

怜护无辜，拜相封侯

　　武帝时，丙吉^①为廷尉监，受诏治巫蛊郡邸狱，时皇曾孙亦就系，吉见而怜之。择谨厚女徒，令保养之。望气者，言长安狱中有天子气，上令被系者皆杀之。吉闭门，拒使者不纳，曰："皇曾孙在，他人无辜死者犹不可，况亲曾孙乎？"使者还报。帝悟曰：天使之也。因赦天下郡邸狱，系者独赖吉得生，恩及四海矣。及宣帝^②立，吉绝口不道前恩，会掖庭宫婢自陈有阿保之功，词引丙吉，上始知吉有旧恩，而终不言。大贤之，封为博阳侯。临当封，吉疾病，上忧吉疾不起。夏侯胜曰："此未死也，臣闻有阴德者，必享其乐以及子孙。今吉未获报而疾甚，非其死疾也。"病果愈，乃受侯封，未几

拜丞相。(《丙吉传》)

宋陆务观旧闻云,宣和末,蔡京③病笃,人皆谓必死矣。独晁冲之④叔用曰:"此未死也,此老败坏至此,若使宴然死牖下,备极哀荣,岂复有天道哉?"果不死。至儋州之窜,死于潭。是则有阴德者,不死可庆。有阴祸者,不死可惧也。

【注释】

①丙吉:(?~前55年),字少卿,西汉政治家,鲁国(今山东曲阜)人,麒麟阁十一功臣之一。

②汉宣帝刘询:(公元前91年~公元前48年),本名刘病已,字次卿,西汉第十位皇帝。汉武帝刘彻嫡曾孙、戾太子刘据孙。襁褓中的刘询曾下狱,后被祖母史家收养。元平元年(公元前74年)昌邑王刘贺被废后,霍光等大臣将他从民间迎入宫中,先封为阳武侯,于同年7月继位,时年17岁。

③蔡京(1047年~1126年):字元长。兴化仙游(今属福建)人。北宋时的政治家及书法家。蔡京是个有能力的行政官僚,而且权力欲强的人物,所以被历史认为是"贪渎最严重的权相"。蔡京先后4次任相,共达17年之久。

④晁冲之:宋代江西派诗人。字叔用,早年字用道。济州巨野(今属山东)人。晁氏是北宋名门、文学世家。晁冲之的堂兄晁补之、晁说之、晁祯之都是当时有名的文学家。

【译文】

汉武帝时,丙吉担任廷尉监一职,奉诏审理巫蛊案件。江充以巫蛊事诬陷太子据,太子男女妻妾皆连坐受害。当时宣帝刚出生几个月,是太子之孙,汉武帝的皇曾孙,也因太子事件,连坐囚禁在狱中。丙吉心知小孩子是无辜受冤枉的,特意选派谨慎敦厚的女子,保护养育宣帝。武帝后元二年,占卜术士观望星相后上奏武帝:"长安狱中有天子之气。"武帝知道后,下诏凡囚拘狱中的犯人,无论犯罪轻重,一律处死。传令的人抵达监狱,丙吉闭门拒绝使者说:"普通人无辜处死尚且不可,何况是皇上亲曾孙呢?"使者不得入,回去奏明皇上,武帝闻言省悟过来，这是上天派使者来了，于是下诏大赦天下狱中人。被牵连的人都因为丙吉而得以幸免于难，善行恩及到四海百姓。到了昌邑王被废，朝廷议立新帝，于是迎立皇曾孙病已即位，是为宣帝。宣帝即位后，丙吉绝口不说曾有恩于宣帝之事，有一位宫婢曾保育过宣帝，向皇帝自陈有功，言辞中提到廷尉丙吉知道详情。宣帝亲自诏问丙吉，才知道丙吉对自己有大恩，宣帝对他这种不居功的德行，大为称叹，于是封为博阳侯。丙吉临当封侯时，忽然害病，宣帝深虑丙吉一病不起，夏侯胜深明善恶吉凶，奏说："臣听说有阴德的人，必然会有善报，甚至福报可以传及子孙，如今丙吉还没有得到善报，病一定会痊愈的，请陛下宽心。"不久丙吉果然病好了，受封博阳侯，代魏相做了丞相，子孙也得以继承侯位。（选自《丙吉传》）

宋朝陆游的《家世旧闻》中说到这样一件事：宣和末年，蔡京突然病得很重，人人都说他肯定会死了。只有晁冲之（字叔用）说："蔡京不会死的，他做了那么多坏事，德行败坏到这个地步，如果让他这么安然地死在家里，还能把葬礼办得风光隆重，那还有天理吗？"之后，果然蔡京没有死。宋钦宗继位后，蔡京被接连贬官，在贬到儋州任职的路上，死在了潭州（今湖南长沙）。从这里看来，积了阴德的人，不死必有后福，是可庆幸之事。积了阴祸的人，不死必有后报，是件可怕的事啊。

舍身护堤，退灭水祸

王尊为东郡太守，河水盛溢，泛浸瓠子金堤，老弱奔走，尊祀水神河伯，请以身填金堤。因止宿，庐居堤上，吏民数千万人，争叩头救止尊，尊终不肯去。及水盛堤坏，惟一主簿，泣在尊旁，立不动，而水波稍却，迥还。吏民奏其状，加秩赐金。（《王尊传》）

【译文】

王尊担任东郡太守时，由于黄河水泛滥，浸淹了瓠子金堤，乡亲们尤其是老弱百姓都竞相奔走逃命。王尊却虔诚地祭祀水神河伯，发愿用自己的身体来填堤，以保固堤防解水患。因此王尊住在了堤上，官吏和百姓有几千上万人叩头阻止王尊，他还是不肯离开河堤。水势越来越大，堤上的泥土纷纷冲落，其他人各顾逃命去了，只有一个主簿哭泣着拼死相从，王尊在大堤上屹立不动，大水竟然渐渐退却，回流而去。当地的官吏和百姓都上奏称赞王尊，请求上方褒奖他不避危难的大义之举。王尊死后，官吏民众都纪念他。（选自《王尊传》）

忍作残害，壮年受戮

严延年[①]为涿郡太守，后迁河南，巧为狱文。所欲诛杀，奏成手中，奏可，论死，奄忽如神。冬月论囚，流血数里，号曰屠伯。其母从东海来，欲从延年腊，到雒阳，适见报囚。母大惊，便止都亭，不肯入府。延年出至都亭谒母，母闭阁不见。延年免冠顿首阁下，良久，母乃见之。因数责延年："幸得备郡守，专治千里。不闻仁爱教化，全安愚民，顾多刑杀人，欲以立威。岂为民父母意哉？"延年服罪，重顿前谢，因自为御归府舍，母毕正腊，谓延年："天道神明，人不可独杀，我不意当老，见壮子被刑戮也。行矣将去汝，东归扫除墓地耳。"遂去归郡。后岁余，延年果以不道弃市，东海莫不贤智其母。（《严延年传》）

史载诸酷吏罕有良死者，重则夷族，轻则自裁。此亦感应之大彰明较著者矣，故曰：杀人之父，人亦杀其父；杀人之兄，人亦杀其兄。彼好杀人者，其与操刃而自杀者何远哉？今录其尤显著者数条，为司刑者鉴，其他可推类而知矣。

【注释】

①严延年（？~前58年）：字次卿，东海下邳（今江苏徐州附近）人。他的父亲曾任丞相掾。

【译文】

严延年担任过涿郡太守，后来升迁至河南当太守，他善于写狱辞文书，想杀某人，就亲手写成奏折。上奏批准判定一个人的死罪，迅速得有如神助。冬天行刑时，集中执行死刑的人，血流了好几里地，河南郡的人因此称严延年为"屠伯"。严延年的母亲从东海郡来看儿子，打算跟随严延年一起进行腊祭。到雒阳时，正遇到处决囚犯。其母大吃一惊，便留在都亭，不愿意进入太守府。严延年来到都亭拜见母亲，其母紧闭房门，不肯见他。严延年在门外摘下帽子向母亲磕头。过了很长时间，其母才与他相见，并一再责备严延年说："你有幸当了郡太守，独自管辖方圆一千里的地区，没听说你以仁爱之心教化人民，使百姓安宁。反而利用刑罚，大量杀人，企图借此树立威信，难道身为百姓的父母官就这样做事吗？"严延年赶忙认错，再次叩头谢罪，并亲自为母亲驾车回到住所。其母在腊祭完毕以后，对严延年说："天道悠悠，明察秋毫，杀人者必将为人所杀。我可不愿意自己在暮年，还要看到正当壮年的儿子遭受刑戮！我要走了，和你道别东归故乡，清扫先人的坟墓。"于是离去，回到东海郡。一年多以后，严延年果然因不守臣子之道被处死，东海郡人无不赞叹其母的贤明和智慧。（选自《严延年传》）

据史书记载，众多酷吏中，少有人能得到善终的，严重的被诛灭家族，从轻的也落到自杀下场。这也说明因果报应的显而易见和昭然若揭。所以说：如果杀害别人的父亲，别人也会反过来杀自己的父亲；杀害别人的兄长，别人也会反过来杀自己的兄长。那些喜欢杀害别人的人啊，跟拿着刀杀自己又有什么区别呢？这里收录了一些比较显著的酷吏果报案例，给手握司法生杀大权的人作为借鉴，以此类推可知，自己如何作为会得到怎样的感应了。

救活万人，孙女为后

王翁孺[①]为武帝绣衣御史，逐捕魏郡群盗坚卢等党与。及吏畏懦逗遛当坐者，翁孺皆纵不诛。他部御史暴胜之[②]等，奏杀二千石，诛千石以下，及通行饮食坐连及者，大部至斩万余人。翁孺以奉使不称免，叹曰："吾闻活千人有封子孙，吾所活者万余人，后世其兴乎。"翁孺子禁，生女政君，为孝元皇后[③]，禁封阳平侯。（《元后传》）

【注释】

①王贺：字翁孺，西汉东平陵(今山东章丘一带)人。西楚王朝济北王田安之曾孙，西汉名士王遂之子、阳平侯王禁之父、孝元皇后王政君的祖父。

②暴胜之(？~前91年)：字公子，河东(今山西夏县西北)人，西汉名臣。

③汉孝元皇后王政君（前71年~13年），汉元帝刘奭皇后，汉成帝刘骜生母，新朝建兴帝王莽的姑母。她是中国历史上寿命最长的皇后之一。

【译文】

汉武帝时期，王贺(字翁孺)官至绣衣御史，主要任务就是奉命去镇压农民起义。王贺奉命巡查魏郡(今河北临漳)，监督地方官追捕盗贼和反民。他行事平和厚道，遇到官吏怯懦畏事而应当连坐的，都放过他们而不杀。而别处御史如暴胜之等人，上奏诛杀二千石的官员，无需上奏可立诛千石以下官吏，让盗贼通过或供给饮食，以及有所牵连的人等一并诛杀，大部分御史处死不下万人。王贺因为奉诏出使不合皇上心意被罢官。他感叹道："我听说拯救一千个人的生命，就会得到荫封子孙的好报。因我而免死的大概有一万人吧，我的后代将会兴旺吧。"果然，王贺的儿子王禁，生了女儿王政君，成为汉元帝的皇后，王禁被封为阳平侯。(选自《元后传》)

后汉书

父仁子慈，累世贵宠

邓禹[①]为将军时，赤眉所过残掠。禹行师有纪，所至辄停车驻节以劳来之。父老童稺，垂发戴白，满其车下，莫不感悦。禹尝曰："吾将百万之众，未尝妄杀一人，后世必有兴者。"禹子训[②]。建初三年，拜谒者，时修滹沱石臼河，欲令通漕，吏人苦役，连年无成。转运所经，没溺死者不可胜算，训知大功难立，具以上言。遂罢其役，更用驴辇，岁全活数千人。训弟陔言："常闻活千人者子孙有封。天道可信，家必蒙福。"训女为和帝后，邓氏子孙累世贵宠。（《和熹邓皇后[③]邓禹邓训传》）

【注释】

①邓禹（公元2年～58年）：字仲华，南阳新野（今河南省新野）人，东汉开国名将。

②邓训（公元40年～92年）：东汉护羌校尉，开国功臣邓禹之子。字平叔，南阳新野（今河南新野南）人，女儿为和帝皇后。

③和熹邓皇后（公元81年～121年）：邓绥，邓禹之孙女，邓训之女，母阴氏为汉光武帝皇后阴丽华从弟的女儿。汉和帝皇后，史称邓太后。中国历史上第一个垂帘听政的女皇后。

【译文】

邓禹任将军时，赤眉兵入侵长安，所到之处残害百姓。邓禹的部队军纪严明，所到之处，常停下车来，慰劳问候百姓，父老和儿童都挤满在他车下，莫不感动喜悦。邓禹曾说："我带领百万之众的军队，不曾枉杀过一个人，后世子孙必会兴旺发达的吧。"建初三年（公元78年），要治理滹沱河和石臼河，沟通漕运。邓禹之子邓训被封为谒者，监领此工程。工程连年没有大进展，官吏百姓深受其苦，死于此役的民工不可胜数。邓训经过实地考察计算，得知这项工程难于成功，就具实上奏。皇帝于是明令不再征此劳役，改用驴车运送，使数千人免于死亡。邓训的弟弟邓陔说："时常听说能救千人性命的，子孙必有封赏。天道是可以信赖的，我家必会得到福报。" 邓训的女儿后来成为汉和帝的皇后，邓家的子孙好几世都享荣华得恩宠。（选自《和熹邓皇后邓禹邓训传》）

至孝仁恩，巨富子兴

阴子方[①]至孝有仁恩，腊日晨炊，而灶神形现，子方再拜受庆。自是以后，暴至巨富，子方尝言："我子孙必将强大。"至其孙识，拜执金吾，阴氏侯者凡四人。（《阴识[②]传》）

按《酉阳杂俎》曰，灶神姓张名单，夫人字卿忌，有六女皆名察洽。常以月晦日上天，白人罪状。大者夺纪小者夺算，故为天帝督使，下为地精。其属神有天帝娇孙、天帝大夫、天帝都尉、天帝长兄、硎上童子、突上紫官君、太和君、玉池夫人等。其说与《感应篇》相符合。

【注释】

①阴子方：汉代孝子。

②阴识：字次伯，南阳郡新野（今河南省新野）人。皇后阴丽华的兄长。阴子方的曾孙，东汉朝重臣。

【译文】

阴子方非常孝顺，待人仁慈宽厚。有一年腊八节早上做饭时，灶神现形，阴子方很恭敬地拜了再拜，接受灶神的庆贺。从此以后财富急速增长，富甲一方。他常说："我的子孙将来必会飞黄腾达。"传到他的曾孙子阴识已经三代，更为繁荣昌盛。阴识官拜执金吾，辅佐太子。阴家后人被封侯的就有四人，阴识的妹

妹阴丽华，后来当上光武帝的皇后。(选自《阴识传》)

根据唐代笔记小说《酉阳杂俎》中说，灶神姓张名单，其夫人字卿忌。生有六女，都取名察洽。每到月底时回到天上，向天帝汇报人的所做所为，世人如犯下过恶，大过就削夺十二年（另一说法为三百天）的福寿，小过就削夺一百天的福寿。玉皇大帝派他专司监察人间之职，告诫人们要遵纪守法，光明磊落，恒求善事，利益众生。他的下属神灵还有天帝娇孙、天帝大夫、天帝都尉、天帝长兄、硎上童子、突上紫官君、太和君、玉池夫人等，这个说法与《太上感应篇》的内容相符。

以身护柩，孝心灭火

长沙有孝子古初，遭父丧未葬。邻人失火，初匍匐柩上，以身扞火，火为之灭。(《郅恽传》)

【译文】

长沙有孝子古初，父亲去世了，入棺待葬。邻居家失火，大火蔓延到古初家，古初就趴在父亲灵柩上，以身体来挡住烈火，火竟然熄灭了。(选自《郅恽传》)

母子连心，噬指驰归

蔡顺[1]以至孝称。少孤养母，常出求薪，有客卒至，母望顺不还。乃噬其指，顺即心动，弃薪驰归，跪问其故。母曰："有急客来，吾噬指以悟汝耳。"母终，未及葬，里中灾，火将逼其舍，顺抱扶棺柩，号哭叫天，火遂越烧他室。顺独得免。(《周盘传》)

【注释】

[1]蔡顺：字君仲，东汉汝南安阳（今属河南）人，自幼丧父，以至孝称。

【译文】

蔡顺以尽孝而著称。从小父亲去世,独自赡养母亲。有一次出外砍柴,突然家里有客人来访,母亲等了很久蔡顺还不回来,就咬破了自己的手指。远在外面砍柴的蔡顺即刻心中不安,于是放下柴担奔驰而回,跪地问母亲缘故。母亲说:"有客人突然造访,我就咬破手指,希望你能感应,好快点回家。"母亲寿终时,入棺待葬,附近的人家发生火灾,火快烧到蔡顺家的房子时,蔡顺抱伏在棺柩上大哭祈求上苍相助。大火竟越过他家的房子,延烧到其他邻舍,只有蔡顺家得以免于火灾。(选自《周盘传》)

遏恶扬善,驱虎散蝗

宋均为九江太守,郡多虎暴,前吏募设槛阱,而犹多伤害。均到,下记属县曰:"虎为民害,咎在残吏,劳勤张捕,非优恤之本。其务去奸贪,思进忠善,可一去槛阱,除削课制。"其后虎相与东游渡江,中元、中山、阳楚、沛,多蝗,其飞至九江界者,辄东西散去,由是名称远近云。(《宋均传》)

【译文】

宋均担任九江太守,那里有很多凶暴的老虎,历年来成为百姓的祸患。之前的官吏常常募集猎手设置栅栏和陷阱捕捉老虎,却仍有很多人受伤害。宋均到了之后,下公文给所属各县说:"老虎本来在深山,有自己生活的处所。而今成为百姓的祸害,应归罪于残酷的官吏。让百姓不辞辛劳地张网捕猎,这不符合顾怜体恤百姓的原则,也无法解除祸害的根本。只有退除奸邪贪婪的官吏,提拔忠诚善良的人,才是根本。可以全部去掉栅栏陷阱,免除捐税。"后来听说老虎都结伴向东游,渡过长江去了。中元元年(公元56年),周围好几处地方闹蝗灾,蝗虫飞到九江边界,就向东西两方向散去,由于这件事宋均的名声被远近百姓所称颂。(选自《宋均传》)

狱无冤囚，子孙贵显

何比干①为汝阴县狱吏决曹掾，平活数千人，后为丹阳都尉，狱无冤囚。淮汝号曰何公，征和三年三月辛亥，天大阴雨，比干在家书卧，梦贵客车骑满门，觉以语妻。语未已，而门有老妪求寄避雨，雨甚而衣履不沾渍。雨止，送至门，乃谓比干曰："公有阴德，而天赐君策，以广公之子孙。"因出怀中符策，状如简，长九寸，凡九百九十枚。以授比干曰："公子孙佩印绶者，如此算。"后子孙贵显。果如其言。（《何敞传注》）

【注释】

①何比干：字少卿，汝阴（今安徽阜阳）人。西汉法律学家。曾任汝阴县令、丹阳都尉，汉武帝时任廷尉正。

【译文】

何比干曾任汝阴县的司法官，他主张法治，但不滥用刑仗，被他平反救活的蒙冤之人有数千。后来升为丹阳都尉，审判案犯时，着重证据和调查研究，经他审判的案件，没有被冤枉的囚犯，史称"狱无冤囚"。（他执法公正，得到人民的爱戴。）淮汝的老百姓都尊称他为"何公"。汉武帝征和三年（前90年）三月，辛亥日这天下大雨，何比干在家里躺着看书睡着了，他梦见有贵客车马停满了门庭。醒来把这个梦告诉妻子，话没有说完，门口有一个老婆婆，请求进屋避雨。当时雨很大，她的衣服和鞋子却没有沾湿。雨停后，何比干送她到门口。她对何比干说："先生有阴德，现在上天赐予你符策，使你的子孙兴旺发达。"于是她拿出怀里的符策，形状如竹简，有九寸长，共九百九十枚，送给何比干，说："你的子孙后代能佩戴官印的，会像此竹简的数目那样多。"后来何比干的子孙后代果如老妇人所言，大都富贵显要。（选自《何敞传注》）

慈心于鬼，安葬露骨

陈宠①为广汉太守，先是洛县城南，每阴雨常有哭声闻于府中，积数十年。宠闻而疑其故，使吏按行。还言世衰乱时，此下多死亡者，而骸骨不得葬，悦在于是。宠怆然矜叹，即敕县尽收葬之，自是哭声遂绝。(《陈宠传》)

【注释】

①陈宠（？~106年）：沛国浚县（今安徽固镇）人。初为州郡吏，后辟司徒府，升为尚书，建议皇上去繁苛，行宽政，被章帝采纳。曾担任太山、广汉太守，做过九卿中的三卿。

【译文】

陈宠担任广汉太守，以前在洛县城南部，每当阴雨天，常常能听到哭声，几十年都是如此。陈宠听说后疑惑到底为何如此，于是派官吏去巡察。差役回报说：在世道衰微兵荒马乱时，洛县城南有很多死去的人，骸骨没有得到埋葬，至今还暴露丢弃在那里。陈宠听后非常感伤，升起慈悲哀愍之心，随即下令洛县官吏尽数将骸骨收埋安葬，从此哭声就再也没有了。（选自《陈宠传》）

黄雀报恩，四世三公

杨宝①九岁时，至华阴山北，见一黄雀，为鸱鸮所搏，坠于树下，为蝼蚁所困。宝取置巾箱中，啖以黄花，羽毛成，飞去。其夜梦黄衣童子向宝再拜曰："我西王母使者，感君爱护，持献白玉环四枚，命君子孙洁白。位登三事。如此环。"后宝生震，震生秉，秉生赐，赐生彪。四世三公，清白无比。(《杨震传注》)

29

【注释】

①杨宝：杨震之父，东汉弘农华阴（今陕西华阴）人。曾祖父杨敞是汉昭帝的丞相，封安平侯。

【译文】

杨震的父亲杨宝九岁时，到华阴山北游玩，看见一只黄雀，被鸱鸮（凶猛的鸟）击伤，坠落到树下，被一群蚂蚁围困。杨宝把黄雀带回家，放在箱子里，喂它黄花疗伤，等到羽毛长好了，便放飞了它。当天晚上，杨宝梦见有一位黄衣童子，向他拜谢说："我是西王母娘娘的使者，感谢先生救助之恩，送给您白色的玉环四枚，将使您的子孙操守清廉，位登三公（东汉以太尉、司徒、司空为三公），地位显赫，就像这些玉环一样。"后来杨宝生了杨震，杨震生了杨秉，杨秉生了杨赐，杨赐生了杨彪。四代人都做到了三公的高位，品德清白。（选自《杨震传注》）

廉洁忠信，神鸟悲鸣

杨震①性公廉，不受私谒，累官至太傅，进谏多切至。时樊丰等谮震恚望，因饮酖而死，露棺道侧。顺帝时，以礼改葬于华阴潼亭，远近毕至。先葬十余日，有大鸟高丈余，集震丧前，俯仰悲鸣，泪下沾地。葬毕，乃飞去。郡以状上，帝感震之枉，诏使太守丞，以中牢具祠。于是时人立石鸟象于其墓所。（《杨震传》）

【注释】

①杨震（54年~124年），字伯起，杨宝之子。他的妻子是著名历史学家司马迁的女儿。

【译文】

杨震生性清正廉洁，不接受私下的拜访，官职晋升到太傅，向皇帝直言劝谏，切中要害时弊。当时樊丰等人诬陷杨震对朝廷心怀怨恨，被罢免官职，后饮毒酒而死。樊丰还派人阻止杨震的灵柩回本籍,并将灵柩露停道旁,任其日晒雨淋。汉顺帝即位后,(樊丰等人被处死,皇帝)下诏重新礼葬杨震于华阴潼亭。远近百姓络绎不绝都来参加葬礼。在葬礼前的十多天,有大鸟,高一丈多,聚集在杨震棺前,俯仰悲鸣,泪水都滴到地上,葬礼完毕才飞走。郡里官吏将此事报告上去,皇帝感到杨震确实是被冤枉的,下令给太守丞,以隆重的祭品和礼仪来祭祀杨震,还在他坟墓前立了石鸟雕像以志纪念。(选自《杨震传》)

平允宽恕,子孙为卿

虞经为陈国郡狱吏,案法平允,务存宽恕。冬月上其状,每流涕随之。尝曰:"于公高为里门,而其子定国卒至丞相,吾决狱六十年,虽不及于公,其庶几乎,子孙何必不为九卿耶?"故字其孙诩曰升卿,诩官至尚书,以刚正称。(《虞诩传》)

【译文】

虞诩的祖父虞经,担任郡里的狱吏,判案执法公平允当,心存宽厚恕人之念。每年冬月要上书报告秋后处斩的狱案,常常看着卷案而怆然流泪。曾经说:"东海的于公,判案公平,多积阴德,预知后世子孙必兴,所以提前加高了里门,他儿子最后位列丞相。我服务县狱六十年,虽然比不上于公,但也差不了太远。儿孙难道不能位列九卿吗?"所以为孙子虞诩取字为"升卿",希望他能升进九卿。虞诩果然做到了尚书令,以为官清正廉明,刚正不阿而著称。(选自《虞诩传》)

杀贼百人,家不添丁

虞诩[①]临终,谓其子恭曰:"吾事君直道,行己无愧,所悔者为朝歌长时,杀贼数百人,其中何能不有冤者。自此二十余年,家门不增一口,斯获罪于天也。"(《虞诩传》)

【注释】

①虞诩：字升卿，东汉时期著名的军事家、政治家。陈国安平（今河南省鹿邑县）人。历任太尉郎中、朝歌长、怀县令、武都太守、司隶校尉、尚书仆射、尚书令等职。

【译文】

虞诩临死时，对他的儿子虞恭说："我以正直敢言事奉皇上，行事无愧于心。只是深深懊悔一件事，当初任朝歌县长时，杀了盗贼数百人，其中怎能没有受冤枉的人呢？从此以后二十多年，家中就不再增加人口，这是因为老天降罪于我啊！"（选自《虞诩传》）

乐人之祸，祸将自及

司徒王允①以王宏②为右扶风，李傕③为乱，欲杀允，遂收宏下廷尉，并杀之。宏素与司隶校尉胡种有隙，及宏下狱，种遂迫促杀之。宏临命，诟曰："胡种乐人之祸，祸将及之。"种后眠辄见宏以杖击之。因发病，数月死。（《王允传》）

【注释】

①王允（137年~192年）：字子师，并州太原祁（今山西祁县）人。东汉时官员，汉献帝初年任司徒、尚书令。

②王宏：东汉末年司徒王允同乡，因涉及与李傕、郭汜等董卓残部争斗而亡。

③李傕（?~198年）：字稚然，东汉凉州北地郡（今陕西省富平县）人，汉末群雄之一，东汉末期的武将、权臣、凉州军阀，官至大司马、车骑将军、司隶校尉等。

【译文】

司徒王允在杀了董卓之后，执掌朝政，任命王宏为右扶风，李傕等董卓旧部兴兵作乱，杀了回来并抓住王允，要杀了他。于是把王宏也收到刑狱中，准备一并杀害。王宏素来与司隶校尉胡种关系不睦，等到王宏入狱时，胡种竟逼迫狱吏赶快杀了他。王宏在临刑前大骂道："胡种这样幸灾乐祸，见到别人有祸还去加害,那么灾祸也会降临到他头上的。"胡种后来在睡梦中,见到王宏用木杖打他,因此而得了病,几个月后就去世了。(选自《王允传》)

扰乱国政,暴尸漂棺

董卓①既伏诛,暴尸市中,脂流于地。守尸吏然火置卓脐中,光明达曙。及卓部将李傕等入长安,葬董卓于郿。葬日,大风雨,霆震卓墓,流水入藏,漂其棺木。(《董卓传》)

【注释】

①董卓(?~192年):字仲颖,凉州陇西临洮(今甘肃岷县)人,东汉末年少帝、献帝时权臣,西凉军阀。官至太师,封郿侯。趁汉末战乱和朝廷势弱占据京城,废黜皇帝刘辩,挟持汉献帝,后被其亲信吕布所杀。

【译文】

董卓在伏天被诛杀,尸体丢弃在街道上。天气炎热,董卓平素肥胖,脂油流满地,守尸的官吏点火放在董卓的肚脐中当作灯,照亮了一晚,油脂一直燃烧到天亮。等到董卓的部属李傕等人杀回长安,把他埋葬在郿,下葬那天,风雨交加,雷震开了董卓的墓基,雨水流进了墓穴,把棺木都漂走了。(选自《董卓传》)

孝妇平冤,久旱逢雨

上虞有寡妇,至孝养姑,姑寿终。夫女弟先怀嫌忌,乃诬妇鸩母,列讼县庭,郡不加寻察,妇竟冤死。自是郡中连旱二年,祷请无所获。后太守殷丹到官,访问其故,郡户曹吏孟尝①,具陈寡妇冤诬之事。因曰:"昔东海孝妇感天致旱,于公一言,甘泽时降。宜戮讼者以谢冤魂,庶幽枉获申,时雨可期。"丹从之,即刑讼女,而祭妇墓。天应时澍雨,谷稼以登。(《孟尝传》)

【注释】

①孟尝：字伯周，东汉官吏。会稽上虞(今属浙江绍兴)人。历任徐地县令、合浦太守。

【译文】

上虞有一位寡妇，非常孝顺侍奉婆婆，婆婆寿终。她的弟媳因为之前就嫌怨猜忌孝妇，竟然诬告孝妇毒死婆婆，诉讼到了县衙，郡县官吏不加细察，就判罪名成立处死孝妇。孟尝知道寡妇冤枉，向太守作了详细的汇报，太守不理，致使孝妇含冤而死（孟尝就在郡衙外边哭泣请求，后来告病离职。）从此，郡中连续干旱两年，祈祷请求都不灵验。新来的太守殷丹上任，访求连年干旱的原因。时任郡户曹的孟尝详细陈述了孝妇被诬陷致死的冤情，因而告知太守说："过去东海有位孝妇被冤死，也感应老天惩罚地方干旱，于公代为洗刷冤情，上天立刻普降甘霖。建议惩罚诬告之人，来慰藉冤魂，或许当年的冤案得以平反昭雪，应时的雨水就会降临了吧。"殷丹就听从了孟尝的话，刑罚了诬告的女子，前往孝妇墓前祭祀，天上得到感应立刻就下了雨，五谷庄稼得以丰收。（选自《孟尝传》）

面火叩头，降雨止风

刘昆除江陵令时，县连年火灾，昆辄面火叩头，多能降雨止风。后为宏农太守，先是崤黾驿道多虎灾，行旅不通。昆为政三年，仁风大行，虎皆负子渡河。帝闻而异之，征拜光禄勋，诏问昆曰："前在江陵，反风止火，后守宏农，虎北渡河，行何德政而致是事？"昆对曰："偶然耳。"帝叹曰："此长者之言也。"命书诸策。（《刘昆传》）

【译文】

刘昆出任江陵令时，县里连年发生火灾，刘昆对着烈火向火神磕头，大多可以令风转向阻止火势蔓延，或降雨淋灭大火。后来刘昆当宏农太守，起初崤山与黾池间的驿道总有猛虎往来，危害行人旅客，人们都不敢从此通行。刘昆当政三年，仁德宽厚之风盛行，郡中老虎都不忍在此为非作歹，驮着幼虎渡过黄河远去。皇帝刘秀听说以后感到很惊奇，提升刘昆任光禄勋。皇帝问刘昆说："以前你在江陵，转变风向，扑灭烈火；后在宏农任太守，老虎渡河不再危害百姓。你推行怎样的德政，竟然会发生这样的事？"刘昆回答道："不过是偶然碰上罢了。"皇帝感慨地说："这才是年长有德的人说的话呀。"下令把这件事记载在史书上。（选自《刘昆传》）

收葬露骨，旱逢澍雨

周畅性仁慈，为河南尹。永初二年夏，旱，久祷无应。畅因收葬洛阳傍客死骸骨，凡万余人，应时澍雨。岁乃丰稔。（《周嘉传》）

【译文】

周畅本性仁慈，永初二年（公元108年），当他做河南尹时，夏季干旱，长久祈祷老天都未遂人愿。却因为周畅收埋安葬了洛阳城旁客死他乡而无人掩埋的骸骨，共一万多人，天便及时下起大雨，当年庄稼丰收。周畅后来官至光禄勋。（选自《周嘉传》）

不贪人财，彰德显名

王忳尝诣京师，于空舍中见一书生疾困，愍而视之。书生谓忳曰："我当到洛阳而被病，命在须臾，腰下有金十斤，愿以相赠，死后乞藏骸骨。"未及问姓名而命绝。忳鬻金一斤，营殡葬，余金悉置棺下，人无知者。后数年，县使忳为亭长。初到之日，有马驰入亭中而止，俄大风飘一绣被堕忳前，即言之于县。县以归忳，后乘马到䜌县。马奔走牵忳入他舍，主人见而喜曰："今擒盗矣。"问忳何由得马。忳具言其状。并及绣被。主人曰："向吾家被随旋风与马俱亡，卿何阴德，而致此二物？"忳自念有葬书生事，因说之，并道书生形貌，及埋金之处。主人惊恸曰："是吾子也，姓金名彦，前往京师，不知所在，何意卿乃葬之。大恩未报，天以此彰卿德耳。"因与忳俱迎彦丧，余金具存，忳由是显名。(《王忳传》)

【译文】

王忳一次前往京城的路上，在一间空屋里，遇见一个病得卧床不起的书生。王忳看无人照应，因怜悯而照顾他。书生告诉王忳说："我应该赶到洛阳去，却因重病而命在旦夕了。我腰下有黄金十斤，愿意赠送给你。我死后，请你将我埋葬了吧。"王忳还没来得及问书生是何方人士，姓甚名谁，书生就断了气。王忳花了一斤金子，为他办理丧葬后事，却将剩余的金子放在棺材内，随书生一起葬在地下，没有人知道这件事。过了几年后，王忳被任命为亭长。刚到任那天，有一匹马跑到亭内停了下来。随后大风又吹来一床绣被，掉在他的面前。他将此事报告了县令，县令命被子和马都归王忳使用。不久，王忳骑着这匹马到颔县办理公务，马一路奔跑，载着他跑进一处深宅大院。院主人见到马后，非常高兴地说："今天终于抓到盗贼了。"追问王忳从哪里得到的这匹马。王忳将事情原委告诉了主人，并提到还有绣被。主人惆怅良久后说："我家的被子是随突来的大风与马一起消失的，你积了什么阴德而得到这两件东西的呢？"王忳于是想起埋葬书生的事，便告诉了院主人，并详述书生的相貌和埋金的地方。主人大惊失色，哭着说："那是我儿子啊！他叫金彦。到京师读书，现在不知道在哪里，真想不到是恩公您安葬了他的呀！您的大恩大德久久不能报答，上天是要以此事来表彰您的道德吧！"随即与王忳一起去接回金彦的棺木下葬，剩余的金子都还在。王忳因为这件事声名远扬。(选自《王忳传》)

亭鬼申冤，送丧归乡

王忳除郿令，到官至斄亭。亭长曰："亭有鬼不可宿也。"忳曰："仁胜凶邪，德除不祥。何鬼之避？"即入亭止宿。夜中闻女子称冤之声，忳曰："有何枉状，可前求理乎。"女子曰："无衣不敢进。"忳投衣与之。女子乃前诉曰："妾夫为涪令，之官，过宿此亭。亭长无状，贼杀妾家十余口，埋在楼下。悉取财货。"忳问亭长姓名。女曰："即今门下游徼者也。"忳曰："当为汝理此冤。"因解衣于地，忽然不见。明旦，召游徼诘问。具服罪。即收系及同谋十余人。悉服辜。遣吏送其丧归乡里。亭遂清安。(《王忳传》)

【译文】

　　王忳后来担任郿县县令，赴任的路上，路过藟亭这个地方。亭长对他说："亭里有鬼出没，不可以寄宿亭内。"王忳说："仁义胜过凶邪，德能摈除不祥，何必避开鬼呢？"随即夜宿在亭内。深夜，王忳听到有女子喊冤的声音，于是高声说："你有什么冤屈，可以前来申述。"女子说："我没穿衣服，不敢进去。"王忳将衣服投给她穿。女子穿好衣服上前哭诉说："我的丈夫原来是涪县县令，去上任的路上经过此地，投宿此亭内。亭长罪大恶极，将我们全家十余口都杀了，埋在楼下，把我们的财物都拿走了。"王忳问亭长的姓名，女子道："就是你的属下游徼。"王忳说："我一定会为你申张正义，辨明此冤。"女子于是隐去身子，留下衣服，忽然不见踪影了。第二天一早，王忳召见游徼讯问，游徼认罪了，于是将他的十多个同党一起抓获，也都伏罪了。再派属下将被杀人家的尸骸送归他们的故乡。藟亭又恢复了清静平安。(选自《王忳传》)

蝗灾不侵，坐薪祷雨

　　戴封①为西华令，汝颍有蝗灾，独不入西华界。时督邮行县，蝗忽大至，督邮其日即去，蝗亦顿除。一境奇之。其年大旱，封祷请无获，乃积薪坐其上以自焚，火起，而大雨暴至。于是远近叹服。(《戴封传》)

【注释】

　　①戴封(？~约100年)东汉大臣。字平仲，济北刚(今属山东)人。历任议郎、西华令、中山相、太常。

【译文】

戴封做西华令时，汝河、颍水一带发生蝗灾，蝗虫唯独不进西华境内。当时督邮到县里来巡视，蝗虫忽然大量飞来，督邮离开那天，顿时蝗虫也飞走了。全县的人都感到惊奇。这一年大旱，戴封祈求祷告一无所获，于是坐在木柴堆上自焚，火苗一起，大雨突然迅猛而来，远近的人都感叹信服。(选自《戴封传》)

自焚求雨，天感至诚

谅辅①为广汉郡，五官掾②。时夏大旱，太守自出，祈祷山川，连日而无所降。辅乃自暴庭中。慷慨咒曰："辅为股肱，不能进谏纳忠，荐贤退恶，和调阴阳，承顺大意，至令天地否隔，万物焦苦，百姓喁喁无所诉告。咎尽在辅，今郡太守改服责己，为民祈福。精诚恳到，未有感彻。辅今敢自祈请，若日中不雨，乞以身塞无状。"于是积薪柴、聚茭茅、以自环。构火其傍，将自焚焉。未及日中时，而天云晦合，须臾澍雨，一郡沾濡。世以此称其志诚。(《谅辅传》)

【注释】

①谅辅：字汉儒，东汉时期广汉新都(今四川成都)人，官至五官掾。

②五官掾：官名。西汉设置。汉代郡太守自署属吏之一，掌春秋祭祀，若功曹吏缺，或其他各曹员缺，则署理或代行其事，无固定职务。为太守的左右手，地位与功曹吏不相上下。

【译文】

谅辅做广汉郡五官掾时，有一年夏天大旱，太守亲自向山川求雨，但雨仍然不下。谅辅在院子中曝晒自己来求雨，并发誓说："我谅辅是广汉郡的股肱之臣，不能规劝太守改正错误进纳忠言，不能推举贤能黜退恶人，顺承上天的旨意，以至于使天地闭塞不通，万物受到焦燥之苦，百姓有难也没有地方申诉，这些都是我谅辅的罪过。现在郡太守反省责备自己，为民众求福，太守的真诚恳切,还没能感动上天。我谅辅现在虔诚祈祷,如果到中午还不下雨,请求用我的身体来补救那不可言状的罪过。"于是他就堆起柴禾茅草环绕在自己四周,把火种准备在旁边,准备点火焚身。还没到中午的时候,天空中乌云聚集,雷雨倾盆而下,整个广汉郡都被雨水润泽了。人们因此而称赞他的至诚之心。(选自《谅辅传》)

起塘利民,忠信感灵

许杨,建武中,汝南太守邓晨,署为都水掾,使修鸿郤陂。杨因高下形势,起塘四百余里,百姓得其便,累岁大稔。时豪右大姓谮杨受取赇贿,晨遂收杨下狱,而械辄自开。狱吏恐遽,白晨。晨惊曰:"果滥矣,太守闻忠信可以感灵,今其效乎?"即夜出杨遣归,时天大阴晦,道中若有火光照之。时人异焉。后以病卒。晨为杨起庙,百姓思其功绩,皆祭祀之。(《许杨传》)

【译文】

许杨在建武年间,被汝南太守邓晨任命为都水掾,主管修鸿郤陂工程。许杨顺地势高下,建立水塘四百多里,百姓方便灌溉土地,连年庄稼丰收。当时豪右大姓诬陷许杨收受贿赂,邓晨拘捕许杨关进监狱,但手铐等刑具总是自行解脱。狱吏感到害怕,马上报告邓晨。邓晨惊叹道:"我错了!听说忠信可以感动神灵,现在是应验了吧?"立即在当晚放出许杨,让他回家。那时天已经黑了,路上却像有火光替他照路,当时人们都非常惊讶。后来许杨因病去世。邓晨为他建庙画像来纪念,老百姓怀念他的功绩,都前去祭祀他。(选自《许杨传》)

设坛罪己,虫患自消

公沙穆[①]为宏农令,县界有螟虫食稼,百姓惶惧。穆乃设坛谢曰:"百姓有过,罪穆之由,请以身祷。"于是暴雨既霁,而螟虫自销,百姓称曰神明。(《公沙穆传》)

【注释】

①公沙穆：字文义，东汉北海国胶东侯国（今山东省平度市）人。幼年家贫，立志为学，潜心攻读《韩诗》和《春秋公羊传》，并研究当时盛行的谶纬之学，许多学者不远千里来到他所隐居的东莱山中拜访他。公沙穆的五个儿子都有名气，时号"公沙五龙"。其中公沙孚官至上谷太守。

【译文】

公孙穆当弘农令时，县境内有螟虫啃食庄稼，百姓担心害怕。公沙穆于是设坛向老天谢罪道："百姓如果有什么过错，都是我公孙穆的罪过，请求用我的生命来赎罪。"于是下了一场暴雨，雨停后螟虫自然消亡了，百姓奉他如神明。（选自《公沙穆传》）

义不受辱，雷电惊贼

许升妻吕氏字荣遭寇，贼欲犯之。曰："从我则生，不从我则死。"荣曰："义不以身受辱。"遂杀之。是日，疾风暴雨，雷电晦冥。贼惶惧，叩头谢罪，乃殡葬之。（《吴许升妻传》）

【译文】

许升的妻子叫吕荣，遭遇寇贼，强盗们要奸污她，并对她说："从了我就让你活，不从我就杀了你！"吕荣说："为了节操道义，决不让自己受到污辱！"强盗于是将她杀死。这一天，刮起了大风下起了暴雨，雷击电闪。强盗们吓坏了，立即叩头请罪，并埋葬了吕荣。（选自《吴许升妻传》）

三国志

曹人之梦,权重受诛

魏皇甫谧①梦至洛阳,自庙出,见车骑甚众。以物呈庙云:"诛大将军曹爽。"寤而以告邑人。邑人曰:"君欲作曹人之梦②乎?朝无公孙疆如何,且爽兄弟典重兵,又权尚书,谁敢谋之。"谧曰:"爽无叔振铎③之请,苟失天机则离矣,何恃于强。昔汉之阎显倚母后之尊,权国威命,可谓至重矣,阉人十九人一旦尸之。况爽兄弟乎?"已而爽果为司马宣王所诛。(《曹爽④传注》)

【注释】

①皇甫谧(215年~282年),字士安,幼名静,自号玄晏先生,安定朝那(宁夏固原彭阳县古城)人,西晋学者、医学家,曾祖父为东汉太尉皇甫嵩。编著成《黄帝三部针灸甲乙经》,乃中国针灸学名著。在医学史和文学史上都负有盛名。

②曹人之梦:典故出自《左传》及《史记·管蔡世家》。战国时期,曹国有个人,梦到社宫中有一群人谋划着消灭曹国的事。曹国的开国之主曹叔振铎在梦中劝阻他们,请求他们等一个叫公孙疆的人出现再作商议,这些人答应了。天亮后,这位曹人试图去找公孙疆,却没有找到。临终前,他告诫儿子说:我死后,你如果听说公孙疆掌权,一定要尽快离开曹国。几年后,曹国最后一位君王曹伯阳即位,这是一位喜好田猎的君主。曹国有个平民也喜好田猎,这个人就是公孙疆。公孙疆射了一只白雁献给曹伯阳。曹伯阳问他打猎的技术,公孙疆说得头头是道,曹伯阳很高兴。再问他政事,也是头头是道,于是对公孙疆加以重用,委以政事,并且让他掌管都城防卫和治安工作。做梦的曹人之子听说这件事后,就逃离了曹国。公孙疆狂妄地向曹伯阳提出了一套让曹国称霸的策略,曹伯阳竟

然不加分析地接受了。公元前488年,曹国宣布与强大的晋国断绝关系,又派兵攻打宋国。结果被宋景公反攻,晋国因曹国主动断交而不予援助。次年,曹伯阳和公孙疆都被俘虏并处死,曹国随即灭亡。

③曹叔振铎:(?~前1053年),即曹振铎,姬姓,曹氏,名振铎。"叔"为其排行。周文王之子,周武王之弟。曹国的开国君主。

④曹爽(?~249年),字昭伯,小字默,沛国谯县(今安徽亳州)人,曹真之子,曹操侄孙。官至大将军、录尚书事,明帝遗诏与司马懿共同辅政。后司马懿发动高平陵之变,将曹爽斩杀,夷三族。

【译文】

皇甫谧三十四岁那年(即公元248年),他做了一个梦,梦见他到洛阳,从一座寺庙出来,看见很多车马,人们拿着东西向庙里进献,说:"已经诛杀了大将军曹爽。"醒来后把自己的梦告诉同乡。同乡说:"你怎么做起'曹人之梦'来,如果朝廷没有'曹人之梦'中的公孙疆(害君主灭国的人)会怎样?而且曹爽的两个兄弟曹羲、曹训都掌握着重兵,谁敢杀他?"皇甫谧说:"曹爽没有像曹叔振铎这样的人来请叛军等待,如果失去老天护佑就分崩离析了,再强大又怎么能倚仗?过去汉朝时的阎显,因为是太后的兄长,所以能权倾朝野执掌兵权,可以说是很有实力了,还不是被十九位宦官合谋杀了,何况曹爽兄弟呢。"过了不久,他做的"曹人之梦"得到应验,曹爽陪皇上去高平陵祭祖,司马懿趁机控制了军队,制造了"高平陵事件",把曹爽兄弟和他的近臣诛灭三族。(选自《曹爽传注》)

以德化人,天佑避祸

管宁①客居辽东。时避难者皆来就之与居。井汲者,多争先斗阋。宁乃多买器,分置井旁,汲以待之。来者各自悔责。邻有牛暴宁田者,宁为牵牛着凉处牧之,牛主大惭。是以左右无斗讼之声。及归,海中遇暴风,船及没,惟宁乘船自若。时夜风晦冥,莫知所泊,望见有火光,趋之,得岛。岛无居

人，又无火烬，人咸异焉。以为神光之佑也，积善之应也。(《管宁传注》)

【注释】

①管宁(158年~241年)，字幼安，东汉北海朱虚(今山东省临朐)人，汉末高士。是春秋时齐国名相管仲的后人。著有《氏姓论》。

【译文】

汉末时天下大乱，管宁迁居到辽东居住。当时辽东地理位置偏僻，战乱没有波及，是当时一个理想的避难地，所以很多避难的人都来这里居住。管宁所住的地方离井近。来打水的人经常争先恐后，引起争吵。管宁买来很多盛水桶，分放在井边上，装满了水等待来打水的人取用。来打水的人看到了都很惭愧自责，从此，相互谦让，打水有序，不再争吵。邻居有耕牛，时常放牧在田里，一天，他的牛又在管宁田地啃吃庄稼。管宁见后，将牛牵至树下阴凉处拴好，割草来喂牛，牛主人看到十分羞愧。此地经管宁言传身教，人人守礼谦让，户户和睦相处。管宁等人坐船回归故里时，船队在海上遇到风暴，大部分船都快沉没了，但是管宁在船上却泰然自若。当时，海风吹天很黑，都不知道船被吹到了哪里。夜幕中突然出现了一点火光，给船只指引方向，向火光方向驶去，到达了一处荒岛，这才转危为安。当时人们发现，岛上没有居民，也没有点火的痕迹，这火光是从哪里来的呢？人们把它解释为是神灵的光在护佑，并说这是管宁积善带来的回报。(选自《管宁传注》)

陷人冤枉，月余猝死

魏游殷为郡功曹，与司隶校尉胡轸有隙，轸诬构杀殷。殷死月余，轸得疾患，自说："伏罪伏罪，游功曹将鬼来。"遂死。(《张既传注》)

【译文】

魏国的游殷担任郡中的功曹，与司隶校尉胡轸有矛盾，后来胡轸诬陷游殷，构织罪名把他杀了。游殷死后一个多月，胡轸就得了重病，常自言自语道："我有罪，我有罪！游功曹带领着鬼来了。"很快胡轸也死了。（选自《张既传注》）

逼死忠良，见厉寻毙

魏王凌①都督扬州军事。司马宣王既诛魏大将军曹爽，凌以帝幼制于强臣，谋逆立楚王以兴曹氏，为人所发。宣王自将中军讨凌，先下诏赦罪，又为书喻凌，而以大军逼之。凌乃乘船出迎，宣王遣步骑六百人，送凌还京都。凌到项，见贾逵祠在水侧。凌呼曰："贾梁道②王凌固忠于魏之社稷者，惟尔有神知之。"遂饮药死。其年八月，宣王③有疾，梦凌逵为厉。甚恶之，途薨。（《王凌传注》）

【注释】

①王凌（171年~251年）：字彦云，太原祁县人，三国时曹魏的将领，东汉末年谋诛董卓的司徒王允之侄。

②贾逵（174年~228年）：字梁道，河东郡襄陵县（今山西临汾东南）人。贾逵是曹魏政权中具有政治、军事才干的人物，终其一生为曹魏的统一事业作出贡献。贾逵之子贾充也是曹魏官员，并是西晋的开国元勋。

③司马懿（179年~251年）：字仲达，河内郡温县孝敬里（今河南省温县招贤镇）人，出身士族家庭，司马懿高祖为司马钧，汉安帝时为征西将军，曾祖司马量为豫章太守，祖父司马俊为颍川太守，父司马防为京兆尹。三国时期魏国大臣，政治家、军事家。曾任职过曹魏的大都督，大将军，太尉，太傅。其子司马昭称王后，追尊为宣王；其孙司马炎称帝后，追尊为高祖宣皇帝。

【译文】

魏国的王凌任都督统领扬州的部队时，司马懿杀了大将军曹爽。王凌看到皇帝曹芳幼小，受制于司马懿的专权，曹魏江山朝不保夕，就想拥立已经成年而且有智勇的楚王曹彪为皇帝。密谋期间，有人告发，司马懿亲率大军征讨。司马懿一面率军逼进，一面发布赦书，赦免王凌的罪名，又以朋友的名义给王凌写了一封信，让王凌来见他。王凌坐船前往出迎，司马懿轻而易举地擒住王凌，派步骑兵六百人押送王凌回洛阳。到了项城这个地方，王凌看到河边的贾逵祠，王凌动情地大呼："贾逵兄的神灵在上，我王凌可是大魏国的忠臣啊！普天之下只有你在天之灵知道！"于是饮毒药自尽。当年（251年）八月，司马懿生病，病中梦见王凌和贾逵化为厉鬼，极其可怕的样子，司马懿在当月就去世了。（选自《王凌传注》）

井杀叔母，三人躄疾

管辂[①]父为利漕。利漕民郭恩兄弟三人，皆得躄疾，使辂筮其所由。辂曰："卦中有君本墓，墓中有女鬼，非君伯母，当叔母也。昔饥荒之世，当有利其数升米者，排着井中。啧啧有声，推一大石下破其头。孤魂冤痛，自诉于天。"于是恩涕泣伏罪。（《管辂传注》）

【注释】

①管辂（209年~256年）：字公明，三国时魏术士，平原郡（今山东平原）人，精通《周易》，善于卜筮、相术。

【译文】

管辂的父亲在利漕做官。当地居民郭恩兄弟三人都得了瘸腿的毛病，因此就让管辂用筮草占卜一下，看看原因是什么。管辂说："卦中说您家中的坟墓，墓中有位女鬼，不是您的伯母，就是叔母。过去闹饥荒的时候，你图谋她的几升米，把她推入井中。入水后挣扎发出声音，还又推下一块大石头，把她的头砸破。现在这孤独的灵魂受了冤枉十分悲痛，就去向天帝申诉，所以才让你们都得了这病。"听了这些话，郭恩哭泣着认了罪。（选自《管辂传注》）

枉杀良善，扑镜自毙

吴孙策①既杀于吉②。每独坐，彷佛见吉在左右，甚恶之。既而治创方差，引镜自照，见吉在镜中，顾而弗见，如是再三。因扑镜大叫，须臾而死。（《孙策传注》）

【注释】

①孙策（175年~200年）：字伯符，吴郡富春（今浙江富阳）人，长沙太守孙坚之嫡长子，吴大帝孙权之长兄，是东吴奠定者之一，有"小霸王"的美誉，死时年仅二十六岁。

②于吉（？~200年）：东汉末期道士，琅琊（今山东胶南）人，被普遍认为是道教经典《太平经》的作者，《三国志》记载为孙策所杀。

【译文】

（于吉是位道家修行人，经常往来于吴、会稽两地，烧香给人治病。）东汉献帝建安五年（公元200年），称霸吴地的孙策统治时，下令杀死于吉。（当地居民都说会有报应，不久后孙策在打猎时被刺客暗箭射中面颊，医生告诉他这伤可治，但需好好养护，一百天不能有剧烈活动。杀了于吉之后，）孙策每次独自坐着时，都仿佛看见于吉在身边，心中非常恼火。这次调治箭伤刚有起色，拿镜子照看，又见于吉在镜子里，回头看却没有人，这样子好几回。孙策摔破镜子，奋力大吼，伤口崩裂而死。（选自《孙策传注》）

孟宗至孝，哭竹生笋

孟宗①母嗜笋。冬节将至，时笋尚未生。宗入竹林哀叹，而笋为之出，得以供母。皆以为至孝所感。（《孙皓传注》）

【注释】

①孟宗(?~271年),字恭武,荆州江夏郡(今湖北孝昌)人。孟宗也是三国时吴国中后期的大臣,官至司空。二十四孝之十六的"哭竹生笋"指的就是孟宗为其母求笋的故事。

【译文】

孟宗年纪小的时候,就没有了父亲,单单剩一个母亲,年纪已经是很老了,并且生了病,病得非常厉害,常想要鲜笋煮羹吃。这时候冬至节将要到了,笋还没有生出来,孟宗没有办法得到鲜笋。他就跑到竹林中,不觉两行眼泪簌簌地落下来,双手抱着毛竹哀伤叹息。他有了这样的孝心,竟能够感动了天地,过了一会儿地下就裂开了,尖尖地露出几支笋出来。孟宗就拿回家里来,做了笋羹给母亲吃。人们都说这是孟宗至孝感动了天地。(选自《孙皓传注》)

幽冥传讯,其日战死

吴军师张悌①,帅众御晋军。时有临海松杨人柳荣,从悌出征,病死船中。二日,军已上岸,无有理之者。忽大呼言:"人缚军师,人缚军师。"遂活。人问其故。荣曰:"上天北斗门下卒见人缚张悌。意中大愕,不觉大呼,言何以缚张军师。门下人怒荣,叱逐去,便苏。"其日,悌战死。(《孙皓传注》)

【注释】

①张悌(236年~280年),字巨先,襄阳(今湖北襄樊)人。三国时孙吴大臣。吴景帝永安年间(258~263年)为屯骑校尉。吴末帝时累官至丞相军师。

【译文】

吴国的军师张悌,率领军队抵御晋国军队。当时有临海松杨(现浙江台州附近)人叫柳荣,跟随张悌一同出征,病死在船上。第二天,军队都已经上岸了，没有人理睬他。柳荣忽然间大声呼喊："有人来抓军师啦，有人来抓军师啦！"于是又活过来，周围人问他怎么回事，柳荣说："我上到天上，在北斗神君门前，看见有小鬼捆绑着军师张悌，吓了一大跳，就不自觉地呼喊：'为什么抓我们张军师！'。北斗君门下人见了我大怒，呵斥着把我赶走，我就醒过来了。"当天，张悌果然战死了。(选自《孙皓传注》)

投火百人，程普疠死

吴程普①领江夏太守，荡寇将军杀数百人，皆使投火。即日，病疠死。(《程普传注》)

【注释】

①程普：字德谋，右北平土垠人(今河北丰润)。三国时期东吴武将，历仕孙坚、孙策、孙权三代君主。

【译文】

吴国程普领兵任江夏太守，升迁为荡寇将军时，曾经杀过叛军好几百人，将他们全部投入火中。程普在当天就得了恶疮，过了不久就病逝了。(选自《程普传注》)

诛及婴孩，被灭三族

吴陆机①及弟云，并以文章见重于时。吴亡入晋，为孟超等所谮，俱被杀。初机云父抗为吴都护，其克步阐②也，诛及婴孩，识道者尤之。曰："后世必受其殃。"及机之诛，三族无遗。(《陆抗③传》)

【注释】

①陆机(261年~303年)：字士衡，吴郡吴县(今江苏苏州)人，西晋文学

家、书法家，与其弟陆云合称"二陆"，后死于"八王之乱"，被夷三族。曾历任平原内史、祭酒、著作郎等职。

②步阐（？～272年）：字仲思，临淮淮阴人。三国时东吴丞相步骘次子，曾是东吴将领。凤凰元年（272年），孙皓征召步阐为绕帐督，步阐因为自父亲开始已长驻西陵，现在被征召离开西陵，担心是被指失职以及会有处罚，于是据守西陵投降西晋。最终陆抗攻陷西陵，斩杀步阐等人，诛灭三族。

③陆抗（226年～274年）：陆逊次子，字幼节，三国时代吴国后期名将，吴郡吴县（今江苏省苏州市）人，官至大司马、荆州牧。

【译文】

吴国的陆机和他的弟弟陆云，都以文章出众而在当时名气很大。吴国亡后归顺晋国。（司马颖在讨伐长沙王司马乂的时候，任用陆机为后将军，率领二十余万人。）后来宦官孟超等人进谗诬陷他，陆机就被司马颖杀了，遇害时年仅四十三岁。后来他的弟弟和儿子也都被杀了。当年陆机和陆云的父亲陆抗做吴国都护时，攻打西陵，斩杀了步阐的全家，连襁褓中的婴儿都没放过。有识之士对陆抗有微词，说："他的恶行必定会殃及后代子孙。"果然到陆机被杀时，陆家三族都被诛灭了。（选自《陆抗传》）

陷人冤枉，惊惧病死

吴孙峻①构诸葛恪②于吴王杀之，峻遂迁丞相大将军。后峻梦为恪所击，遂恐惧发病死。（《孙峻传》）

【注释】

①孙峻（219年～256年）：字子远，吴郡富春（今浙江省杭州市富阳县）人，三国时期吴国宗室、权臣，官至丞相、大将军。孙峻的曾祖父孙静是孙坚之弟。在除掉最大的对手诸葛恪后成功掌控吴国的大权，死后由堂弟孙綝继承官位。吴景帝孙休在位时，孙綝被诛，孙峻、孙綝二人也被从孙氏宗族谱中除名。

②诸葛恪（203年～253年），字元逊，琅琊阳都（今山东沂南）人。三国时东

吴重臣诸葛瑾之子，孙权临终时以其为辅政大臣，辅助太子孙亮。孙亮即位后，诸葛恪独揽军政，初期笼络民心，东兴之战胜利后颇有威望；但事后因轻敌而大举进攻魏国，最终大败而回，渐失民心，仍独断专权。最后宗室孙峻刺杀诸葛恪，并夷灭诸葛三族。

【译文】

孙峻和诸葛恪是吴国两位权臣，后来孙峻见诸葛恪民心渐失，罗织诸葛恪的罪名，与吴主孙亮密谋后发动政变，于酒宴中设伏兵杀死诸葛恪，灭其三族。孙峻就升到了丞相大将军。后来孙峻做梦被诸葛恪的冤魂用剑击中，惊惧发病而死，后事托付给堂弟孙綝。孙綝后来被吴景帝孙休诛杀后，孙峻的坟墓被刨开，殉葬的印章绶带被没收，棺椁被削薄后重新安葬。孙休又耻于与孙峻、孙綝同族，将二人族籍从族谱中削除。(选自《孙峻传》)

晋 书

无故杀生，必遭不祥

邓芝①出征，见猨缘山，手射中之。猨拔其箭，卷木叶，塞其创。芝曰："嘻，吾违物之性，殆将死矣。"俄卒。(《五行志》)

物之翔于空，扰于原，相忘于江湖，皆其性也。顺物之性，不忍有所伤，而生生之机邕于无尽矣。反此则不祥。《南史》齐宗室敏好射雉，以张弩损腰死。《北史》崔镳走马从禽，发挂木而死。以邓芝之言观之，所以致此者有由矣，好杀者无乃自促其生乎？

【注释】

①邓芝（？~251年），字伯苗，义阳新野人，三国时期蜀汉重要朝臣。官至车骑将军。

【译文】

邓芝在征讨涪陵时，见到缘山有许多黑猿，邓芝又好弓弩，便亲手射猿，一箭便中。猿拔出箭来，卷树皮、树叶塞住伤口。邓芝看后很震动，说："哎呀，我怎么做出这种违背物种天性的事情，我将要死了！"没多久，邓芝果然被钟会害死。（选自《五行志》）

万物飞翔在天空，驯顺于原野，游弋在江湖，都是它们的本性。顺应物种的特性，不忍心去伤害它们，可以使大自然的勃勃生机延绵下去，若违反了这点，就会带来不幸啊！在《南史》中记载：南齐宗室萧敏喜欢射杀雉鸟，后来因为拉弓弩伤到腰而死。据《北史》记载：崔镳骑马追杀禽鸟时，头发挂在树枝上，被活活吊死。如果用邓芝的话来考量，遭受到这些果报是事出有因的，喜欢杀生的人难道不是提前结束了自己的生命吗？

卧冰求鲤，位至三公

王祥[①]少有至性。继母朱氏不慈，每使扫除牛下，祥孝事愈恭。父母有疾，衣不解带，汤药必躬尝。母嗜鱼鲜，会冰冻不可得，祥解衣将剖冰求之。冰忽自解，双鲤跃出。母又思黄雀炙，复有雀数十飞入其幙，遂取以奉母。乡里惊叹。祥后母弟览亦具至性，爱兄甚笃。年数岁，见祥被母楚，辄涕泣抱持。甫成童，每谏其母，母虐为之稍减。母屡以非理使祥，览辄自与分劳。又虐使祥妇，览妇辄趋而与俱。母患之为止。其后吕虔赠祥一剑云："佩者至三公。"祥后拜太保，封睢陵公。年八十五，将卒，以剑授览曰："汝后必兴，足称此刀。"览官光禄大夫。其后奕世多贤才，兴于江左矣。（《王祥王览[②]传》）

【注释】

①王祥（185年~269年）：字休征，琅琊（今山东临沂）人，历东汉、魏、西晋三代。仕魏官至司空、太尉，在晋官至太保。以孝著称，为《二十四孝》中卧冰求鲤的主角。

②王览（206年~278年）：字玄通，汉族，琅琊临沂（今山东临沂）人。"书圣"王羲之的五世祖。历经东汉、三国和西晋三代，曾入仕曹魏及西晋，在西晋官至光禄大夫。

【译文】

王祥从小就生性极其孝顺，继母朱氏对他没有疼爱之心，经常让他去扫牛粪，王祥对继母却事奉得越发恭敬。父母生病的时候，他就一夜不睡，在身边伺候陪伴，煮好的汤药一定要亲自先尝。继母要吃活鱼，当时天寒地冻得不到，王祥就脱下衣服卧在冰上，准备要破冰捕鱼，冰忽然自己裂开，两条鲤鱼跳出来。继母又想吃烤黄雀。又有几十只黄雀飞进他的帐幕，于是取来奉献给继母。乡亲们都很惊叹，认为这是孝心感化所造成的。王览是继母所生的弟弟，从小也是生性至孝，非常爱护兄长。在王览只有几岁大时，见王祥被母亲打，就哭泣着抱住王祥。长成大孩子后，经常劝谏母亲善待哥哥，他母亲稍稍收敛了凶虐。朱氏屡次无理驱使王祥，王览就和哥哥一起去分担辛劳。朱氏又虐待使唤王祥的妻子，王览的妻子就赶快去和嫂子一起做。朱氏有了顾虑才罢休。后来吕虔送给王祥一把佩剑，并对他说："佩带此剑的人，将来会位至三公。"王祥后来做到太保，被封为睢陵公。在王祥八十五岁那年，感觉自己大限将至，把剑交给王览说："你的后人必定会兴盛，足以配得上此刀。"王览做到了光禄大夫，后人一代代贤才很多，在江左兴旺起来。（选自《王祥王览传》）

怙宠无忌，后人横死

贾充[①]善便佞，怙宠无忌。尝伐吴，屯军项城。忽失充所在。时帐下都督周勤，方书寝，见百余人录充，引入一径。勤惊觉，闻失充，乃寻梦中径道往求之。见充行至一府舍，侍卫甚盛，府公南面坐，声色俱厉。谓充曰："乱吾家事者，尔与荀勖[②]。既惑吾子，又乱吾孙。间使任恺黜汝而不去，又使庾纯詈汝而不改。今吴寇当平，汝方表斩张华。若不悛慎，当旦夕加罪。"充叩头流血。公曰："汝所以延日月享名位者，是卫府之勋耳，终当使系嗣死于钟簴之间。大子毙于金酒之中，小子困于枯木之下。荀勖亦宜同然。但其先德稍浓，故报在汝后。数世之外，国嗣亦替。"言毕叱去。充忽忽归营，颜色憔悴，性理昏丧，经日始复。惠帝末，充嗣孙谧，遭赵王伦之难，果斩于钟下。长女贾后[③]服金酒死，少女贾午，竟用大杖终。悉如神言。（《贾充传》）

【注释】

①贾充（217年~282年）：字公闾，平阳郡襄陵县（今山西襄汾县）人，曹魏至西晋时期大臣，曹魏豫州刺史贾逵之子。其女儿贾褒及贾南风分别嫁予司马炎弟司马攸及儿子司马衷，与皇室结为姻亲，地位显赫，谥号武公。

②荀勖（？~289年）：亦作荀勗，字公曾，颍川颍阴（今河南许昌）人。魏晋

年间政治家，也是音乐家、目录学家。东汉司空荀爽的曾孙。

③贾南风（256年~300年）：即惠贾皇后，小名旹，平阳襄陵（今山西襄汾东北）人。西晋时期晋惠帝司马衷的皇后，贾充的女儿，历史上鼎鼎有名的丑女人。是西晋时期"八王之乱"的始作俑者之一。后死于赵王司马伦之手。

【译文】

西晋大臣贾充是个花言巧语的人，倚仗皇帝的宠信而肆无忌惮。在讨伐孙吴时，曾经屯兵在项城，有一天，贾充突然在军营之中消失了。贾充部下有个都督叫周勤，当时白天睡大觉，梦见一百多人在追捕贾充，抓住之后把他押入一条小道。周勤惊醒过来，就听说了贾充失踪这件事，便循着梦中的小道沿路去找，果然看见贾充走进一座官府，那里侍卫很多，壁垒森严。府中的长官坐在南面，声色俱厉地对贾充说："在我家作乱的，就是你与尚书令荀勖。既迷惑了我的儿子，又迷乱了我的孙子。这期间我派任恺罢免你，你却不肯离去；又派庾纯谴责你，你也不改。现在孙吴的军队快要扫平了，你就上表斩了张华。如果再不悔改戒慎，每天都会给自己加罪！"贾充便连连叩首，头都磕出了血。那长官又说："你之所以能活到今天，并且享受着盛名和官位，是因为你保卫朝廷有功。不过，你的后代会死在钟簴之间，大女儿死于金酒之毒，小女儿死于枯木之下。尚书令荀勖也与你大致相同，但他先辈积下阴德较多，所以恶报在你的后面。过了几世之后，就要改朝换代了。"说完，他就命贾充离去。贾充晃晃悠悠回到军营，脸色憔悴，神志不清，过了好几天才恢复过来。晋惠帝末年，贾充的孙子贾谧，被赵王司马伦所杀，果然被斩于钟山脚下，贾充的大女儿贾皇后服金酒而亡，小女儿贾午遭刑讯时竟然被木杖打死。都和当初神灵说的一样。（选自《贾充传》）

不敬鬼神，见鬼即卒

阮瞻①执无鬼论，自以为此理足以辨正幽明。忽有一客通名诣瞻，寒温毕，聊谈名理。客甚有才辨，瞻与之言鬼神之事，反覆甚苦。客不能辨，作

色而起曰："鬼神古今圣贤所共传，君何得言无。"即仆便是鬼。于是变为异形，须臾消灭。瞻意色大恶。未几便卒。(《阮瞻传》)

按《北齐书》载杜弼②尝与邢邵③论死生理。邵以为神人在人，犹光之在烛，烛尽则光穷，人死则神灭。弼曰："烛则因质生光，质大光亦大。人则神不系形，形小神不小。故仲尼之智，必不短于长狄④。孟德之雄，乃远奇于崔琰⑤。"邵理屈而止。又《隋书》载李士谦⑥善谈元理。尝有一客在坐，不信佛家报应之义，以为外典无闻焉。士谦喻之曰："积善余庆，积恶余殃，岂非休咎之应耶？佛经曰：'轮回五道，无复穷已。'此则贾谊⑦所言，千变万化，未始有极，忽然为人之谓也。佛道未东，而贤者已知其然矣。至若鲧为黄熊、杜宇为鹃鸠、褒母为龙、牛哀为兽、君子为鹄、小人为猿、彭生为豕、黄母为鼋、宣武为龟、邓艾为牛、徐伯为鱼、铃下为乌、书生为蛇、羊祜前身李家之子。此非佛家变受异形之谓耶？"客曰："邢子才云，岂有松柏后身变为樗栎。"士谦曰："此不类之谈也，变化由心而作，木岂有心乎？"客不能难而止。附识于此，昧幽明之理者，观此可释然矣。

【注释】

①阮瞻：字千里，陈留尉氏（今河南尉氏）人。魏晋时期"竹林七贤"之一阮咸之子。约卒于晋怀帝永嘉末年，年三十岁。

②杜弼（490年~559年）：字辅玄，谥文肃。北齐时东魏中山曲阳（今河北曲阳）人。以军功起家，历任中军将军、长史、中书令、骠骑将军、胶州刺史、定州县侯等职。长于笔札，为时辈所推。

③邢邵（496年~？）：字子才，小字吉少。北魏河间鄚（河北任丘）人。北朝魏、齐时无神论者、文学家，曾经在北魏、北齐做官，官至中书监，摄国子祭酒，授特进。

④长狄：中国传说中上古人物或部落名，巨人族，他有三丈三尺高。夏朝叫防风氏，商代叫汪芒氏，周代叫长狄氏。传说是今天汪姓的始祖。大禹时期人物，协助大禹治水。

⑤崔琰（？~216年）：字季珪，三国时代清河东武城（今山东武城）人，三国

时的名士。其兄长之女为曹植之妻。曹操属下文官中的领导者,和毛玠同为曹操的首席文官,因相貌堂堂,经常代表曹操接见国外使节,并参与重要政策之议定。

⑥李士谦:字子约,隋朝赵郡平棘(今河北赵县)人。幼年丧父,孤身事母。及母亲去世,便舍去家宅为伽蓝,延请僧人入居。

⑦贾谊(前200年~前168年),西汉时期洛阳(今河南省洛阳市东)人。西汉初年著名的政论家、文学家。其政论文《过秦论》、《论积贮疏》、《陈政事疏》等都很有名,辞赋以《吊屈原赋》、《鵩鸟赋》最著名。

【译文】

阮瞻素来坚持无鬼论,常自认为这一理论可以适用一切有形与无形事物。有一天忽然有一位客人通报要拜访阮瞻,寒暄完毕,就开始闲聊名理之学。客人很有辩才,阮瞻和他谈论到鬼神的事,两人反复辩论得很激烈。客人理屈词穷,面色大变而起说:"鬼神是古往今来圣贤都相信的,为什么唯独你说没有呢?"说罢就往前一扑,原来他就是鬼。于是变成了异形,不一会儿就消失了。阮瞻神色变得很不好看。过了一年多就病逝了。(选自《阮瞻传》)

根据《北齐书》记载:杜弼曾经与邢邵讨论生死的道理。邢邵认为精神是依附在人的身上,如同光依附于蜡烛,蜡烛燃尽,光也就灭了,人死了精神也就没有了。杜弼说:"蜡烛是因为它的实体而产生光,实体大光也大;人的精神不依赖于形体,形体小精神不一定小。所以孔子的智慧,必然不会比长狄低;曹操的雄才大略,也远远超过崔琰。"邢邵理屈词穷而不再争辩。又根据《隋书》中记载:李士谦对宇宙人生的玄机很有见解,曾经有一位客人在坐,不相信佛教所说的因果报应的道理,认为在其他书籍中没有见到过。李士谦就告诉他说:"积德修善的人家会留传后世以福佑,缺德作恶的人家会带给后代灾难,难道不是善恶的感应吗?佛经里说:'在五道中轮回,没有停下来的时候。'这也是贾谊《鵩鸟赋》所说的,千变万化,从来没有终结,有一天生而为人,也没什么可得意的,变成其他的东西,也没什么好哀叹的。佛教还没有传到东方(中国)时,贤能的人就已经懂得了其中的道理。至于禹的父亲鲧转世成了黄熊,杜宇化成了杜鹃鸟,褒母变成龙。牛哀化为猛兽。君子变成鹄鸟,小人变为猿猴。彭生化成野猪，黄氏之母化为鼋鳖，宣武变成龟。邓艾化为牛，徐伯为鱼，铃下为鸟，书生为蛇，羊祜的前身是李家的儿子，这难道不是佛家所说的五道轮回的证明吗？"客人反驳说："邢邵说过：'怎么没见过松柏树变成樗栎呢？'"李士谦答道："这是不伦不类的说法，变化都是由于发心不同而引发的，树木哪里有发心呢？"客人无法再发难就不语了。附以上文字在此，那些不明白生死轮回道理的人，看了可以不再执着了。

因果不虚，勤修道德

王坦之①与沙门竺法师甚厚，每共论幽明报应，便约先死者当报其事。后别经年，师忽来云："贫道已死，罪福皆不虚，惟道勤修道德，可以升济神明耳。"坦之寻亦卒。(《王坦之传》)

【注释】

①王坦之(330年~375年)，字文度，太原晋阳（今山西太原）人。东晋名臣。出身太原王氏，尚书令王述之子，累迁中书令、领北中郎将、徐、兖二州刺史。去世时年仅四十六岁，追赠安北将军，谥号为献。

【译文】

王坦之与僧人竺法师的交情深厚，每次谈到生死轮回因果报应之事，便约定先死的人要告诉在世的人是否有此事。后来分别数年，竺法师忽然来造访说："贫道已经过世了，罪福受报的事情都不是凭空捏造的，只有勤行修道德，才能往生成为神明啊。"王坦之不久也去世了。(选自《王坦之传》)

放龟于溪，封侯拜将

孔愉①尝行经余不亭，见笼龟于路者，愉买而放之溪中。龟中流左顾者数四。后以讨华轶功，封余不亭侯，印工铸侯印，而印龟左顾，三铸如初。

印工以告，愉悟乃佩焉。愉后为镇军将军。(《孔愉传》)

【注释】

①孔愉(268年~342年)，字敬康，山阴(今浙江绍兴)人。西晋时"会稽三康"之一。

【译文】

孔愉曾经路过余不亭，看见有人用笼子在路边捉乌龟，就买下来放生到溪水中。乌龟游在水中向左边回头看了四次。后来孔愉因为讨伐华轶的功劳，被封为余不亭侯。制印匠工在铸造官印时，印上的乌龟头总偏向左边，重新铸了三次都是一样的。制印匠工把这件事告诉孔愉，孔愉就明白是当年放生的原因，于是佩上此印。后来孔愉做到镇军将军。(选自《孔愉传》)

慈心于物，投水免死

武昌军人有于市买得一白龟，长四五寸，养之，渐大，放之江中。及邾城战败，溺死者六千人。养龟者被铠持刀，投于水中，如觉堕一石上，视之乃先所养白龟，长五六尺。送至东岸，遂得免焉。(《毛宝传》)

【译文】

有一位武昌士兵，在集市里买到一只白龟，有四五寸长，养了一段时间，白龟渐渐长大，就把它放回到江里去。在邾城之战时，打了败仗，淹死在水中的有六千人之多。养龟的士兵身披铠甲手持武器，跳入水中，感觉好像落在一块石头上，仔细一看竟然是先前所养的白龟，已经长到五六尺长了。白龟一直把他送到了东岸，士兵于是得救了。(选自《毛宝传》)

接葬流棺，获报州官

殷仲堪①游于江滨，见流棺，接而葬焉。旬日间，门前之沟忽起为岸。

58

其夕,有人通仲堪云:"感君之惠,无以报也。"仲堪因问门前之岸,是何祥乎?对曰:"水中有岸,其名为洲,君将为州矣。"言终而没。未几,果为荆州刺史。(《殷仲堪传》)

【注释】

①殷仲堪(?~399年),陈郡长平人。殷融之孙。东晋末年重要官员,官至荆州刺史。

【译文】

殷仲堪在江边游玩,看见有顺水漂流过来的棺材,就打捞起来将棺材埋葬。过了十来天,门前的沟壑忽然有了块陆地。当天晚上,有人来找殷仲堪说:"谢谢您的恩德,没有什么可以报答您的。"殷仲堪就询问门前水中生出陆地是什么祥瑞之兆吗?对方回答说:"水里面有陆地,就叫作'洲',您将会升任为州级官员了。"说完就不见了。没过多久,殷仲堪果然当上了荆州刺史。(选自《殷仲堪传》)

至孝守丧,猛兽无犯

许孜二亲没,哀毁骨立,杖而能起。建墓于东山,躬自负土,宿墓所,列植松柏。时有鹿犯其松栽,孜悲叹曰:"鹿独不念我乎。"明日忽见鹿为猛兽所杀,置于所犯栽下。孜怅惋不已,乃为作冢,埋于隧侧。猛兽即于孜前自扑而死,孜益叹息,又取埋之。自后树木滋茂而无犯者。人号其居为"孝顺里"。(《许孜传》)

【译文】

许孜的父母双亲都去世后,他悲痛万分、骨瘦如柴,只能靠扶着拐杖才能站起。他把父母墓地营建在县的东山,每天自己背土,晚上就睡在墓地旁,并在墓边种了成排的松柏树。有一次一只鹿来破坏他种的松树,许孜悲叹说:"这鹿为何不体谅我啊!"第二天,忽然看见这只鹿被猛兽杀死,放置在它所破坏的那棵树下。许孜惆怅惋惜不已,于是为鹿建了坟墓,把它埋在路边。没想到杀鹿的猛兽就在许孜面前自杀而亡,许孜更加感慨惋惜,又把猛兽埋葬了。从此以后树木茂盛,不再被破坏了。同乡的人都管他住的地方叫"孝顺里"。(选自《许孜传》)

尽心奉嫂,天人送药

颜含[①]兄病,躬亲侍养,足不出户。及亲既终,两兄继没,次嫂因疾失明。含课励家人,尽心奉养,每日自尝省药馔,察问息耗。医方须蚺蛇胆,而寻求弗得,含忧叹累时。昼独坐,忽有一青衣童子,年可十三四,持一青囊授含。开视乃蛇胆也。童子逡巡出户,化为青鸟,飞去。得胆,药成,嫂病即愈。由是著名州郡。(《颜含传》)

【注释】

①颜含:字弘都,费县方城镇诸满村(山东临沂一带)人,东晋著名大臣。因代传孝恭,号其居处为孝悌里(即今诸满二村)。卒年九十三岁,谥号靖。

【译文】

颜含的兄长生病了,他放弃工作亲自侍奉兄长,十三年足不出户。等到双亲过世,两位兄长也相继去世了,二嫂因为生病双目失明。颜含督促勉励家人,尽心奉养嫂子,每天亲自品尝检查药物和食物,察问病情。医生所开的处方里面需要蚺蛇胆,到处找也找不到,颜含每天都为此忧虑叹惜。有一次白天他独自坐着,忽然有一位穿青衣的童子,年龄大约十三四岁,把一个青色的袋子交给颜含。他打开一看,竟然是蛇胆。童子刹那间就到了屋外,化成一只青鸟飞走了。得到了蛇胆,药也就配好了,嫂子的病很快就痊愈了,颜含因此而闻名于州郡。(选自《颜含传》)

盛冬生堇，粟赐孝子

刘殷①七岁丧父，哀毁过礼。曾祖母王氏盛冬思堇而不言，食不饱者一旬矣。殷怪而问之，王言其故。殷时年九岁，乃于泽中恸哭曰："殷罪衅深重，幼丁艰罚，王母在堂，无旬月之养。殷为人子，而所思无获，皇天后土愿垂哀愍。"声不绝者半日。忽若有人云："止，止声。"殷收泪视地，便有堇生焉，因得斛余而归。食而不减，至时堇生，乃尽。又尝夜梦神人谓之曰："西篱下有粟。"寤而掘之，得粟十五钟。铭曰："七年粟百石，以赐孝子刘殷。"自是食之，七载方尽。(《刘殷传》)

【注释】

①刘殷：字长盛，新兴人，晋十六国时期前赵的名士、官吏和外戚。官至太保，以高寿终。

【译文】

刘殷七岁时父亲早逝，因为悲伤，为父守丧超过规定的礼制。曾祖母王氏在隆冬时想吃堇菜而没有说，有十天左右吃不饱饭。刘殷感到奇怪而问她，王氏告诉他原因。刘殷当时只有九岁，就到大泽中失声痛哭，说："刘殷我罪孽深重，自幼遭受父亲丧事的惩罚，王氏曾祖母在堂，有十余日没有得到好生奉养。刘殷我身为人子，而令曾祖母想要的东西得不到，皇天后土啊，希望能垂降哀怜于我。"半天都没有停止哭声。这时忽然好像有人说："停停，不要哭。"刘殷止住哭声往地上看，就见地上长出了堇菜，于是挖了一斛多回家。那堇菜吃了也不见减少，直到市场上可以买到堇菜时，才没有了。又曾经夜里梦见有仙人对他说："西边篱笆下有粟米。"刘殷醒来后去挖，得到十五钟粟米，上面有字写着"七年有一百石粟米，赐给孝子刘殷。"从这时起刘殷家吃粟米，七年才吃完。(选自《刘殷传》)

叩冰求鱼，感化继母

王延九岁丧母，继母卜氏，遇之无道，延事母弥勤。卜氏尝盛冬思生鱼，敕延求而弗获，杖之。延寻汾叩凌而哭，忽有一鱼，长五尺，涌出水上。延取以进母，卜氏食之，积日不尽，于是心悟，抚延如己生。（《王延传》）

【译文】

王延九岁时母亲早逝，继母卜氏对他苛刻，但王延事奉继母却更为勤勉。卜氏曾经在隆冬时节想吃活鱼，命令王延去找但没有找到，就用木棒杖打王延。王延只得沿着汾河在冰上叩头痛哭，忽然有一条鱼，长五尺，冒出水面来。王延拿着这条鱼进献给继母。卜氏吃鱼时，好几天鱼肉都吃不完，于是她心中有所感悟，像待亲生孩子一样抚育王延。（选自《王延传》）

孝子抚棺，风止火息

何琦[①]丁母忧，居丧泣血，杖而后起。停柩在殡，为邻火所逼，烟焰已交。家乏僮使，计无从出。乃匍匐抚棺号哭。俄而风止火息，堂屋一间免烧。其精诚如此。（《何琦传》）

【注释】

①何琦：字万伦，东晋庐江（安徽庐江县）人，晋代知名学者、孝子，《三国论》作者。

【译文】

何琦为母亲办丧事，守孝时悲痛过度而目中泣血，要拄着拐杖才能站起来。母亲的灵柩停放待葬时，邻居家失火，大火逼近，浓烟和火焰交织在一起，家里缺少僮仆帮忙扑火，没办法把灵柩抢救出来。何琦于是趴在棺材上，一边抚摸着棺材,一边放声大哭。过了一会儿,风停下来,火也渐渐熄灭。堂屋没有被烧到,他的真诚心竟然能导致这样的奇事发生。(选自《何琦传》)

弃子系树,后不复孕

邓攸①字伯道,遇乱负妻子逃,担其儿及其弟子绥以行。攸度不能两全,谓妻曰:"吾弟已亡,唯有一息,止应弃吾儿耳。幸而得存,吾后当有子。"妻泣而从之,乃弃之。其子朝弃而暮追及。明日,攸系之于树而去。后妻不复孕,纳妾,亦无子。(《邓攸传》)

攸既无嗣,时人语曰:"天道无知,使邓伯道无儿。"何识之暗也。《晋书》本传论曰:攸弃子存侄,若力所不能,自可割情忍痛。何至预加徽纆,绝其奔走者乎,斯岂慈父仁人之用心也,卒以绝嗣宜哉。勿谓天道无知,此乃有知矣。允哉此论。夫天之生物,仁而已矣。攸以残忍之心,冀见许于造物,而取偿将来,其可得乎?

【注释】

①邓攸(?~326年),字伯道,平阳襄陵(今山西襄汾东北)人。晋朝时著名的贤臣。

【译文】

邓攸,字伯道,遇到兵荒马乱之时,带着妻子逃难,担着他的儿子及他弟弟的儿子邓绥徒步而行。他觉得不能同时保全两个孩子,于是对妻子说:"我的弟弟死得早,只有这一个儿子,天理不可以绝后,如果只能带一个走,只好放弃我们的儿子了。如果有幸能够活下来,我以后应当还会有儿子的。"妻子哭泣着答应了,于是丢弃了自己的孩子。他的儿子早晨遗弃傍晚就追上来了。第二天,邓攸把儿子系于树上离开了。后来妻子再也没有怀孕,娶的妾室也没有生孩子。(选自《邓攸传》)

邓攸因为保全侄子而没有了自己的孩子,当时的人说:"天道不公平啊,使邓攸如此善良之人没有儿子。"他们的说法不对。《晋书》本传论述中说，邓攸抛弃自己的儿子而留下侄子，如果是力所不能及，当然可以忍痛割爱。但力所能及为何还要把孩子捆绑起来，断绝了孩子自己走路追赶上来的可能，这哪里是慈父仁者的用心啊！最终断绝后代也是应该的，不要说是天道不公啊，这是天道有良知，才有这样公平允当的结果。天地生化万物，是怀有仁爱慈悲之心的。邓攸以这样残忍的用心，希望能得到造物主的允许，将来再生儿子来补偿，这怎么能如愿呢？

违逆谋反，害己丧命

王敦①为侍中、大将军。粗立功业，威权莫贰，遂欲专制朝廷。因帝信用刘隗②、刁协③，于是率众攻石头，害刁协周顗④等。后敦病，见刁协乘轺车，导从瞋目。令左右执之。俄而敦死。（《王敦传》）

【注释】

①王敦（266年~324年）：字处仲，琅琊临沂（今山东临沂北）人。为东晋丞相王导的堂兄，曾与王导一同协助司马睿建立东晋政权，成为当时权臣，但一直有夺权之心，最后亦因而发动政变，史称"王敦之乱"。后来病逝，享年五十九岁。

②刘隗（273年~333年）：字大连，东晋彭城（今江苏徐州市）人。西汉楚元王刘交的后裔。在东晋时官至镇北将军。王敦之乱时率朝廷军队抵抗王敦失败，投奔后赵。

③刁协（？~322年）：字玄亮，渤海饶安（今河北盐山西南）人。在东晋官至尚书令。与刘隗一同被晋元帝重用以抗衡琅琊王氏势力，刁协亦于王敦之乱期间被杀。

④周顗（269年~322年），字伯仁，汝南安城（今河南省汝南县东南）人。西晋安东将军周浚之子，为王敦所杀，享年五十四岁。

【译文】

王敦担任过侍中、大将军等朝廷要职，因四方征战而立下功劳，手握兵权，威权和势力无人能比。于是王敦起了篡位夺权的野心。因为晋元帝重用刘隗、刁协等官员，王敦就带领兵马攻打石头城，发动"王敦之乱"，杀害了刁协周顗等人。后来王敦生病，朦胧中看见刁协坐着轺车，前导和随从都对他怒目而视，刁协命令左右部下把王敦抓起来。过了不久，王敦就死去了。（之后朝廷把王敦坟墓打开，挖出尸首砍头。）（选自《王敦传》）

谋逆枉杀，显灵作祟

桓温①官大司马，雄武专朝，窥觊非望，多所废诛，当时有位望者莫不战慑。后拜高平陵，左右觉其有异，既登车，谓从者曰："先帝向遂灵见。"以不述帝所言，故众莫之知。但见将拜时，频言"臣不敢"而已。又问左右殷涓形状，答者言"肥短"。云："向亦见在帝侧。"初中军将军殷浩既为温所废死，浩子涓颇有气尚，遂不诣温。故温疑而害涓，竟不识也。及是亦见涓为祟，因而遇疾死。（《桓温传》）

【注释】

①桓温（312年~373年）：字元子，谯国龙亢（今安徽怀远县龙亢镇）人。东晋重要将领及权臣、军事家，官至大司马、录尚书事。曾独揽朝政，欲行篡位之事未果而死。

【译文】

桓温官至大司马，八面威风，独揽朝纲，生起篡位自立之心。常常罢免官吏和诛杀异己，当时有威德名望的人都有些怕他。后来去祭拜简文帝的高平陵时，左右部下都觉得他有些异常，上车之后，他对随从说："先帝的魂灵刚才现身了。"但没有说先帝说了些什么，所以大家也都不清楚。只看见桓温将要祭拜的时候，频频地说"臣不敢"而已。他又问左右随从殷涓的样貌，回答他说殷涓长得矮胖。桓温说："刚才也看见他站在先帝身边。"当初，中军将军殷浩被桓温废官而死，他的儿子殷涓很有气节，就不再造访桓温。因此桓温怀疑他，

就将他害死了,竟然都没见过殷涓。到了现在,桓温看见殷涓的冤魂作祟,因而患病去世了。(选自《桓温传》)

纵暴杀伤,鬼神不饶

诸葛长民①督扬六郡军事。骄纵贪侈,所在残虐。长民夜眠中,辄惊起跳踉如与人相打,云见一物甚黑,而有毛脚奇健,非我无以制之。一月中辄十数夜如是。柱及椽桷间,悉见有蛇头,捣衣杵相与语,如人声。又见巨手,长七八尺,臂大数围。未几遂伏诛。(《诸葛长民传》)

史载世族将亡败,往往妖异百出,不可殚纪。而长民所见鬼物,则尤降罚之较著者也。昔虢公②梦神人面白毛虎爪,觉以告史嚚。嚚曰:"如君所言则蓐收也,天之罚神也。"长民所见殆类是。

【注释】

①诸葛长民(?~413年):字长之,东晋琅琊阳都(今山东省沂南县)人。东晋末年重要将领,曾与刘裕举兵讨伐篡位的桓玄,后来又在卢循之乱中参与防卫京师建康。诸葛长民先后迁任青州和豫州刺史,但后来却意图谋反,被刘裕命人杀害。

②虢公丑:姬姓,名丑,字叔,春秋时期虢国(北虢和南虢)末代君主。

【译文】

诸葛长民负责豫扬等六郡的军事,他骄慢横行贪婪奢侈,不理政事,大肆搜刮珍宝美女,在他任职的地方残忍虐杀,百姓叫苦不迭。后来,诸葛长民夜晚在睡眠中,常常惊醒跳起来,像跟别人在打斗。还说是看见一只黑色怪物,有毛有脚,极其强健,除了他没有人能制服得了。一个月当中有十几天晚上都是这样,他还看见屋子的梁柱和椽子之间都出现蛇头,那些捣衣服的棒槌会互相说话,很像人的声音。他又看见巨大的手,有七八尺长,手臂粗得要好几个人才能合抱。没过多久,诸葛长民就被杀掉了。(选自《诸葛长民传》)

史书中记载，一个世族快要灭亡之时，往往有妖魔异相出现，此类事不能尽数记录。但诸葛长民所见到的鬼怪物，就是上天要降罪惩罚的显著征兆。春秋时期虢公丑曾梦见脸上长着白毛虎爪的神，醒来后告诉史嚚请他占卜，史嚚说："如果如您所说的，那就是西方之神蓐收，他是主管天上刑杀的神。"诸葛长民所见到的大概也是类似的神。

诛降戮俘，必受灾殃

刘聪[1]使其子粲攻南阳王模于长安，模屡败而降，粲遂害模。聪闻之，大怒，谓粲曰："天道至神，理无不报，吾恐汝不免诛降之殃也。"粲后被杀。(《前赵载纪》)

聪知天理何以篡夺，而不知惧。此特天良之偶露耳。然聪得寿终再世，而后败者，或亦以平日尚有仁心欤，故不以人废之。

【注释】

[1]刘聪(？~318年8月31日)：字玄明，新兴(今山西忻州市)人。十六国时汉国(后被改称为赵，史称前赵)国君。汉光文帝刘渊第四子，执政时期先后派兵攻破洛阳和长安，俘虏并杀害晋怀帝及晋愍帝，覆灭西晋政权并拓展大片疆土。政治上创建了一套胡、汉分治的政治体制。

【译文】

刘聪让他的儿子刘粲在长安攻打南阳王司马模，司马模接连战败后投降，刘粲就把司马模杀死了。刘聪听说此事后非常生气，对刘粲说："天道是最神妙的啊，凡事都会有报应的，我怕你不能避免杀降将而带来的灾殃了。"刘粲后来也被诛杀。(选自《前赵载纪》)

刘聪知道有天理，为何还以非法手段夺取晋室江山，而无所畏惧。(司马氏的子孙被刘聪杀掉了，后来刘氏的男男女女又被靳准杀掉。)这里他对儿子所说的话，只是良心偶然发现忏悔而已。刘聪得以长寿而善终，他的后代却兵败被杀，或许也是因为刘聪平日还有一点仁慈之心吧，所以老天是不会因为人的行为就不施以报应了。

枉杀良臣，中弩而死

赵染事刘聪为将军，寇长安时累败。大都督麹允①、索綝②，东讨染，染狃于累捷，有轻綝之色。长史鲁徽曰："王畿雄劣不同，将军宜整阵按兵以击之，弗可轻也。"染弗听。晨率精骑数百，驰出迎之，败绩而归。悔曰："吾不用鲁徽之言以至此，何面见之。"于是斩徽。徽临刑谓染曰："死者无知则已，若其有知，当诉将军于地下，使不得伏床枕而死。"及染寇北地梦徽，大怒引弓射之，惊悸而寤。旦将攻城，中弩而死。（《前赵载纪》）

【注释】

①麹允（？~316年）：金城人。出身凉州豪族。西晋末年官员，协助晋室收复长安，让晋愍帝于长安登位。后屡次成功保卫长安。但最终都无法助愍帝复兴西晋，后与愍帝一同被俘往汉赵都城平阳，后自杀。

②索綝（？~316年）：字巨秀，敦煌人。西晋大臣，曾迎晋愍帝入关中并助其登位为帝，且掌握朝中权力。晋愍帝被俘后与其一同到汉赵都城平阳，被刘聪以不忠处死。

【译文】

赵染在刘聪手下做将军时，在侵掠长安的战役中，屡次打败对方。大都督麹允和索綝东征来讨伐赵染时，赵染沉醉于一贯打胜仗，有点轻视索綝。长史鲁徽说："京城周围的地势优劣不同，将军还是应该整顿阵形，部署军队来打败他，不可以轻敌啊！"赵染不听，早上率领精骑兵几百人，出城迎战，结果战败而归。赵染后悔地说："我不听鲁徽的话才落到这个地步，我有什么面目见他呢。"于是就把鲁徽斩杀了，鲁徽在临刑时对赵染说："死人如果没有知觉就罢了，如果我死后有知，必会于九泉之下状告你，让你不得好死。"等到赵染侵犯

北方时,梦见鲁徽非常愤怒地张弓箭射他,赵染受惊吓而醒过来。天亮带领部队攻城时,赵染果然中箭身亡。(选自《前赵载纪》)

诵经开械,逃脱死劫

徐义为慕容永①所获,械埋其足,将杀之。义②诵《观世音经》,至夜中,土开械脱。于重禁之中,若有人导之者,遂奔得脱。(《前秦载纪》)

【注释】
①慕容永(?~394年):十六国时西燕国主,武桓帝,字叔明,鲜卑人,386年~394年在位。
②徐义:十六国时,辅佐前秦哀平帝苻丕做到尚书令、右丞相。

【译文】
徐义被慕容永抓住后,脚被镣铐锁住后埋进了土里,准备杀掉他。徐义诵读《观世音经》,到半夜的时候,脚下的土裂开,脚镣的锁也脱落了。在重重戒备之中,就好像有人引路一样,于是快跑着逃脱了。(选自《前秦载纪》)

违逆叛主,阴肿而死

姚苌①与兄襄②,同降苻坚。后苌叛坚③,执坚而缢之。及苌疾,梦坚将天官使者鬼兵数百,突入营中。苌惧,走入宫,宫人迎苌刺鬼,误中苌。阴鬼相谓曰:"正中死处。"拔矛,出血石余,寤而惊悸。遂患阴肿,医刺之,出血如梦。苌乃狂言,或称臣,或称苌。"杀陛下者兄襄,非苌之罪,愿不枉臣。"遂死。(《后秦载纪》)

【注释】
①姚苌(330年~393年),字景茂。南安赤亭(今甘肃省陇西县西)羌族人。

十六国时期后秦政权的开国君主,384年~393年在位。

②姚襄(331年~357年),字景国,南安赤亭(今甘肃省陇西县西)羌族人,五胡十六国时期将领。

③苻坚(338年~385年10月16日),字永固,又字文玉,十六国时期前秦世祖宣昭皇帝,公元357年~385年在位。最后被羌人姚苌所杀,终年48岁。

【译文】

姚苌和哥哥姚襄一起投降前秦君主苻坚,后来姚苌背叛了苻坚,抓住苻坚并把他吊死。等到姚苌生病时,梦见苻坚率领着天官使者和几百名鬼兵,突然闯入军营之中,姚苌很害怕,跑到宫里面,宫人接应姚苌,并用长矛刺鬼,却误伤了姚苌,那些鬼互相说道:"正好刺中致命的地方了。"把长矛拔出来,流了一石多的血。姚苌醒来震惊不已,于是阴部长了囊肿,医生为他刺破肿包时,出血和梦中情境一样。姚苌就开始胡言乱语,有时自称臣下,有时自称姚苌:"杀害陛下您的是我哥哥姚襄,不是我姚苌的罪过啊,希望不要冤枉了我。"后来就死了。(选自《后秦载纪》)

僭位杀谏,冤魂作祟

李寿①僭位,以左仆射蔡兴为诽谤,诛之。右仆射李嶷亦以直言被杀。寿疾笃,常见兴等为祟,遂死。(《后蜀载纪》)

【注释】

①李寿(300年~343年):字武考。十六国时成汉皇帝。338年~343年在位。

【译文】

李寿篡权窃位称帝了,却只知道奢侈浪费,到处哀怨声。左仆射蔡兴恳切进谏,却被以诽谤罪杀死。右仆射李嶷也因为直言相劝而被杀。后来李寿生了重病,常常见到蔡兴等人的冤魂来作祟,(44岁就)死了。(选自《后蜀载纪》)

杀人灭口，归案受杀

傅曜为张掖郡督邮，考覆属县，邱池令尹兴杀之，投诸空井。曜见梦于吕光①曰："臣张掖小吏，邱池令尹兴，赃状狼籍。惧臣言之，杀臣，投南亭空井中。臣衣服形状如是。"光寤而犹见，久之乃灭。遣使覆之如梦，遂杀兴。(《后凉载纪》)

【注释】

①吕光（338年~399年），字世明，略阳（今甘肃天水）氐人，吕婆楼之子。十六国时期后凉建立者。

【译文】

傅曜当张掖郡督邮时，下去考察所属各县情况，被邱池令尹兴杀死，并扔到了一口枯井中。傅曜托梦给吕光说："我是张掖郡的小官，到各县去核查工作，邱池令尹兴贪污腐败，罪名狼藉。怕我把他的罪行说出来，就杀了我，并投到南亭的一口枯井里，我的衣服和样貌就是您现在看到的这样。"吕光醒来之后还能见到傅曜，过了好久才消失。他就派人去核查，果然如梦中所述，于是把尹兴杀死。(选自《后凉载纪》)

宋 书

忠孝友悌，风浪获免

谢述兄纯，在江陵遇害。述奉丧还都。值暴风，纯丧舫流漂，不知所在。述乘小船寻求之，纯妻庚遣人谓述曰："风波如此，小郎去必无及，宁可存亡俱尽耶？"述号泣答曰："如已致意外，述亦无心独存。"因冒浪而进，见纯丧几没。述号叫呼天，幸而获免。咸以为精灵所致也。（《谢述传》）

【译文】
谢述的兄长谢纯，在江陵遇害。谢述护送兄长灵柩回京都。路上遇暴风，载有谢纯灵柩的船被大风吹得漂流而走，不知道流落到什么地方。谢述乘小船去寻找，谢纯妻子庚氏派人对谢述说："风浪这样大，怎能乘小船冒险？小叔前去必定不会有什么结果，难道宁可两兄弟共存亡吗？"谢述哭着回答说："如果丧船已经发生意外，我也无意独自活下去了。"于是顶着风浪前进，发现谢纯的丧船几乎要沉没了。谢述号哭着向老天求助，很幸运地船只无事。人们都认为这是他精诚所致。（选自《谢述传》）

诵经千遍，死刑得免

王元谟[①]北征，战败，主将萧斌将杀之，沈庆之固谏，斌乃止。初元谟始将见杀，梦人告曰："诵《观音经》千遍则免。"既觉，诵之，且得千遍。明日将刑，诵之不辍。忽传呼停刑，遣代守碻磝，遂免。（《王元谟传》）

【注释】

①王元谟（又作王玄谟）：（388年~468年），南朝宋将领。字彦德，太原祁（今山西祁县）人。一度担任顾命大臣，官至左光禄大夫、车骑将军。468年，王玄谟病逝，终年八十一岁，谥曰庄。

【译文】

有一次王元谟随将军萧斌北伐，打了败仗，萧斌准备杀了他，沈庆之极力进谏阻止才没有杀他。最初，王元谟将要被杀时，就梦见有人告诉他说："诵一千遍《观音经》就能免除灾难。"醒来之后，就开始诵经，诵满了一千遍。第二天将要行刑时，他还是诵经不止。忽然传来命令停止行刑，要派他去镇守碻磝，于是免了死罪。（选自《王元谟传》）

孝子营葬，天赐泉水

王彭少丧父母，家贫无以营葬。昼则佣力，夜则号感。乡里哀之，乃各出夫力，助作砖。砖须水，而天旱，穿井数十丈不得泉。墓处去淮五里，荷担遥汲，因而不周。彭号天自诉，一旦大雾，雾歇，砖灶前忽生泉水。乡邻助之者，并嗟神异。县邑近远悉往观之。葬竟，水便竭。太守上其事，表其里为通灵里。（《王彭传》）

【译文】

王彭年少时就父母双亡，家里太穷，没有钱修墓下葬。白天他出去劳动，晚上就号哭哀伤。乡亲们同情他，就各自出些壮劳力，帮助他做墓砖。做砖需要水，而天气干旱，井凿了好几丈也没有打出泉水。墓地离淮河有五里之遥，担桶走那样远的路去打水，还是周济不上制砖所需的水。王彭就对天哭号，求老天相助，很快大雾弥漫，雾散后，砖窑前忽然冒出了泉水。来帮忙干活的乡亲邻里，都很惊叹这件事的灵异。县城远近一带的人得知，全都来观看。葬事完毕后，泉水就自动枯竭了。太守将此事如实上奏朝廷，将王彭所居住的地方改名为

"通灵里"。(选自《王彭传》)

齐 书

助杀怀怨，获罪赐死

萧谌助明帝[①]弑郁林王[②]，杀高武诸王。后帝深相疑阻，谌恒怀怨望。上遣左右莫智明数谌罪，赐之死。谌谓智明曰："天去人亦复不远，我与至尊杀高武诸王，是卿传语来去。今死还取卿矣。"谌被杀，至秋而智明死，见谌为祟。（《萧谌传》）

【注释】

①齐明帝：萧鸾（452年~498年），字景栖，小名玄度，庙号高宗，谥齐明帝，南齐的第五任皇帝。他在494年至498年期间在位，共5年。萧鸾在494年废杀萧昭业，改立其弟萧昭文；不久又废萧昭文为海陵王自立为帝。

②郁林王：萧昭业（473年~494年），字元尚，小字法身，南朝南兰陵（今常州西北）人，南齐的第三任皇帝。文惠太子萧长懋长子，齐武帝之孙。萧昭业在位1年，被杀死，终年二十一岁。

【译文】

萧谌帮助明帝杀死了郁林王，还杀死了南齐高、武两帝所封的宗室诸王。后来明帝对他有深深的怀疑隔阂，萧谌常心怀怨恼怨恨。明帝就派周围的人和莫智明历数萧谌的罪状，将他赐死。萧谌对莫智明说："上天距离人间并不算远，我和皇帝一起谋杀南齐高、武两帝所封的宗室诸王，是你在中间传递消息。我现在要死了，回头再来取你的性命。"萧谌被杀后，当年秋天莫智明也死去了，有人见到是萧谌的鬼魂作祟。（选自《萧谌传》）

征战遇险，戒杀善终

卢度少随张永①北侵魏。永败，魏人追急，阻淮水不得过。度心誓曰："若得免死，从今不复杀生。"须臾见两楯流来。按之得度。后隐居山中，鸟兽随之。夜有鹿触其壁，度曰："汝坏我壁。"鹿应声去。屋前有池养鱼，皆名呼之，次第来，取食去。逆知死年月，与亲友别。（《顾欢传》）

【注释】

①张永（410年~475年）字景云。南朝宋江苏吴县人。历官兵部尚书等，封孝昌侯。

【译文】

卢度年轻时随张永向北征讨魏国。张永战败，魏军追击得非常紧迫，前路又被淮水阻挡过不去。卢度心中暗暗发誓说："如果能够幸免不死的话，从今以后再不杀生。"不一会儿便看见两根横木漂过来。卢度抓到横木得以漂过淮水。后来隐居在西昌三顾山，常有飞鸟走兽陪伴他。一天夜里，有鹿触碰他的墙壁，卢度说："你碰坏了我的墙壁。"鹿听到声音就离开了。他屋前有一个养鱼池，养的鱼儿都有名字，喊鱼儿的名字，鱼就按顺序依次来，取食后离开。他预先便知道自己去世的年月，提前与亲友道别。齐永明末年，寿终正寝。（选自《顾欢传》）

罢官礼佛，祥瑞而终

刘虬宋大始中，为当阳令。罢官归，其后屡征不起。家居衣粗布衣，礼佛长斋，注《法华经》，自讲佛义。齐建武二年冬病，正昼，有白云徘徊檐户间，又有香气及磬声，是日卒。（《刘虬传》）

【译文】
　　刘虬在南朝刘宋泰始年间,担任当阳令。后来辞官回家后,朝廷多次召请他都不愿出山。刘虬日常在家穿着粗布做的衣服,每日礼拜阿弥陀佛,长期吃斋持戒,注释了《法华经》,还向人宣讲佛学要义。齐建武二年(495年),他冬天生了病,在白天的时候,有白云在家里屋檐下来回飘浮,还传来阵阵香气和击磬的声音,他当天就往生了。(选自《刘虬传》)

梁 书

掩埋露骸，百人拜谢

宗室秀为郢州刺史，先是夏口常为兵卫，露骸积骨于黄鹤楼下，秀①祭而埋之。一夜梦数百人拜谢去。(《安成王秀传》)

【注释】

①萧秀(475年~518年)：字彦达，梁武帝萧衍的弟弟，母吴太妃，安成康王。

【译文】

南朝梁宗室萧秀做郢州刺史时，在这以前夏口是军事要地，常有战役发生，黄鹤楼下裸露堆积着骨骸，萧秀祭祀后善加埋葬。一天夜晚，他梦见几百人叩拜道谢后离开。(选自《安成王秀传》)

废寝事母，目疾豁然

宗室恢有孝性。初镇蜀，母费太妃在都不豫，恢未之知。一夜，忽梦还侍疾，及觉，忧惶废寝食。俄而都信至，太妃已瘳。后又目有疾，久废视瞻。有北渡道人慧龙得治眼术，恢①请之。既至，空中忽见圣僧，及慧龙下针，豁然开朗。咸谓精诚所致。(《鄱阳王恢传》)

【注释】

①萧恢(476年~526年)：字弘达，梁武帝萧衍的弟弟，母费太妃，鄱阳忠烈王。

【译文】

　　南朝梁宗室萧恢生性孝顺。他当初镇守蜀地时，母亲费太妃在国都生病，萧恢并不知道。一天晚上，他忽然梦到自己回家侍奉生病的母亲，等到醒来，又担心又害怕，吃不下饭睡不好觉。过了几天，国都来信说费太妃已经痊愈。后来，他的眼睛患了疾病，很久都看不到东西，有一位北渡的道人慧龙有高超的治眼医术，萧恢把他请来。到了之后，天空中忽然出现神圣的僧人形象，等慧龙下针之后，他的双眼忽然恢复了视力，众人都说这是他的至孝诚心所感召的。（选自《鄱阳王恢传》）

清廉不党，凶避善人

　　傅昭①为信武将军、安成内史。安成自宋以来兵乱，郡舍号凶。及昭为郡，郡内人夜梦见兵马铠甲甚盛，又闻有人云"当避善人"。军众相与腾虚而去。梦者惊起。俄而疾风暴雨，倏忽总至，数间屋俱倒，即梦者所见军马残踏之所也。自是郡舍遂安，咸以为昭正直所致。昭所莅官，常以清静为政。居朝廷，无所请谒，不畜私门生，不交私利。（《傅昭传》）

【注释】

　　①傅昭：字茂远，灵州（今宁夏宁武一带）人。官至散骑常侍、金紫光禄大夫。

【译文】

　　傅昭担任信武将军、安成内史。安成从南朝宋以来连年兵荒马乱，郡舍被称为不吉利的宅第。等到傅昭任郡守，郡内的人夜晚梦见很多兵马铠甲，又听见有人说"应该避开好人"，军队一起飞入空中消失了。做梦的人受惊起床。不久狂风暴雨忽然到来，几间屋都倒塌了，就是做梦者所见军马践踏的地方。从此以后郡舍平安，大家都认为是上天彰显傅昭的正直所安排的。傅昭担任官职时，保持清正廉洁为政。在朝廷中，不请托拜见，不培植私人门生，不因私利而交往。（选自《傅昭传》）

孝子医母，仙人送浆

陆襄①母猝患心痛，医方须三升粟浆。是时冬月，日又逼暮，求索无所。忽有老人诣门货浆，量如方剂，始欲酬直，无何失之。（《陆襄传》）

【注释】
①陆襄：字师卿，任度支尚书（管全国贡赋租税）。过世后，梁元帝追赠陆襄为侍中（相当于宰相）、云麾将军，食邑五百户，后又追封余干县侯。

【译文】
陆襄的母亲曾经突然患心绞痛，医生处方需要三升粟米浆。当时是冬月，时辰又接近黄昏，没有地方能买到。忽然有个老人到门前卖粟米浆，数量正好如处方剂量，刚要付钱，那老人不知哪里去了，当时人们都认为是陆襄的至孝感动上天所导致。（选自《陆襄传》）

洁己省苛，枯木逢春

褚翔①为豫章太守，洁己，省繁苛，去浮费。郡之西亭有古树，积年枯死。翔至郡，忽更生枝叶，百姓以为善政所感。翔少有孝性。为侍中时，母疾笃，请沙门祈福。中夜忽见户外有异光，又闻空中弹指，及晓，疾遂愈。（《褚翔传》）

【注释】
①褚翔（505年~548年）：字世举，阳翟（今河南禹州）人。南朝梁大臣，曾任侍中、吏部尚书等职。

【译文】

褚翔担任豫章太守时,为政清廉,洁身自好,减免苛捐杂税,去除浮华靡费的用度。郡中的西亭有棵古树,已经枯死多年。褚翔到郡里上任后,忽然长出新枝新叶,百姓都认为是被他的善政所感应的。褚翔年少时就有孝心。他任侍中的时候,母亲病得很厉害,他请出家人为母亲祈福。半夜突然看见门外有奇异的光亮,又听见空中有弹指的声音,等到天亮,母亲的病就好了。(选自《褚翔传》)

寒瓜奉母,天降祥瑞

滕昙恭,年五岁,母患热,思食寒瓜。土俗所不产,昙恭历访不得,衔悲殊切。俄遇见一沙门,谓曰:"吾有两瓜,分一相遗。"还以赠其母,举室惊异。寻访沙门,莫知所在。及父母卒,哀恸呕血,蔬食终身。其门外有冬生树二株,忽有神光自树而起。俄见佛像及夹侍之仪,容光显若,自门而入。昙恭家人大小咸共礼拜,久之乃灭。(《滕昙恭传》)

【译文】

滕昙恭五岁的时候,母亲发烧,想吃西瓜。当地并却不出产,滕昙恭到处访求也找不到,内心非常悲伤。过了不久,滕昙恭遇上一位出家人,对他说:"我有两个西瓜,分一个送给你吧。"滕昙恭拿着西瓜回家呈给母亲,全家都非常惊奇。大家到处寻找那位出家人,却不知去了什么地方。父母去世之后,滕昙恭伤心痛哭以致吐血,并发愿终身吃素。滕昙恭家门外有两棵冬生树,当时忽然从树上发出一股神光,不久就显现佛像和两旁护侍的仪仗,光芒四射,他们从大门走进滕昙恭的家。滕家大大小小都向佛行礼膜拜,佛的瑞相很久才消失。(选自《滕昙恭传》)

孝子尝粪,祷延父寿

庾黔娄[①]为孱陵令,父易在家遘疾,黔娄忽心惊,举身流汗,弃官归。时易疾始二日，医云："欲知差剧，但尝粪苦甜。"黔娄辄取尝之，味甜，心逾忧苦。至夕，每稽颡北辰，求以身代。俄闻空中有声曰："征君寿命已尽，不复可延，汝诚祷既至，得申至月末。"至晦，而易果亡。(《庚黔娄传》)

【注释】

①庾黔娄，字子贞，新野(河南南阳市一带)人，南齐名士。

【译文】

庾黔娄担任孱陵县县令时，父亲庾易在家生了病，庾黔娄忽然感到心惊肉跳，全身流汗，他立刻就弃官回家。当时庾易患病才两天，医生说："想要知道病人的病情是好转还是加剧，只要尝尝粪便是苦还是甜。"庾黔娄就取父亲的粪便来尝，粪味变得甜滑，他的内心就更加忧愁痛苦。每天晚上，庾黔娄常常向着北极星跪拜叩头祈祷，请求折自己的寿命来给父亲增寿。不久听到空中有声音说："你的父亲阳寿已尽，不能再延长了，你的诚心祈祷已让天神知道，只能把他的寿命延长到月底。"到这个月的最后一天，父亲庾易果然病故。(选自《庚黔娄传》)

母病危殆，祈天得愈

韩怀明母患尸疰，每发辄危殆。怀明于星下稽颡祈祷，时寒甚，忽闻香气，空中有人曰："童子母须臾便差，无劳自苦。"未晓而母平复。乡里以此异之。(《韩怀明传》)

【译文】

韩怀明的母亲得了肺结核的重病，每次一发作都奄奄一息。韩怀明夜晚在星空下跪拜叩头祈祷，当时天气非常冷，他突然闻到一股香气，空中有人对他说："孩子，你母亲身体过一会儿就会康复，不必再让自己受苦了。"还没到天亮，母亲的病体就痊愈了。乡亲们都对这事感到惊异。(选自《韩怀明传》)

送柩遇风，孝感天助

庾沙弥，官会稽，丁母忧，丧还都。济浙江，中流遇风，舫将覆没，沙弥抱柩号哭。俄而风静，盖孝感所致。(《庾沙弥传》)

【译文】

庾沙弥在会稽做官，母亲去世了，护送灵柩回京城。坐船渡过浙江的时候，在江河中心遇上风暴，船几乎要沉没的时候，庾沙弥抱着母亲的灵柩号啕大哭。不一会儿风平浪静，这大概是他的孝心感动了天地吧。(选自《庾沙弥传》)

舍宅为寺，慧水医父

江紑幼有孝性，父蒨[①]患眼，紑侍疾将期月，衣不解带。夜梦一僧云："患眼者饮慧眼水必差。"蒨遂舍宅为寺，请敕赐名，即曰"慧眼"。及寺成，泄故井，井水清洌，异于常泉。依梦取水洗眼，遂差。(《江紑传》)

【注释】

①江蒨(475年~527年)：字彦标，济阳考城(今河南省兰考县)人。在梁武帝时期曾担任太子洗马、司徒左西属、太子中舍人、秘书丞等职。

【译文】

江紑从小就非常孝顺，父亲江蒨患有眼病，江紑侍奉了整整一个月，晚上不脱衣服睡觉而守侍床边。夜晚梦见一位僧人说："得眼病的人喝了慧眼的水，病就能痊愈。"江蒨就把自己的宅院捐出来建造寺庙，请法师给寺庙赐名，法师说就叫"慧眼"吧。等到寺建成时，重开以前的井，井水清澈透亮，与普通的泉水有很大不同。江蒨如梦中所述，取井水洗眼睛，眼病真的好了。(选自《江紑传》)

五十侍疾，诚笃延寿

刘霁母明氏，寝疾。霁年已五十，衣不解带者七旬，诵《观世音经》数万遍。夜梦一僧谓曰："夫人算尽，君精诚笃至，当延数旬耳。"后六十余日乃亡。居丧，庐墓，有双白鹤翔于庐。(《刘霁传》)

【译文】
刘霁的母亲明氏卧病在床，刘霁那年已五十岁，晚上不解衣带地照顾老母七十多天，诵读《观世音经》达到万遍。一天晚上梦见一个僧人说："老夫人阳寿已尽，但因为你的真挚孝心深厚到极处，会为她延长数十天的寿命。"后来过了六十余天他母亲才过世。刘霁在母亲墓旁搭建草庐守丧，常常有一对白鹤在草庐边飞翔。(选自《刘霁传》)

母亲有疾，子感而返

阮孝绪[①]幼至孝。尝于钟山听讲，母忽有疾，兄弟欲召之。母曰："孝绪至性冥通，必当自到。"孝绪果心惊而反，邻里嗟异之。合药须得生人参，旧传钟山所出。孝绪躬力幽险，累日不逢。忽见一鹿前行，至一所而灭，就视果得此草，母服之遂愈。(《阮孝绪传》)

【注释】
①阮孝绪（479年~536年）：字士宗，南朝梁陈留尉氏（河南尉氏）人。南朝梁目录学家，著有《七录》，记录图书6288种、44526卷。

【译文】
阮孝绪从小就至诚孝顺。曾经在钟山听人讲经，他的母亲忽然得病，阮孝绪的兄弟想要把他叫回来。阮孝绪的母亲说："孝绪生性至孝感通神明，他一定会自己赶回来的。"阮孝绪果然因为听经时心中惊悸就赶回家中,邻居都为此事而惊叹。阮孝绪母亲的配药一定要用新鲜人参调制,以前传说钟山出产人参。阮孝绪于是亲自进深山幽谷寻找,过了好几天都没有找到。忽然间他看见一只鹿在往前走,他就紧跟着鹿,走到一处后,鹿突然消失了。阮孝绪上前查看,果然找到自已所要的人参草。他母亲用人参调药服用,病就治愈了。(选自《阮孝绪传》)

六时精进,往生净域

庾诜①性托夷简,不治产业。普通中诏为黄门侍郎,不赴。晚年于宅内立道场礼忏,六时不辍,诵《法华经》,每日一遍。夜中忽见一道人,自称"愿公",容止甚异,呼诜为上行先生,授香而去。中大通四年书寝,觉曰:"愿公复来,不可久住。"言终而卒。举室咸闻空中唱云:"上行先生已生弥陀净域矣。"(《庾诜传》)

梁陈之世,宗教大昌,士大夫茹斋奉法。翕然成风。然其真伪勤惰之分,相去甚远。惟能以真实心行清净行者,生死之际如蝉蜕焉。此则积诚所致,非可袭而取也。子谓子夏曰:"女为君子儒,无为小人儒。"惟学佛者亦然。君子小人之辨,则诚与伪之间而已矣,可不慎欤。

【注释】

①庾诜:字彦宝,南朝梁代新野(今河南南阳一带)人。著有《帝历》、《易林》、《晋朝杂事》等书。

【译文】

庾诜性情平易质朴,不追求高官厚禄,梁武帝在没有战事时,曾下诏召他做黄门侍郎,他没有去。晚年时候,他在自己家中设立道场,每天拜佛忏悔,十二个小时不间断,念诵《法华经》一日一遍。一天夜晚忽然看到一位自称"愿公"的道人,容貌举止都与常人不同,他称庾诜为"上行先生",然后授香离去。

中大通四年(532年),有一次庾诜看书睡着了,醒来后说:"愿公又来了,我也该走了。"说完就往生了。满屋子人都听到空中有声音唱道:"上行先生已经往生到弥陀净土了。"(选自《庾诜传》)

南朝的梁陈时代,宗教很兴盛,当时的官员和读书人吃素食皈依佛法蔚然成风。但其中也有真信假信和精进懒惰的区别,差别非常大。只有能以真诚实修的心,清净修行的人,到生死轮回之时,才能像蝉蜕壳一样得到往生的解脱。这就是累积诚敬而达到的,没有捷径可以走。孔子对子夏说:"你要做有君子品德的读书人,而不要做有小人品性的读书人。"学佛修行的人也是如此,君子和小人的区别,就只在诚敬和不诚之间罢了,不可以不重视啊!

尘缘未尽,游礼佛塔

刘萨阿遇疾暴亡,心下犹暖,其家未敢便殡。经十日更苏,说云:"两吏录向西北行,不测远近,见十八地狱,随报轻重受诸楚毒。忽见观世音语云:'汝缘未尽,若得活,可作沙门。洛下、齐城、丹阳、会稽,并有阿育王塔,可往礼敬,寿终则不堕地狱。'语竟如堕高岩,忽然醒悟。"因出家游行礼塔云。(《海南传》)

【译文】

刘萨阿遭遇疾病,突然死亡,但心头还有暖意,他的家人不敢埋葬。经过十天刘萨阿苏醒过来,说:"我被两个鬼吏抓住,向西北方向走,不知道走了多远,见到十八层地狱,根据业报的轻重接受各种酷刑。忽然看见观世音菩萨说:'你尘缘未尽,如果复活回去,可以出家为僧。洛下、齐城、丹阳、会稽四个地方,都有阿育王塔,你可以前往诚敬礼拜,寿命终尽就可以不入地狱了。'说完后,我就像从高崖上掉下来一样,突然惊醒过来。"刘萨阿如梦中指点,出家为僧,四方游历礼拜佛塔。(选自《海南传》)

陈 书

稼枯重生,孝子大贵

吴明彻①幼孤,性至孝,家贫无以葬,乃勤力耕种。时亢旱,苗稼焦枯,明彻哀愤,每之田中号泣,仰天自诉。居数日有自田还者云,苗已更生。明彻疑为绐己,及往田所,竟如其言。秋而大获,足充葬用。时有伊氏者,善占墓。谓其兄曰:"君葬日必有乘白马逐鹿者经坟,此是最小孝子大贵之征。"至时果有此应,明彻即最小子也。太建中,明彻以侍中领军北伐,至秦郡。高宗以秦郡为明彻旧邑,诏具太牢令拜祠上冢,时以为荣。(《吴明彻传》)

【注释】

①吴明彻(512年~578年):字通照,秦郡(今江苏六合)人,南北朝时期陈朝名将。吴明彻祖父吴景安,为南齐南谯太守。父亲吴树,为梁右军将军,吴明彻是其幼子。

【译文】

吴明彻幼年父母双亡,生性孝顺,家里很穷没有钱修建坟墓,于是勤劳耕种。当时天下大旱,禾苗庄稼都枯死了,他难过悲愤,每次去到田地里都大声哭号,向天倾诉不幸。过了几天,有人从田里回来,说禾苗已经活过来了。吴明彻怀疑那人是欺骗自己,就亲自到田中去看,竟和那人说的一样。秋天获得大丰收,足够安葬修坟之用。当时有一个姓伊的人,擅长占卜风水墓地,对他的哥哥说:"您安葬父母的那一天,一定有骑白马追鹿的人经过坟地,这是最小的孝子将要大贵的征兆。"后来此言果然应验,吴明彻就是家里最小的儿子。太建年间，吴明彻担任侍中，领兵北伐，到了秦郡。高宗因为秦郡是吴明彻的故乡，诏令准备牛、羊、猪三牲做祭品，拜祠堂供祖坟，文武礼仪很盛大，乡里的人都以此为荣。(选自《吴明彻传》)

慈心于物，戒杀护生

王固①崇信佛法，丁母忧，遂终身蔬食，夜则坐禅，昼诵佛经。尝聘于西魏，因宴飨之际，请停杀一羊，羊于固前跪拜。又宴于昆明池，魏人以南人嗜鱼，大设罟网，固以佛法咒之，遂一鳞不获。(《王固传》)

【注释】

①王固(513年~575年)：字子坚，左光禄大夫王通的弟弟，梁武帝萧衍的外甥。

【译文】

王固尊崇信奉佛法，在为生母守丧后，便终生吃素食。晚上坐禅，白天书写诵读佛经。王固曾受聘于西魏，在皇上宴请大臣时，他请求不要杀一只羊，羊在王固面前跪拜。后又在昆明池设宴时，魏人以为南方人爱吃鱼，便撒很多网捕鱼，王固为鱼儿诵念佛咒，于是一条鱼也没捕到。(选自《王固传》)

鬻妻养母，妖变无犯

徐孝克性至孝。遭侯景乱，尝鬻妻以养母。又笃信佛理。祯明元年，为都官尚书。自晋以来，尚书官僚皆携家属居省。省在台城内下舍门，中有阁道，东西跨路，通于朝堂。其第一即都官之省，西抵阁道，年代久远，多有鬼怪。每昏夜之际，无故有声光，或见人着衣冠从井中出，须臾复没。或门合自然开闭，居省者多死亡。尚书周确卒于此省，孝克代确，便即居之。经涉两载，妖变皆息，时人咸以为贞正所致。孝克卒年七十三，临终，正坐念

佛,室内有非常异香,邻里皆惊异之。(《徐孝克传》)

【译文】

　　徐孝克性情极为孝顺,在遭受侯景之乱时,因吃不上饭曾经卖了妻子来奉养母亲。自己也曾出家,深信佛法。祯明元年(587年),徐孝克入朝任都官尚书。从晋朝以来,尚书官都携带家眷一起住在官署。尚书的官署在台城内下舍门中,中间有阁道,东西走向的路,通到朝堂。其中第一家就是都官的官署,西面挨着阁道,由于房子年代久远,常常闹鬼。每当黄昏入夜之时,无缘无故有声音和光亮,有时见到有人穿着衣服官帽从井里出来,一会儿又不见了。有时阁道的门会自己开了又关,在官属里住的人常有死亡。前任尚书周确就是死在这里,徐孝克来接任他的职务,也住在这里。经过两年时间,这些妖气变现的情景都没有了,人们都认为是他坚贞正直所导致的。徐孝克73岁去世,临终时端坐念佛,屋里散发出不寻常的香气,邻居们都很惊异。(选自《徐孝克传》)

孝子载柩,贼悯不犯

　　阮卓父问道,随岳阳王出镇,遇疾卒。卓年十五,自都奔赴,水浆不入口者累日属。侯景之乱,载柩还都。在路遇贼,卓号哭自陈,贼哀而不杀。过蠡湖,中流遇疾风,船几没者数四,卓仰天悲号,俄而风息。人以为孝感之至。(《阮卓传》)

【译文】

　　阮卓的父亲阮问道,随岳阳王出镇江州,途中病亡。当时阮卓只有15岁,他从京城赶过去,好几天连水都没有喝。正值侯景之乱,阮卓冒着艰险,载着棺柩回京城。路上遇到强盗,阮卓大哭陈述自己的遭遇,强盗同情他而没有杀他。到渡彭蠡湖时,中途忽然遇到大风,船有四次都几乎沉没,阮卓仰天哀求,不一会儿风就停了,人们都认为是孝行感应所致。(选自《阮卓传》)

南 史

不敬神明，发病而卒

萧惠明，泰始初为吴兴太守。郡界有卞山，山有项羽庙，相承云羽多处郡听事。前后太守每避居私室，不敢上。惠明曰："乌有是哉。"令盛设筵榻，广接宾客。历数日，忽见一人长丈余，张弓挟矢向惠明，既而不见。因发背，旬日而卒。（《萧惠明传》）

按惠明从子琛①，亦为吴兴太守，前后二千石，皆以牻下牛祀项王于听事。琛迁之于庙，禁杀牛，祀则以脯代肉，后竟无恙。然则惠明之登堂设席，以私慢神也。琛之迁祀禁宰，以正服神也。君子亦持其正而已。

【注释】

①萧琛（478年~529年）：字彦瑜，南朝宋兰陵人，南朝梁学者、官员，晚年任金紫光禄大夫。著有《汉书文府》、《齐梁拾遗》文集。

【译文】

萧惠明，在泰始初年（南朝宋明帝）担任吴兴太守。郡内有一座卞山，山下有一座项羽庙，相传项羽经常在郡府中的厅堂处理政事，（吴兴）前后几任太守都在家回避，不敢制止。萧惠明说："哪有这种事呢。"于是在郡府大摆酒宴接待宾客。过了几天，忽然看见一个人有一丈多高，拉弓搭箭朝着萧惠明，很快又不见了。萧惠明因此背上长了毒疮，十天后就死了。（选自《萧惠明传》）

萧惠明的侄子萧琛，后来也做了吴兴太守，前后郡守都在郡府安设项羽神座，杀拉车的活牛作祭品来参拜祭祀项羽。萧琛把项羽的神座迁到庙中，同时禁止杀牛祭祀，而改用干肉代替鲜肉。后来竟也安然无恙。这是因为萧惠明在厅堂上大摆酒宴,是以私心轻慢神灵,而萧琛迁神座禁杀牛,是以正直行为令神灵悦服。君子不过是坚守正义之道罢了。

见利忘义,自遭噬杀

齐高祖欲禅宋,尚书令袁粲①不从,举兵,遂被害。有幼儿方数岁,乳母携之投粲门生狄灵庆。灵庆曰:"吾闻出郎君者有厚赏,今袁氏已灭,汝匿之尚谁为乎?"遂抱以首。乳母号呼曰:"公昔于汝有恩,故冒难归汝,奈何杀郎君以求利。若天地鬼神有知,我见汝灭门。"儿便死。儿存时,常骑一大狞狗戏。死后,灵庆常见儿骑狗戏,如平常。经年余,忽有狗走入灵庆家,遇灵庆于庭,噬杀之,并噬杀其妻子。视之,即袁郎所常骑也。(《袁粲传》)

【注释】

①袁粲(?~477年):字景倩,南朝宋国陈郡阳夏(今河南省太康县)人,曾任中书令。

【译文】

齐高祖萧道成图谋篡位令宋改朝,时任尚书令的袁粲不愿背信弃义,举兵讨伐,后来被杀害。他的小儿子才几岁,乳母抱着他去投奔袁粲的门生狄灵庆。狄灵庆说:"我听说交出这孩子的有重赏,现在袁氏已经被灭门,你藏他是为了谁呢?"于是抱着孩子出去报官。乳母大哭呼天说:"袁公以前对你有恩,所以冒着危险来投奔你,你怎么竟然害死小公子来换取钱财。如果天地鬼神有知,我将见到你全家灭门的报应。"袁公子便死了。孩子活着时,常喜欢骑着一只多毛狗玩。孩子死后,狄灵庆还常看见袁公子像活着时那样骑着狗游戏。经过了一年多,忽然看见有一只狗跑到狄灵庆家,在庭院里遇到狄灵庆把他咬死了,同时,还咬死了他的妻子和孩子。这只狗就是袁公子经常骑着玩的那一只。(选自《袁粲传》)

至孝守丧，风暴独全

袁昂①父颛为宋明帝所杀，传首建业，藏于武库，以漆题颛名以为志。至元徽中，始以还其家。昂年十五，号恸呕血，绝而复苏，以泪洗所题漆字皆灭。人以为孝感。仕齐为豫章内史，丁母忧，以丧还。江路风潮暴骇，昂缚衣着柩，誓同沉溺。风止，余船皆没，惟昂船获全。位司空，年八十卒。（《袁昂传》）

【注释】

①袁昂（461年~540年）：字千里，南朝梁陈郡阳夏（今河南太康）人。担任过吴兴太守、司空。很擅长书画，著有《古今书评》、《南史本传》、《历代名画记》、《法书要录》等。

【译文】

袁昂的父亲袁颛被宋明帝刘彧杀害，把首级送到建业（今南京），藏在武器库中，用漆写了袁颛的名字来作为标记。到了元徽（宋后废帝）年间，才将尸首运回家。袁昂当时15岁，痛苦悲伤到吐血，昏厥之后又苏醒过来，泪水落在所题的漆字上竟然把字冲洗掉了，人们都认为是孝心所感。在南朝齐担任豫章内史时，母亲去世服丧，送灵柩回老家。船走在江上遇到惊涛骇浪，袁昂用衣服把自己捆在灵柩上，发誓与棺木共存亡。等到风停时，其他船只都沉没了，只有袁昂的船得到保全。袁昂官职做到司空，80岁过世。（选自《袁昂传》）

淳德所感，道人授药

何点居父母忧，几至灭性。长绝婚宦。世论以为孝隐士。点门世信佛，招携胜侣，及名德沙门，清言赋咏，优游自得。少时尝患渴利，积岁不愈。后在吴中石佛寺建讲，于讲所昼寝，梦一道人形貌非常，授丸一掬，梦中服

之，自此而差。人以为淳德所感。(《何点传》)

【译文】

何点为父母守丧时，几乎到了自残的地步。等他长大，为家祸而伤感，没有结婚成家也不愿入朝为官。世人评论何点是个孝隐士。何点家世代信佛，经常与有修行的僧侣和出家大德相聚，以清净心赋诗咏唱，悠然自得。何点少年时曾经患过渴痢病，多年没有治愈。后来他在吴中石佛寺设坛讲经，在讲经的地方白天小睡，梦见有一位道人，气度不凡，送给他一颗药丸，梦中把它吃下，从此病就好了。当时人认为这是他品德淳厚的感应。(选自《何点传》)

戒杀护生，洪灾独存

何允通内典，隐若邪山，后迁秦望山。将筑室，忽见二人着元冠，容貌甚伟，问允曰："君欲居此邪？"乃指一处云："此中殊吉。"忽不复见。乃依言而卜焉。未几山发洪水，树石皆倒拔，惟允所居室岿然独存。常禁杀，有虞人逐鹿，鹿径来趋允，伏不动。又有异鸟如鹤，红色集讲堂，驯狎如家禽。尝于吴中武邱西寺内立明珠柱，柱乃七日七夜放光。初允侈于味，后去其甚者，犹食白鱼、鳝脯、糖蟹等物。汝南周颙与允书，劝命食菜。曰："变之大者无过死生，生之所重无逾性命，性命之于彼极切，滋味之在我可赊。若云三生理诬，则幸矣。如使此道果然，而一往一来生死常事，则伤心之惨，行亦自及。"允遂永绝血味。允尝疾，妻江氏梦神告曰："汝夫寿尽，既有至德，应获延期，尔当代之。"妻果得患而卒，允疾乃瘳。后年八十六，梦一神女，并八十许人行列在前，俱拜床下。觉又见之，便命营凶具，未几卒。(《何允传》)

【译文】

何允精通佛教经典，隐居在若邪山，后来迁居到秦望山。他准备建造房屋时,忽然看到两位戴着黑帽子,容貌俊伟的人,问何允说:"您打算住在这里吗?"接着指了一处地方说,"这里风水特别吉利。"忽然又不见了。何允按照两人所指的地方建屋,不久山上发洪水,树木石头都被冲倒了,只有何允的居所安然无事。何允常常禁止杀生,有一个猎人追逐野鹿,鹿跑到何允跟前,趴下不动。又有一种鸟像红色的鹤一样,集结在何允讲经的地方,驯良温顺得像家禽。何允曾经在吴中的武邱西寺内竖立明珠柱,连续七天七夜放出光芒。起初何允贪恋美味,后来稍稍有些收敛,但仍然吃白鱼、鳝脯、糖蟹等肉食。汝南的周颙给何允写信劝他吃素,信上说:"世间变化最大的莫过于生死,有生命的众生最看重的莫过于性命,性命对他们来说是极珍贵的,好吃的滋味对于我们来说却是可以舍弃的。如果前世、今生、后世的三世因果之说是假的,那倒是十分幸运。如果这话是真的,生死轮回冤冤相报就是平常事了,那令人伤心的惨痛也会发生在自己身上啊!"何允从此再也不吃肉食了。何允有一次生病,妻子江氏梦见有神明告诉她说:"你的夫君阳寿已尽,但他的德行甚好,寿命应该能延长,不过你要代替他去了。"后来妻子果然得病去世了,何允的病就痊愈了。在他86岁那一年,梦见一位神女带着80多人列队走到他面前,全体跪拜在床边,醒来后又见到一次,于是他就叫人准备棺材,没过多久就过世了。(选自《何允传》)

劝人杀戮,梦剑断舌

沈约[①]始仕齐,劝梁武受齐祚,并草禅位诏书。遂废齐和帝[②],梁武即位,欲迁帝于南海郡。沈约云:"今古殊事,魏武所云:'不可慕虚名而受实祸。'"梁武颔之。于是遣使害帝,以约为尚书仆射。一日自朝还家,未至床,凭空顿于户下。因病,梦齐和帝以剑断其舌。召巫视之,巫言如梦。乃呼道士奏赤章于天,称禅代之事不由己出。梁武闻之大怒,遣使谴责,约惧遂卒。(《齐和帝本纪》、《沈约传》)

【注释】

①沈约（441年~513年）：字休文，吴兴武康（今浙江武康）人，南朝史学家、文学家。历仕宋、齐、梁三朝。著有《晋书》、《宋书》、《齐纪》、《高祖纪》、《迩言》、《谥例》、《宋文章志》，并撰《四声谱》。

②齐和帝萧宝融（488年~502年）：字智昭，南齐的末代皇帝，齐明帝萧鸾第八子。萧宝融被迫禅位与梁武帝萧衍，南齐灭亡。让位后不久萧宝融也被萧衍所杀。

【译文】

沈约开始是南朝齐国的官员，后来劝梁武帝萧衍夺齐国的皇位，并草拟了禅让皇位的诏书。后来齐和帝萧宝融被废，梁武帝受禅称帝，并准备把齐和帝流放到南海郡。沈约说："今天的情况跟古代不一样的，魏武帝曹操说过：'不能为了图虚名而去受实际的灾祸啊！'"梁武帝点头同意。于是派人杀害了齐和帝，并提升沈约为尚书仆射。有一天他上朝回家，还没走到床前，就凭空跌坐在门边，于是就生了病。沈约梦见齐和帝用剑斩断他的舌头，于是找来一位巫师看病。巫师所说的病因和他梦中情境相同。于是请一位道士给天帝上一道赤色奏章，声称禅让接替齐朝王位的事，并不是自己的主意。梁武帝听说后非常生气，派人来痛责沈约。沈约就因为恐惧而死了。（选自《齐和帝本纪》、《沈约传》）

恩将仇报，蛭啮惨死

齐宗室季敞①，粗猛无行。高帝时为萧谌所奖说，故累为郡守。在政贪秽，谌辄掩之。及谌诛，季敞启求收谌弟谏，深加排苦，乃至手相摧辱。谏徐曰："已死之人，何足至此？君不忆相提拔时耶？幽冥有知，终当相报。"后季敞为广州刺史，白日见谏将兵入城收之。少日遂为周世雄所袭，军败。奔山中，为蛭所啮，惨楚备至，肉多尽而死。村人斩其首。（《衡阳公谌传》）

【注释】

①萧季敞：南朝齐宗室，兰陵（今常州西北）人，出任郡守，多行贪污之事，后任广州刺史，被西江都护周世雄所杀。

【译文】

南朝齐国的宗室萧季敞粗暴勇猛，肆行无度。齐高帝时被萧谌赏识，所以多次任郡守。但他为官贪赃枉法，萧谌总是替他掩饰。等到萧谌被杀后，萧季敞却请求拘捕萧谌的弟弟萧诔，还落井下石，以至于亲自拷打萧诔。萧诔缓缓地说："我已经是等死的人了，你又何必要这样？你难道忘了我哥哥提拔你的时候了？我死后如果有知，一定会报仇的。"后来萧季敞担任广州刺史，白天见到已经死去的萧诔带兵进城来抓他。没过几天萧季敞就被周世雄袭击，战败逃往山中，被蛭虫啃咬，痛楚惨烈至极，肉都被吃光了才死，后来还被村民们砍了头。（选自《衡阳公谌传》）

毒害亲弟，引祸自毙

齐宗室嶷①，甚为武帝亲爱。嶷没后，忽见形于沈文季曰："我病未应死，皇太子隐加膏中十一种药，使我痛不差，汤中复加药一种，使利不断。我已诉先帝矣。"因出胸中青纸文书，示文季曰："与卿少旧，因卿呈上。"俄失所出。文季惧甚，秘不敢传，少时太子薨。（《豫章王嶷传》）

【注释】

①豫章文献王萧嶷（444年~492年）：字宣俨，南北朝时期南朝齐高帝萧道成第二子，齐武帝萧赜之弟。。

【译文】

南朝齐国宗室萧嶷深得父亲齐高帝萧道成的喜爱。萧嶷去世后，忽然在沈文季面前现形说："我的病不至于会死，是皇太子在我的膏药中加了十一种药,使我的毒疮不能好,又在汤药中加药一种,使我痢泻不停。我已经告诉先帝了。"于是从胸前掏出一张青纸文书让沈文季看,并说:"我和您是少年故交,托您呈给皇上吧。"马上便消失了。沈文季十分害怕,把文书藏起来没敢声张,不久太子就死了。(选自《豫章王嶷传》)

孝子念母,梦中得见

齐宗室铿[①],三岁丧母,及有识。自悲不识母,常祈请幽冥,求一梦见。至六岁,遂梦见一女人,云是其母。铿悲泣向旧左右说容貌衣服,皆如平时,闻者莫不唏嘘。(《宜都王铿传》)

【注释】

①萧铿(477年~494年):字宣严,齐高帝萧道成第十六子,母为何氏。延兴元年(494年)萧铿被萧鸾所害,时年18岁。

【译文】

南朝齐宗室萧铿,才3岁时,母亲就去世了。等到懂事之后,因为没有见过母亲的容颜而悲痛,常常向幽冥鬼神祈祷,让自己在梦中见母亲一面。等到了6岁的时候,终于梦见了一个女人,说是他的母亲。萧铿悲伤地哭泣,向从前母亲身边的人说起梦中的容貌和衣装,都说与母亲生前时一样,听到此事的人都非常感慨。(选自《宜都王铿传》)

行道救母,莲花不萎

齐宗室子懋[①],年七岁时,母阮淑媛病笃,请僧行道,有献莲花供佛者,铜罂盛水,渍其茎。子懋流涕礼佛曰:"若使阿姨因此和胜,愿诸佛令华竟斋不萎。"七日斋毕,华更鲜红,视罂中稍有根须,当世称其孝感。(《晋安王子懋传》)

【注释】

①萧子懋（472年~494年）：字云昌，齐武帝萧赜第七子，南朝齐文学家。曾起兵讨伐篡位的齐明帝萧鸾，失败后被杀。

【译文】

南朝齐国宗室萧子懋在7岁的时候，生母阮淑媛病情严重，请僧人做法事，有人献莲花供奉佛，用铜器盛水，浸润着莲花的茎。萧子懋流泪拜佛说："如果能使我的生母因此而恢复健康，希望诸佛让莲花在法事结束后不枯萎。"七天的斋戒结束后，莲花更加鲜艳，再看容器中的茎竟还长出了根须，当时的人都称赞是萧子懋的孝德感应的。（选自《晋安王子懋传》）

见利忘义，头折暴亡

陆超之为晋安王子懋所知，延兴间，子懋举兵，既败。或劝超之逃亡，答曰："死不足惧，吾若逃亡非惟孤晋安之眷，亦恐田横客笑人。"中护军王元邈等以其义，欲囚将还都，超之亦端坐待命。超之门生姓周者，谓杀超之当得赏，乃俟超之坐。自后斩之，头坠而身不僵。元邈嘉其节，厚为殡敛。周又助举棺，未出户，棺坠，政压其头，头折即死。闻者以为有天道焉。（《晋安王子懋传》）

【译文】

晋安王萧子懋对陆超之有知遇之恩，在延兴（南朝齐皇帝萧昭文的年号）年间，萧子懋举兵讨伐篡位的萧鸾，后来兵败。有人劝陆超之快些逃命，他回答说："人终有一死，没什么可害怕的，如果我逃跑了，不但辜负了晋安王的眷顾，也让田横的门客耻笑。"中护军王元邈等人因为他的忠义，准备囚禁他带回都城，陆超之也端庄危坐静待命运安排。陆超之有一个门生姓周，以为杀死陆超之能得到奖赏，就趁他坐着时，从后面斩杀了他，陆超之的人头虽落地，但身体却没有倒下。王元邈赞赏他的气节，隆重地为他收殓送葬。门生周某也帮着抬棺材,还没有抬出门,棺材掉落,正好压在他的头上,他的脖子被压断而死。听说此事的人都认为是天道昭彰,恶有恶报。(选自《晋安王子懋传》)

竹灯夜祈,树茂母愈

齐宗室子罕①,母尝寝疾,昼夜祈祷,以竹为灯缵照夜,此缵宿昔树叶大茂,母病亦愈。(《南海王子罕传》)

【注释】

①萧子罕(479年~495年):字云华,齐武帝萧赜第十一子,封南海王。后被齐明帝萧鸾所杀,时年17岁。

【译文】

南朝齐宗室萧子罕,母亲曾经卧病在床,他就白天黑夜不间断地为母亲祈祷,以竹子点燃做灯,挂在树上照亮黑夜,这棵树一昼夜间就枝繁叶茂,后来母亲的病也痊愈了。(选自《南海王子罕传》)

母病夜祈,仙人赐药

刘灵哲母尝病,灵哲昼夜祈祷,梦黄衣老公与药曰:可取此食之,疾可立愈。灵哲惊觉,于枕间得之,如言而疾愈。药似竹根,于斋前种,叶似凫茈。(《刘灵哲传》)

【译文】

刘灵哲的母亲曾经生病,灵哲日夜祈祷,梦见一位穿着黄衣的老人家给了他药,并对他说:"取这个药给你母亲吃下,病立刻就会好了。"刘灵哲惊醒后,果然在枕头旁边找到了药,如老人家所说,母亲的病还真的痊愈了。药的样子很像竹根,刘灵哲把它种在书斋前,叶子长得像荸荠的叶子。(选自《刘灵哲传》)

孝悌著称，清净登仙

刘歊①奉母、兄以孝悌称。寝食不离左右，意有所须，口未及言，歊已先知。母每疾病，梦歊进药，及翌日疾良已，其诚感如此。歊隐居求志不娶不仕。忽有老人，无因而至。谓歊曰："君心力坚猛，必破死生，但运会所至，不能久留一方耳。"弹指而去。歊于是信心弥笃，俄疾卒。时有沙门宝志遇歊于兴皇寺，曰："隐居学道清净登仙。"如此三说。（《刘歊传》）

【注释】

①刘歊（488年~519年）：字士光，平原人，刘怀慰之第三子。生于齐武帝永明六年，卒于梁武帝天监十八年，年32岁。

【译文】

刘歊事奉母亲尽心尽力，尊敬兄长，以孝顺悌敬兄弟而著称。睡觉吃饭都陪伴在家人左右，母亲心里有需要，还没有说出来，刘歊就已经预先知道了。母亲每次生病，都会梦见刘歊来喂药，等到第二天病就好了，至诚感应到这样的地步。刘歊隐居不出，追求自己的志愿，不娶妻也不做官。忽然有一位老人不知什么原因来到他家，对刘歊说："先生您的精进心坚定勇猛，必定可以突破生死轮回，但因为运势际会所至，不能久留在一个地方。" 说完弹指间就离去了。刘歊于是信心更加坚定，没多久就得病过世。当时有僧人宝志与刘歊在兴皇寺相遇，说："隐居修学道业，心地清净，修到了仙人的位次。"这样连说了三遍。（选自《刘歊传》）

德感神明，猛兽自毙

梁宗室业①性敦笃。为湘州刺史，大著善政。零陵旧有三猛兽为暴，无故相枕而死。郡人见猛兽傍一人曰："刺史德感神明，故猛兽自毙。"言讫

不见。普隆中为金紫光禄大夫终。(《梁宗室业传》)

【注释】

①萧渊业(479年~526年)：字静旷，梁武帝萧衍大哥萧懿的长子，长沙元王。《梁书》、《南史》为避李渊讳改为萧业。自幼聪敏，见识过人。享年48岁，谥号元。

【译文】

梁宗室萧业性格敦厚忠实，曾担任湘州刺史，政绩卓著。零陵郡以前有三只猛兽危害百姓，后来无缘无故相互交错而死。郡中有人见猛兽旁边一人说："刺史的美德感动了神明，所以猛兽就自己死了。"说完就不见了。在普通(梁武帝年号)年间，被封为金紫光禄大夫，直到过世。(选自《梁宗室业传》)

政德感天，猛兽静息

梁宗室象①为湘州刺史。湘州故多猛兽为暴，及象任州日四猛兽死于郭外，自此静息。故老称政德所感。(《梁宗室象传》)

【注释】

①萧渊象(？~536年)：字世翼，梁武帝萧衍大哥萧懿的第九子。桂阳敦王。《梁书》、《南史》为避李渊讳改为萧象。

【译文】

梁宗室萧象曾经担任湘州刺史，湘州以前有多只猛兽危害百姓，等到萧象担任刺史的当天，四只猛兽一起死在郊外，从此这里宁静安详。年长有见识的人认为这是他以仁德管理一方所感召的。(选自《梁宗室象传》)

祭拜至诚,神灵卫之

梁宗室猷性倜傥,封临汝侯。为吴兴郡守,常祷于楚王庙神。后官益州时,齐苟儿反,率众十万攻州城。猷兵粮俱尽,遥祷请救。是日有田老逢一骑,浴铁从东方来,问去城几里。曰:"百四十。"时日已晡,骑举槊曰:"后人来,可令之疾马,欲及日破贼。"俄有数百骑如风而过,一骑请饮,田老问为谁。曰:"吴兴楚王来救临汝侯猷。"遂大破苟儿,其时庙中侍卫土偶皆泥湿如汗。(《梁宗室猷传》)

渎事鬼神,非为政之道。然其感应灵异若此,自非有德焉以交于神明,不能也。道而得神,是为逢福,不其然乎?

【译文】

梁宗室萧猷性格豪爽洒脱,被封为临汝侯,担任吴兴郡守时,常在楚王庙祈祷神灵。后来担任益州刺史时,齐苟儿造反,率领十万人攻打州城。萧猷兵力和粮草都用尽了,于是向远方祈祷请求救助。当天有位老农看见一位骑马兵士,穿着铠甲从东边过来,问他这里离州城还有几里路,老农回答说:"还有一百四十里。"当时已经是下午时分,骑马人举起槊(古代兵器)说:"后面有人来,就叫他们快马加鞭,想在今天就击破贼军。"一会儿有好几百骑兵风驰电掣而过,一位骑兵向老农要点水喝,老农问他是谁,回答说:"我们是吴兴楚王来援救临汝侯的部队。"于是萧猷大败齐苟儿的反军。当时神庙中泥塑的侍卫们,雕像上都像出了湿漉漉的汗一样。(选自《梁宗室猷传》)

祭拜求助鬼神,不是治理政事的好方法。然而他的真诚感应这样灵通诡异,如果没有德行的人与神明沟通是办不到的。符合天道而得到神明护佑,这就是遇到福星了,难道不是这样吗?

安置庙神，一州相报

阴子春①为东莞太守时，青州先有神庙，为刺史王神念所毁坏。子春夜梦人通名，诣谒云："有人见苦，破坏宅舍，既无所托。钦君厚德，欲憩此境。"子春心密记之。经二日而知之，甚惊，以为前所梦神。因请召安置一处。复梦一朱衣神谢曰："得君厚惠，当以一州相报。"经月余，魏欲袭朐山，间谍前知，子春设伏破之。诏授南青州刺史。（《阴子春传》）

【注释】

①阴子春（？~551年）：字幼文，武威姑臧人。阴子春曾都督梁、秦二州刺史，历位朐山戍主、东莞太守。官至梁朝左卫将军。

【译文】

阴子春任东莞太守时，青州原来有一座神庙，被刺史王神念毁掉了神庙。阴子春晚上做梦有人通报姓名，造访他说："有人欺负我，破坏我的房子，我已经没有栖身之处了。因为钦佩您的高尚品德，想在这里憩息下来。"阴子春心里暗暗记下此事。过两天后知道了神庙被毁的事，非常惊讶，认为之前梦见的就是庙神。于是招请神灵，将他安置在一个地方。后来又梦到穿红衣服的庙神前来道谢说："得到了您的深厚恩惠，我将用一个州来报答您。"过了一个多月，魏军要袭击朐山，有探报提前得到消息，阴子春设下埋伏打败了他们。皇帝下令任命阴子春为青州刺史。（选自《阴子春传》）

投贼告密，反被贼杀

梁宗室贲①，当侯景②反，出投之。专监造攻具，以攻台城，常为贼耳目。时宗室会理力图匡复，与柳敬礼、萧劝、密谋兴兵诛侯景。贲以谋告贼，会理等遂被收见杀。贼矫封贲为竟陵王，改姓侯氏。居尝昼卧，见柳

敬礼、萧劝，入室殴之，贲惊起乞恩。俄而贼忽恶其翻覆，杀之。(《梁宗室贲劝会理传》)

【注释】

①萧贲：字文奂，南齐兰陵(今常州西北)人。齐竟陵王萧子良孙，巴陵王萧昭胄次子。幼好学，有文才，能书善画。

②侯景(503年~552年)：字万景，北魏怀朔镇(今内蒙古固阳南)鲜卑化羯人。梁武帝太清元年(547年)率部投降梁朝，公元548年9月，侯景叛乱起兵进攻南梁。公元551年他篡位自立为皇帝，次年兵败被杀。

【译文】

梁宗室萧贲在侯景造反时，去投奔了他。负责监造攻城的器具，用来攻打台城，也常常为反贼当耳目打探消息。当时梁宗室萧会理努力图谋匡复南梁政权，与柳敬礼、萧劝秘密计划发兵杀死侯景。萧贲知道后把他们的计划向侯景告发，于是萧会理等人都被抓住杀死了。反贼侯景还假意封萧贲为竟陵王，萧贲就改姓了侯。萧贲有天在家白天睡着了，见到柳敬礼、萧劝进入房内来打他，受惊起身请求开恩。不久，反贼侯景忽然厌恶他的反复无常，把萧贲杀死了。(选自《梁宗室贲劝会理传》)

毁佛铸钱，以恶疾死

梁宗室伟①，因武帝军东下，用度不足。伟取襄阳寺铜佛，毁以为钱。富僧藏镪，多加毒害。遂得恶疾。伟性多慈惠，晚年亦崇信佛法，然终以恶疾死。(《南平元襄王伟传》)

【注释】

①萧伟(476年~533年)：字文达，萧顺之第八子，梁武帝萧衍的八弟，南平元襄王。晚年崇尚佛学，著有《二旨义》、《性情》等书。

【译文】

　　梁宗室萧伟因为梁武帝的部队东下，军费不足，萧伟就将襄阳寺的铜制佛像，熔毁后铸造铜钱。富裕的出家人将钱财藏起来，大多受到了毒害。后来萧伟得了很重的病。萧伟性格比较慈悲仁爱，晚年也推崇信奉佛法，但还是因为之前的过错重病而死。（选自《南平元襄王伟传》）

损公肥私，事发罢职

　　梁宗室恭，善解吏事，而性尚奢华，广营第宅，酣宴终辰。除雍州刺史，政绩有声，百姓请于城南立碑颂德，诏许焉，名为政德碑。是夜闻数百人大叫，明旦视之，碑涌起一尺。恭命以大柱置于碑上，使力士数十人抑之不下。又以酒脯祭之，强抑之下，使人守视，俄而复起，守者竟不见之。恭闻而恶焉。先是武帝以雍为边镇，运数州粟，以实储仓。恭乃多取官米，还赡私宅。又典签陈保印侵克百姓，后为庐陵王所启，罢职。（《梁宗室恭传》）

【译文】

　　梁宗室萧恭，善于处理政务，但本性却崇尚华丽奢侈，大规模建造宅院，喜欢请宾客来纵情饮宴到次日早晨。担任雍州刺史时，政绩有了声誉，百姓请求在城南立碑来歌颂他的功德，皇帝下诏准许，取名为政德碑。这天夜里听到几百人在碑石下大声叫喊，次日早上去看，石碑涌起了一尺高。萧恭命令将大柱子放在石碑上，派几十个大力士向下压，但还是压不下去。又用酒和肉脯祭奠它，强压后下去了，派人守着察看，不久碑就又再次涌起，看守的人竟然没有发觉。萧恭听到后很厌恶这事。在这之前，梁武帝以雍州作为边镇，把好几个州县的粮食运到那里，以充实仓库储备。萧恭却拿了很多官家的米，回家给自己的家人用。后来又有典签官陈保印侵夺克扣百姓利益，被庐陵王揭发，萧恭的事一并败露，被免除了官职。（选自《梁宗室恭传》）

慈心于物，灾祸不侵

梁宗室修，年十二，丁母忧，自荆州反葬。中江遇风，前后部伍多沉溺，修抱柩长号，血泪俱下，竟得无佗。葬讫，庐墓次。山中多猛兽，至是绝迹。野鸟驯狎，栖宿檐宇。武帝嘉之，以班告宗室。后官汉中，人号慈父。时有田一顷，将秋遇蝗，修躬至田所，深自咎责。或请捕之，修曰："此刺史无德所致，捕之何补？"言毕，忽有飞鸟千群，蔽日而至。瞬息之间，食虫遂尽而去，莫知何鸟。(《梁宗室修传》)

【译文】

梁宗室萧修在十二岁那年，母亲去世了，他从荆州送灵柩返回故乡安葬。船行到江中遇到大风浪，前后的随从兵士大多掉进水里面淹死了，萧修抱着母亲的棺柩放声大哭，伤心到血和泪一起流下来，最终竟安然无恙。埋葬了母亲后，他修筑草庐住在墓旁守丧。山中有很多猛兽，到他在时却都没了踪迹。野鸟很驯顺听话，栖息在他的屋檐下。梁武帝非常嘉许他，将他的孝行分发告知各宗室。后来萧修到汉中做官，由于以德施政，人们都敬称他为慈父。当时有一顷田在快到秋收时遇到了蝗灾，萧修亲自来到田里，深深反省忏悔自己的过失。有人劝他捕杀蝗虫，萧修说："这是我做刺史的没有德行，捕这些蝗虫又有什么用呢？"话音刚落，忽然来了上千群的鸟儿，飞来时几乎把太阳光都遮住了。瞬息之间把蝗虫吃光了才离去，没有人知道这是什么鸟。(选自《梁宗室修传》)

精诚所致，感天护佑

顾协[①]除新安令，遭母丧，送丧还。于峡江遇风，同旅皆漂溺，惟协一舫触石而泊焉。咸谓精诚所致。协自丁艰忧，遂终身布衣蔬食云。(《顾协传》)

【注释】

①顾协(470年~542年)：梁朝人，字正礼，吴郡吴人。梁武帝时期，官任通直散骑侍郎，又为鸿胪卿。

【译文】

顾协出任新安县令时，遭遇母亲去世，送母亲灵柩回家安葬。在峡江上遇到风暴，同行的旅客船只都漂散沉溺了，只有顾协乘坐的这条船触到石头停了下来。大家都说是由于他精诚的孝心感应所致。顾协自从父母亲去世后，就终身穿布衣吃素食。(选自《顾协传》)

家风至孝，天神护佑

庾域为怀宁太守，罢任归，妻子犹事井臼，自衣大布，余俸专充供养。母好鹤唳，域所在寻求，孜孜不息。一日双鹤来下，论者以为孝感所致。子子舆亦至孝。域守宁蜀，子舆随侍。域于路感心疾，每发必叫，子舆亦闷绝。域卒，哀痛将绝，奉丧还乡。巴东有淫预石，高出水面，二十许丈，次有瞿塘大滩，时秋水犹壮。部伍至此，石犹不见。子舆抚心长叫，水忽退减，安流南下。及度，水复旧。行人为之语曰："淫预如幞本不通，瞿塘水退为庾公。"初发蜀，有双鸠巢舟中。及至，又栖庐侧，每闻哭泣之声，必飞翔悲鸣。子舆欲为父立佛寺，未有定处。梦有僧谓曰："将修胜业，岭南原可即营造。"明旦访之，果见标度处所，有若人功，因立精舍。(《庾域子舆传》)

【译文】

庾域担任怀宁太守，卸任回家后，妻子和孩子仍亲自操持家务，自己也只穿粗布衣服，余下的俸禄全都拿来供养母亲。他的母亲喜欢听鹤叫，庾域到处去寻找鹤从不懈怠。有一天一对鹤自己飞下来，议论的人都认为是他的孝行感召来的。他的儿子庾子舆也有至诚孝心，庾域镇守宁蜀时，儿子子舆随行侍奉。庾域在路上突然犯了心脏病，每次发作都会大叫，子舆也会因痛苦而昏过去。

107

庾域去世后，子舆悲痛欲绝，送父亲灵柩回故乡安葬。巴东有一块淫预石，高出水面二十多丈，后面还有瞿塘大滩，秋天的江水更为壮阔。送葬队伍到达此地时，因为水大，石头淹在水中看不见。子舆摸着心口大声哭泣，江水忽然退下，石头出现，船队安然顺流南下。等他们过去后，水面又恢复了原来的高度。过路的人为他唱颂道："淫预石像头巾时本来不能通过的，瞿塘的水却为了庾公而退去。"刚从蜀地出发时，有一对鸠鸟在船上筑了窝，等回到故乡，又栖息在守灵的草庐旁。每次听到子舆哭泣的声音，一对鸟儿必定会飞翔哀鸣。子舆想要为父亲建造佛寺，还未选定地方时，梦见有一位僧人对他说："听说你要建造佛寺，可以建造在岭南原这个地方。"第二天一早子舆前去查看，果然见到那个地方有标示，就像有人暗中相助一样，于是就在此修建精舍。(选自《庾域子舆传》)

至诚诵经，三日疾愈

徐份性孝悌，父陵尝疾笃，份烧香泣涕，跪诵《孝经》，日夜不息。如是者三日，陵疾豁然而愈。(《徐份传》)

【译文】

徐份生性孝顺友悌，父亲徐陵曾经病得很重，徐份就烧香哭泣，跪着读诵《孝经》，白天晚上都不停息。这样诵了三天，徐陵的病一下子就痊愈了。(选自《徐份传》)

以直伤人，赐死狱中

傅縡①仕陈，负才使气，陵侮人物。为施文庆等所谮，被收下狱。愤恚上书，极论后主过失，遂赐死狱中。縡虽强直有才，而毒恶傲慢，为当世所疾。及死，有恶蛇屈尾来上灵床，当前受祭酹，去而复来者百余日，时时有弹指声。(《傅縡传》)

或以縡所上书，侃侃有直臣节，且善谈释典，会著《明道论》。疑恶蛇之说，或有讹传。然缚立朝已久，不闻匡谏，徒以被收系狱。愤恚上书，是托婞直之词，以逞其不平之胸臆，与出自忠爱之忱者正相反，其平时毒恶傲慢可知矣。若夫释氏之教，以柔和为先，以增上慢为大戒。缚此之不明，嗔习方张，遽沦恶道轮回变化，肇于一心，岂一知半解所能抵敌哉。

【注释】

①傅縡：字宜事，陈朝灵州人。父亲傅彝，任梁朝临沂县令。才华出众，善作文章。官至秘书监、右卫将军，兼中书通事舍人。

【译文】

傅縡在陈后主即位后任职，自负有才而盛气凌人，侮辱过一些朝臣。施文庆等人便一起说他的坏话，陈后主将傅縡抓起来关入狱中。傅縡愤慨上书，极力论说后主的过错，于是被赐死在狱中。傅縡虽然耿直有才干，但为人恶毒傲慢，被当世人所痛恨。当他死时，有毒蛇蜷屈着尾巴爬上灵床，在灵床前接受祭奠，离开了又回来，前后一百多天时间，时时听到有愤怒的弹指声。(选自《傅縡传》)

有人说傅縡上书的内容，理直气壮有直谏忠臣的气节，而且擅长讨论佛家经典，会同著书《明道论》，怀疑变成毒蛇这说法可能是谣传。但傅縡从政时间不短，没听到他匡正直谏，却被收入监狱。一怒之下上书，是假借直言进谏而表达仇恨不平的想法，与那些发心忠君爱国的赤诚之臣正好相反，从他平时的言辞毒辣和傲慢也可见一斑。如果是按佛祖的教诲，应该以柔和待人为先，以自认为胜过别人而傲慢为大戒。傅縡对此并不明了，嗔恨的习气一放纵，就沦落到恶道轮回之中，这都是由他的发心引起的，哪里是一知半解的人能替他辩护的。

丁忧至哀，梦母送药

邱杰①年十四，遭母丧。以熟菜有味，不尝于口。岁余，梦母曰："死止是分别耳，何事乃尔荼苦。汝啖生菜，遇虾蟆毒，灵床前有三丸药，可取服

之。"杰惊起,果得一瓯。瓯中有药,服之,下蝌蚪子数升,邱氏世保此瓯云。(《邱杰传》)

【注释】

①邱杰(420年~479年):字伟跱,南朝宋国吴兴(今浙江湖州市)人。

【译文】

邱杰14岁那年,母亲去世,从此就认为煮熟的菜有味道,不再吃熟菜。一年多以后,邱杰梦见母亲对他说:"死亡只是分别而已,你为什么要这样苦自己?你吃生的菜,中了虾蟆毒,灵床前有三粒药丸,可以拿去吃下。"邱杰惊醒过来,果然找到一个瓦盆,里面有药,把药吃下后,泻下了好几升的蝌蚪。邱家世代珍藏这个瓦盆。(选自《邱杰传》)

滴血寻尸,天佑孝子

孙法宗有至行,父被害海滨,法宗入海求尸。闻父子以血沥骨,常即渍浸,乃操刀沿海,见枯骸则刻肉灌血。十余年,臂胫无完肤,终不能逢。遂终身衰绖,常居墓所。山禽野兽,皆悉驯附。每麋鹿触纲,必解放之,偿以钱物。后忽苦头创,夜有女人至曰:"我是天使,来相谢,行创本不关善人,使者远相及,可取牛粪汁傅之,即差。"如其言果验,遂传其方,一境赖之。(《孙法宗传》)

【译文】

孙法宗有至孝的德行,父亲遇难被杀死在海边,孙法宗到沿海一带去寻找父亲的尸骨。听说父子的血滴在对方骨头上,会立刻渗透进去,于是拿着刀子沿海边寻找,见到干枯尸骨就刺出自己的血滴上去,检验是不是父亲的尸骨。十多年后,手臂和小腿上没有一块完好的皮肤,但还是没能找到父亲的尸骨。于是终身穿着孝服,常住在墓地旁守孝。山里的野兽和飞禽都被他驯服,每次遇到麋鹿掉进猎人的罗网，他一定会去放生，然后用钱物赔偿给猎人。后来他头上长了疮很痛苦，夜里有位女子来对他说："我是天上的使者，是来感谢您的，本来头疮病是不会感染给好人的，但派来的人错施到了您身上，可以拿牛粪汁敷在疮上，很快就会好了。"孙法宗照她的话做果然灵验，于是把这个药方传播开，那个地方患头疮的人都靠这办法治好了。（选自《孙法宗传》）

至孝守丧，疾差冬实

王虚之丧亲，二十五年盐酢不入口，疾病着床。忽有一人来问病，谓曰："君病寻差。"俄不见，疾果差。庭中杨梅树隆冬三实。又每夜所居室有光如烛。墓上橘树，一冬再实。（《王虚之传》）

【译文】

王虚之父母去世后，二十五年都没吃过烹调的食物。他有次生病卧床，忽然有人来看望他，对他说："你的病很快就会好的。"瞬间人就不见了，病果然好了。他家庭院中的杨梅树，在冬天最冷时结了三次果实。每天夜里他所居住屋中有像烛火一样的光亮。他在双亲墓地上种的橘树，一个冬天结了两次果。（选自《王虚之传》）

母病积年，诚祷赐药

萧叡明母病风，积年沉卧，叡明昼夜祈祷。时寒，泪为之冰。忽有一人以小石函授之曰："此疗夫人病。"忽不见。以函奉母，函中惟三寸绢，书"日月"字，母服之即平复。（《萧叡明传》）

【译文】

萧叡明母亲害风湿病，多年卧病在床，萧叡明日夜为母亲祈祷。当时天冷，他脸上的泪都结成了冰。忽然有人给他一个小石盒子，并对他说："这个可以治老夫人的病。"转眼人就不见了。萧叡明把小石盒子拿给母亲，里面只有三寸绢布，用红丹写着"日月"的字样，母亲服了红丹很快就痊愈了。(选自《萧叡明传》)

大逆不孝，痢血而死

于时有朱绪者无行。母病经年，忽思菰羹，绪妻到市买菰，为羹奉母。绪曰："病复安能食，先尝之。"遂并食尽。母怒曰："我病欲此羹，汝何心并啖尽。天若有知，当令汝哽死。"绪即利血，明日而死。(《萧叡明传》)

【译文】

当时有一个官员叫朱绪品行不端，他的母亲病了好几年，忽然想吃蘑菇羹，朱绪的妻子到市场上买回蘑菇，做成羹汤给婆婆吃。朱绪说："生病怎么能吃东西呢？让我先尝尝吧。"于是把蘑菇羹全吃光了。母亲生气地说："我生病想吃这种羹汤，你怎么能忍心全都吃光了，如果上天有灵，就应该让你噎死。"朱绪很快就便血，第二天就死了。(选自《萧叡明传》)

母疾诚祷，仙君赐方

萧矫妻羊氏字淑祎，居父丧，哭辄吐血。母疾，淑祎中夜祈祷，忽见一人在树下，自称枯桑君。曰："若人无患，今泄气在亥，西南求白石镇之。"言讫不见。明日如言，而疾愈。(《萧矫妻羊传》)

【译文】

萧矫的妻子羊氏，字淑祎，性情极为孝顺，为父亲守丧时，常常恸哭到吐血。母亲生病了，羊氏在半夜祈祷，忽然看见一人立在树下，自称是枯桑君，对她说："如果想要人没有病，现在人泄气在亥时，到西南方找一块白石头压住它。"说完就不见了。第二天羊氏照此人话去做，果然母亲病好了。(选自《萧矫妻羊传》)

盲女至孝，哭父目明

又永兴王氏女，五岁，得毒病，两目皆盲。性至孝，年二十，父死，临尸一叫，眼皆血出。小妹娥舐其血，左目即开。（《萧矫妻羊传》）

【译文】

还有永兴王家的女儿，五岁时得了重病，双眼都失明了。这女子却性情至孝，二十岁那年父亲过世，对着父亲的尸体大声哭叫，眼睛里面流出血来。小妹王娥舔她眼睛上的血，她的左眼就复明了。（选自《萧矫妻羊传》）

孝养废亲，神助疗疾

又诸暨屠氏女，父母废疾，亲戚相弃。女昼采樵、夜纺绩，以供养。亲亡，负土成坟。忽空中有声云："汝至性可重，山神当效驱使，汝可为人疗病。"时邻舍人有患溪蜮毒者，女试疗之，即愈。以后为人疗疾，无不验，家产日益。（《萧矫妻羊传》）

【译文】

还有诸暨屠家的女儿，父母都得了很重的病，亲戚们都嫌弃他们，屠家女白天砍柴，夜晚纺布，用自己的劳动供养父母。父母亲去世后，她亲自背土筑坟，忽然听到空中传来声音说："你淳厚的性情很可贵，山神愿意帮助你，你可以为人治病。"邻居中有人中了蛤蟆毒，屠家女试着给人治疗，很快病就好了。之后一直为人看病，没有不治愈的，家产一天天增多了。（选自《萧矫妻羊传》）

为母诚祷，天赐良药

解叔谦母有疾，叔谦夜于庭中稽颡祈祷，闻空中语云："此病得丁公藤为酒，便差。"即访医家，及《本草注》，皆无识者。乃求访至宜都郡，遥见山中一老公伐木，问其所用。答曰："此丁公藤能治病，疗风尤验。"叔谦便拜伏流涕，具言来意。此公怆然，以四段与之，并示以渍酒法。叔谦受之，顾视此人，不复知处。依法为酒，母病即差。(《解叔谦传》)

【译文】

解叔谦母亲生病，他夜里在庭院中磕头祈祷，听到空中有声音说："这病如果得到丁公藤做酒，喝下就会好。"他立刻去访问医生，并阅读《本草注》，但都没有认识丁公藤的。于是解叔谦一路访求到了宜都郡，远远看见山上有位老人家在砍树，就问他砍来做什么用。老翁回答说："这是丁公藤，能治病，治疗风湿更是有效。"解叔谦就跪倒在地，流泪说明自己的来意。老人听了很感动，把四段丁公藤交给他，并教给他浸酒的方法。解叔谦收下了，回头再看此人，就没影了。他按照老人教的方法做酒，母亲服下病就好了。(选自《解叔谦传》)

母亡经日，至哀竟苏

又有庐陵匡昕者，有至性。隐金华山，服食不与俗人交。母病亡已经日，昕奔还号叫，母即苏。皆以为孝感所致。(《解叔谦传》)

【译文】

还有庐陵的匡昕，有淳朴的品行，隐居在金华山，服食仙丹，不与世俗人交往。母亲病死已经一天了，匡昕知道后奔跑回家痛哭哀号，母亲竟然苏醒过来。人们都认为是孝心感动天地产生的奇迹。(选自《解叔谦传》)

微言谮贤，乌啄其口

司马申，陈后主时为右卫将军，颇作威福。长应对，能候人主颜色。有忤己者，必以微言谮之。尝昼寝于尚书下省，有乌啄其口，流血及地。时论

以为谮贤之报也。(《司马申传》)

【译文】
　　司马申在陈后主时担任右卫将军，很是作威作福。他擅长应对，对答如流，见上司很会察言观色。有不顺从自己的人，他一定会编坏话去诬陷他。司马申曾经看书睡着在尚书下省，有乌鸦来啄他的嘴，嘴破了血都流到了地上。当时的议论者认为这正是他诬陷贤臣的报应。(选自《司马申传》)

魏 书

陷人冤枉，未几见杀

宗室寿兴为中庶子，时王显贱，寿兴尝因事杖之。及显有宠，诬寿兴罪，遂赐死。寿兴谓其子曰："吾棺中可着百张纸，笔二枚，吾欲讼显于地下，百日内必取显。"寿兴死。未几，显寻被杀。(《寿兴传》)

【译文】
宗室拓跋寿兴担任中庶子时，王显身份低贱，寿兴曾经因为他做错了事而杖打过他。等到王显得宠后，诬陷寿兴有谋反之罪，于是寿兴被赐死。寿兴对他的儿子说："我的棺材里面放一百张纸和两支笔，我要在地下诉讼王显，一百天之内一定能取王显的性命。"寿兴死后，没过多久，王显就被诛杀了。(选自《寿兴传》)

布施散生，病差为僧

宗室太兴袭爵京兆王。遇患，请诸沙门行道，所有资财，一时布施，乞求病愈，名曰散生斋。及斋后，僧皆四散，有一沙门方至，云乞斋余食。太兴戏之曰："斋食已尽，唯有酒肉。"沙门曰："亦能食之。"因出酒一斗，羊脚一只，食尽，犹云不饱。辞出后，酒肉俱在。出门追之，无所见。太兴遂佛前乞愿，向者之师当非俗人，若此病得差，即舍王爵入道。未几便愈，遂请为沙门，诏许焉。(《京兆王太兴传》)

【译文】

　　魏朝宗室拓跋太兴继承父亲的爵位,做了京兆王。有一次他生了病,请僧人来做法事,把自己所有的财产都布施出去,以乞求疾病痊愈,这种法事称为"散生斋"。等到斋礼完毕,僧人们都四散走了,有一位出家人才来,说是想乞讨斋会剩余的食物。太兴与他开玩笑说:"斋会的素食都吃光了,只剩下酒和肉。"出家人说:"这个也可以吃。"太兴就拿出一斗酒和一只羊腿,出家人吃完了,还说没有吃饱。等到出家人告辞离开后,酒和肉都还在。太兴忙出门去追他,却看不见人了。太兴于是在佛前许愿:刚才那位师父恐怕不是平常人,如果我的病痊愈了,我立刻放弃爵位出家修行。没过多久太兴病就好了,他上奏请求出家做僧人,皇帝下诏同意了。(选自《京兆王太兴传》)

鞭罚神像,疽发暴亡

　　宗室桢为相州刺史,以旱祈雨于群神。邺城有石季龙庙,人奉祀之。桢告神像:"三日不雨,当加鞭罚。"请雨不验,遂鞭像一百。是月,疽发背死。(《南安王桢传》)

【译文】

　　魏朝宗室南安王拓跋桢担任相州刺史时,因为天旱向众神祈求下雨。邺城有座石季龙庙,人们都在此祭祀庙神。拓跋桢告诉庙神说:"三天之内如果不下雨,我就用皮鞭抽打来惩罚你。"这样求雨不灵验,拓跋桢就鞭打神像一百下。当月,背上长了毒疮,不治而死。(选自《南安王桢传》)

贪暴嗜杀,受报见杀

　　宗室熙[①]即桢之孙也,每从其父英征伐。在军贪暴,或因迎降逐北,至有斩杀无辜,多增首级,以为功状。又于忠之诬郭祚[②]、裴植也,忠意未决害之,由熙劝奖,遂至极法。及熙为元义所杀,识者以为有报应焉。(《南安

王桢传》)

【注释】

①拓跋熙（399年~421年）：南北朝时期北魏开国皇帝道武帝第三子,明元帝拓跋嗣三弟。

②郭祚（448年~515年）,字季祐,南北朝北魏太原晋阳（今太原市南郊古城营）人。为当时的重要谋臣之一。

【译文】

魏朝宗室拓跋熙是拓跋桢的孙子,时常跟随父亲拓跋英征战讨伐。拓跋熙在军中贪婪残暴,有时因为招纳降兵和追击溃逃者,会做斩杀无辜的事,冒充杀敌首级,来增加自己的功劳。另外于忠在诬陷郭祚和裴植时,于忠本意没有想杀害他们,但因为拓跋熙的劝说怂恿,才将他们处以死刑。等到拓跋熙被元乂杀死时,见多识广的人都认为是因果报应。（选自《南安王桢传》)

陷人冤枉,为祟而死

于忠为侍中领军将军,遂执朝政,权倾一时。尚书左仆射郭祚,尚书裴植,以忠权势日盛,劝高阳王雍出之。忠闻之,逼有司诬奏祚与植罪,矫诏杀之。朝野愤忿,无不切齿。又欲杀高阳王雍,赖侍中崔光固执乃止。神龟元年三月,寝疾,见裴郭为祟而死。(《于栗䃠传》)

【译文】

于忠担任侍中领军将军时,执掌朝纲,权倾一时。尚书左仆射郭祚和尚书裴植认为他权势日盛一日,劝高阳王拓跋雍放逐于忠。于忠听说后,逼着有关官员诬陷郭祚和裴植有罪,还假托皇帝诏书杀害他们。朝廷和民间都怨声四起,没有不咬牙切齿的。而且于忠还想把高阳王拓跋雍也杀掉,幸好侍中崔光坚决反对才罢休。神龟元年（518年）三月,于忠得病卧床不起,见到裴植和郭祚的

鬼魂作祟，就死掉了。（选自《于栗䃅传》）

不敬经书，辱虐至死

崔浩[①]非毁佛法，而妻郭氏颇敬好释典。浩怒取而焚之，捐灰厕中。及浩以国书事获罪，诏幽浩置槛内，送于城南，使卫士数十人溲其上，呼声嗷嗷，闻于行路。宰司之被戮，未有如浩者，世皆以为报应之验。（《崔浩传》）

西方之国有圣人焉，其为教推本还原，穷幽极博，即其别白因果。惩恶劝善，于王法亦有助焉。世人狃于积习，肆口诋诬，自附儒者。呜呼，何其愚也。崔浩说魏主焚毁经像，屠灭沙门。即以儒道论，岂所谓有举无废，与大德曰生之旨耶。时寇谦之苦与浩争，谓浩曰："卿今促年受戮，灭门户矣。"浩卒不听，不旋踵而杀身夷族，岂足惜哉。

【注释】

①崔浩（？~450年）：字伯渊，小名桃简，清河郡武城（今河北清河县）人。南北朝时期的北魏政治家，官至司徒。

【译文】

崔浩非难诋毁佛法，而妻子郭氏很信奉喜爱佛教经典。崔浩一生气就把这些经典拿来焚烧，把灰丢进厕所里。等到崔浩因为国书的事情被认定有罪时，下诏将崔浩囚禁，关在囚车里，押送到城南。有几十名卫士往他头上撒尿，折磨得他嗷嗷直叫，路过的人都能听到。从来辅政大臣受刑时，没有像崔浩这样受侮辱的。世人都认为这是遭到了报应。（选自《崔浩传》）

西方佛国有圣人教化世间，这种教育追根溯源，演说宇宙根本真相，极其深邃广博。它教人分辨因果规律，惩罚罪恶，劝人向善，对于国家法度推行也是有帮助的。世间人拘泥于积累的习气，肆意出言诋毁诬蔑，还以儒者自居。哎，多么愚昧啊！崔浩竟怂恿魏国君烧毁佛教经像，屠杀出家僧人。即便以儒家道家的观点来看，都教人要扶助而不要杀伤，这哪里和《易经》上所说的天地

119

之大德在于生养万物相合呢。当时寇谦苦苦与崔浩争执,对崔浩说:"你这样做过不了几年就要遭到杀戮,会招来灭门的灾难。"崔浩最终还是不听,很短的时间就招来杀身灭族的灾祸,难道还值得惋惜吗?

泛施爱人,福及后世

刁肃,平南将军雍①之子也。雍泛施爱士,恬静寡欲,笃信佛道,卒年九十五。肃少不拘小节,长更修改。尝经笃疾几死,见神明救免,言是福门之子,当享长年。肃拜龙骧将军、洛州刺史,卒年七十六。(《刁雍传》)

【注释】

①刁雍(390年~484年):字淑和,南朝渤海饶安(今河北孟村南)人。赠仪同三司、冀州刺史,谥曰简。笃信佛教,著《教诫》二十余篇。

【译文】

刁肃是平南将军刁雍的儿子,刁雍普济施舍,提携寒士,恬淡少欲,深信佛法,95岁那年故去。刁肃年少时行为不检点,长大之后改过自新。曾经病重差点儿就死去,看见有神明来搭救才得以幸免,说他是修福人家的孩子,应当会长寿。刁肃后来担任龙骧将军、洛州刺史,76岁去世。(选自《刁雍传》)

救雉放生,夜梦拜谢

裴安祖会舍于树下,有鸷鸟逐雉,雉急投之,遂触树而死。安祖愍之乃取置阴地,徐徐护视,良久得苏,喜而放之。夜梦一丈夫,衣冠甚伟,着绣衣曲领,向安祖再拜。安祖怪问之,此人云:"感君见放,故来谢德。"安祖年至八十三卒。(《裴安祖传》)

【译文】

裴安祖曾经在树下休息,有一只鹰追逐一只野鸡,野鸡急逃时飞向他,后撞树而死。裴安祖可怜它就将它放到阴凉地方，细心地看护它，过了很久野鸡苏醒过来，裴安祖高兴地将它放生。晚上梦见一位男子，衣冠服饰很华美，穿着绣花圆领的衣服，向裴安祖拜了两拜。裴安祖有些奇怪，问来人何意。此人回答说："感念您前日放我走，所以来拜谢您的恩德。"裴安祖一直活到83岁过世。（选自《裴安祖传》）

诬告恩公，被谮伏诛

李欣为相州刺史，政颇清简，后以事为兵人所告，尚书李敷与欣少长相好每左右之。或有劝敷以奏闻，敷不许。及献文诏问欣罪状，会敷亦为上所嫌。有司讽以中旨，诬列敷罪，欣从其言。敷坐是得罪，欣得免死。后起官，信任赵郡范檦，倚为腹心。檦后希文明太后旨，告欣外叛，欣辨其无，檦为之证实。欣曰："尔不念余之厚德，而忍为此不仁乎！"檦曰："公德于檦，何若李敷之德于公？公昔忍于敷，檦今敢不忍于公乎？"欣不能对，遂伏诛。（《李欣传》）

【译文】

李欣担任相州刺史，为政非常清廉，后来因为一些事被士兵和百姓状告，尚书李敷和李欣从小关系就很好，每次都袒护他。有人劝李敷上奏皇帝，李敷没同意。等到北魏显祖听说了李欣的罪状，李敷也被皇上疏远，有关部门的人婉转告诉李欣皇帝的诏谕，让他诬告揭发李敷的罪行，李欣照做了。李敷就被定了罪，李欣因此而免于死刑。后来李欣又被起用做官，他举用并信任赵郡的范檦，倚重他为心腹之人。范檦后来为了迎合文明太后的旨意，告发李欣叛乱，李欣争辩没有此事，范檦却做证说他有罪。李欣说："你不顾我对你的厚德，而忍心做这样不仁义的事情啊！"范檦说："你对我的恩德，哪里比得上李敷对你的恩德呢？你以前忍心害李敷，我又怎么会不忍心害你呢？"李欣无言以对，于是被诛杀了。（选自《李欣传》）

乐善好施,安享百年

高允①雅信佛法,常设斋,讲好生恶杀。献文平青齐,徙其族望于代,多允姻媾,徒步造门,允散财竭产,以相赡赈。每谓人曰:"吾在中书时,有阴德,济救人命。若阳报不差,吾寿应享百年。"允位至光禄大夫,隆重朝廷,当世荣之。卒年九十八。卒之前,微有不适,不寝卧,吟咏如常。(《高允传》)

【注释】

①高允(390年~487年):南北朝北魏大臣。字伯恭,渤海蓨(今河北景县)人。历仕郡功曹、中书博士、侍郎,修国记,以经授太子,以修史暴露国恶罪将受极刑,太子营救获免。后拜中书令、封咸阳公。

【译文】

高允素来信奉佛道,常常设坛弘法,宣讲好生恶杀的道理。在平定青齐后,皇上把名门望族都迁徙到代这个地方。其中有很多是高允的亲戚,都步行来拜访高允,高允竭尽全力倾囊相助,来接济他们的生活。每每对别人说:"我在中书省的时候,因为救济别人的性命,积累了些阴德,如果在人间得到的报应没差错的话,我应该能活到一百岁。"高允后来官至光禄大夫,在朝廷位高权重,受到世人的尊敬。九十八岁那年去世,在死之前,稍微感觉不太舒服,但没有卧床休养,还能像往常一样吟咏诗文。(选自《高允传》)

善心化人,险境不危

崔挺①为光州刺史,风化大行。州治有斧山,挺于顶上,欲营观宇,故老曰:"此岭夏秋之际,常有暴雨迅风,岩石尽落。相传云,是龙道,恐此观不可久立。"挺不信,遂营之。数年间,果无风雨之异。挺既代,即为风雹所毁,于后作复寻坏,遂莫能立。众以为善化所感。(《崔挺传》)

【注释】

①崔挺(445年~503年)：南北朝时北魏博陵安平(今属河北)人，字双根。孝文帝娶其女为嫔。曾任中书博士，转中书侍郎。后任光州刺史，有政绩。

【译文】

崔挺担任光州刺史时，治理有方正气流行。州的治所旁有一座斧山，崔挺想在山顶建造庙宇。年长识广的人说："这山岭在夏秋相交之际，常有暴风骤雨，使岩石掉落下来。历代相传说是龙行走的道路，恐怕这庙宇不能长久存在。"崔挺不相信，还是修建了庙宇，几年之内，果然没有异常风雨灾害。崔挺的官职被替代后，庙宇就被大风冰雹毁坏，此后再修造还是被毁坏，最终还是不能建成。众人认为是神灵被崔挺的善政感化，才在他当政时保庙宇平安。(选自《崔挺传》)

纵暴杀伤，楚极而卒

李彪为御史中尉，号为严酷。以奸款难得，乃为木手，击其胁腋，气绝而复属者时有焉。及彪病，体上往往创溃，病毒备极而卒。(《李彪传》)

【译文】

李彪担任御史中尉时，以严施酷刑而闻名。他觉得奸佞之人很难服法，就做了一只木手，用来击打犯人的胁下和腋窝，经常有人被打得死去活来。等到李彪生病时，身体上到处是毒疮溃烂，病重得极其痛苦而死去。(选自《李彪传》)

焚首数千，焦烂而卒

张彝为征西将军、冀州大中正，第二子仲瑀，上封事排抑武人。由是众口喧喧，羽林武贲将几千人，相率至尚书省，求其长子尚书郎始均，不获。遂直造其第，曳彝捶挞，焚其屋宇。始均回救其父，羽林等就加殴击，生投之于烟火中。及得尸骸，不复可识，惟以髻中小钗为验。彝亦寻卒。初大乘贼之乱，都督元遥讨之，积尸数万。时始均以郎中为行台，忿军士以首级为功，令捡集人首数千，一时焚爇，至于灰烬，用息侥幸。见者莫不伤心。及始均之死也，在烟炭之间，有焦烂之痛。论者推咎焉。(《张彝传》)

【译文】

张彝被封为征西将军、冀州大中正，他的二儿子张仲瑀密奏皇帝，建议排斥压制武官。于是众人议论纷纷，羽林军和虎贲军有几千兵士，结队到尚书省，索要张彝的长子尚书郎张始均，未能如愿。于是直接聚集到张彝的府第，把张彝拖到堂下，任意殴打，还放火烧他家的房子。张始均赶回家营救父亲，羽林军士等就殴打他，活活把他扔到火里。后来人们找到他的尸首，却已经无法辨认，只能根据头发上的小钗来验证。张彝也很快死去了。当初大乘贼起兵作乱，都督元遥带兵讨伐，杀戮后堆积的尸体有几万具。那时张始均以郎中的职衔在行台任职，气愤军士们为了多攒首级邀功，就命令收集数千人头，一起焚烧，直到烧成灰烬，来阻止那些想侥幸贪功的人，但见到焚烧场面的人都觉伤心。等到张始均死时，也是在火中挣扎，受焚烧焦烂的痛苦。有人议论他是因为焚烧人头才死时得此报应。(选自《张彝传》)

陷人冤枉，百日病卒

韦伯昕自以才智优于裴植，常轻之，植亦疾之如仇。及伯昕为中垒将军，告尚书裴植谋为废黜，植坐死。后百余日，伯昕亦病卒。临亡，见植为祟。口云："裴尚书死，不独见由，何以见怒。"遂死。(《裴叔业传》)

【译文】

韦伯昕自以为才智胜过裴植，常常看不起他，裴植也视作仇人一样，憎恶韦伯昕。等到韦伯昕升任中垒将军，状告尚书裴植想将皇帝废掉，裴植因此被杀。过了一百多天，韦伯昕也病死了，临死前见到裴植的鬼魂作祟。他口里说："裴尚

书的死,不光是我一个人的责任,为什么唯独对我发怒啊。"然后就死了。(选自《裴叔业传》)

酗酒败家,楚痛而死

夏侯道迁历官华瀛二州刺史,封濮阳侯,既卒。长子夬性好酒,居丧不戚,醇醪肥鲜不离于口。父时田园,货卖略尽,弟妹不免饥寒。初道迁知夬好酒,不欲传授国封。后夬忽梦征虏将军房世宝,至其家听事,与其父坐,屏人密语。夬心惧曰:"世宝为官,必击我也。"寻有人呼夬去,遣左右杖之二百,不胜楚痛,大叫。良久乃寤,流汗彻衣。梦后,二日不能言,针之乃得语,而犹虚劣。俄而心闷而死。洗浴者视其尸体大有杖处,青赤隐起数百许下。(《夏侯夬传》)

酒祸酷矣,然罕有遭冥谴者。夬之受罚于父,何重也。夫嗜酒者神志必昏,神志昏则鬼神皆得而侮之,况徇口腹而堕堂构者乎。昔陶侃[1]饮酒有定限,常欢有余而限已竭。或劝少进,凄然曰:"年少有酒失,慈亲见约,故不敢逾君子之守身事亲可知矣。"

【注释】

[1]陶侃(259年~334年):字士行。江西鄱阳人,晋朝名将。出身寒门的陶侃最终坐上太尉之位,并掌握重兵,都督八州军事并任荆江两州刺史,曾建杉庵读书于岳麓山。

【译文】

夏侯道迁历任华瀛两州的刺史,被封为濮阳侯,后来过世了。他的长子夏侯夬生性好饮酒,为父亲守丧期间也不悲伤,美酒鲜肉不离口。父亲留下的田园快被他卖完了,弟弟妹妹也都不免忍受饥饿。当初夏侯道迁知道儿子好酒贪杯,不想把所封的爵位传授给他。后来夏侯夬忽然梦见征虏将军房世宝来到他家办事,与父亲坐在一起,避开旁人秘密商量着事情。夏侯夬心里很害怕地说："房世宝来执行公务，必定是来打我的。"不一会儿有人传叫夏侯夬，派左右打他二百杖刑。他疼痛难忍，大声喊叫，很久才从梦中醒来，流的汗浸透了衣服。梦醒后，两天不能言语，用针灸治疗后才能讲话，但身体更加虚弱不堪，不久就心闷而死。帮他洗身子的人看到他的尸体上有很多被杖击打过的地方，伤痕青一块紫一块，隐隐浮现有几百道。（选自《夏侯夬传》）

贪酒的祸害是很严酷的，但也很少有遭到幽冥界神灵谴责的，夏侯夬是受到父亲亡灵的惩罚，多么惨重啊。酗酒的人神志必定不清楚，神志昏沉就会引得鬼神都能侮辱他，更何况为了口腹之欲杀生还出卖祖上田产呢？过去晋朝时的陶侃饮酒给自己定下限量，常常畅饮未尽兴而限量已到，有人就劝他少喝些，他感伤地说："年轻时候饮酒有过失，还有双亲来约束，所以不敢超越君子的操守，事奉双亲时就知道了。"

鞭毁神像，父子俱亡

奚康生①为相州刺史，以天旱，令人鞭石季龙②像。复就西门豹③祠求雨不获，令吏取豹舌。未几二儿暴丧，身亦遇疾。巫以为季龙豹之祟。（《奚康生传》）

【注释】

①奚康生（467年~521年）：本姓达奚，河南阳翟人。北魏宣武帝时期的一名武将。其祖先居代郡，世代为部落头领。

②石季龙（295年~349年）：原名石虎，字季龙，中国五代十六国时期中，后赵的第三位皇帝。庙号太祖，谥号武帝。被评为五代十六国中的暴君。

③西门豹：战国时代魏国人，政治家及水利专家。魏文侯在位期间，发动民众开凿了十二条运河，引河水灌溉民田。这些运河历史上称为西门豹渠。

【译文】

奚康生担任相州刺史时，遇到大旱天灾，他命令人鞭打石季龙的雕像。他又到供奉西门豹的祠堂求雨，没有应验，命令人挖取西门豹像的舌头。没过多

久他的两个儿子暴病而亡,自己也得了病。巫师认为是石季龙和西门豹的鬼魂来报复。(选自《奚康生传》)

滥杀淫泆,梦断其头

尔朱世隆为尚书令,生杀自由,公行淫泆。曾书寝,其妻奚氏忽见一人持世隆首去。奚氏惊怖就视,而世隆寝如故也。既觉谓妻曰:"向梦人断吾头去,意殊不适。"未几见诛。(《尔朱世隆传》)

【译文】
　　尔朱世隆任尚书令时,对生杀大事很轻率,公然做淫乱的事。有一次尔朱世隆看着书睡着了,他的妻子奚氏忽然看见一个人拿着尔朱世隆的首级离去,奚氏惊恐害怕,急忙过去看,但尔朱世隆像没事一样地睡着。醒来之后,他对妻子说:"刚才梦见有人把我的头砍断拿走了,心里很不舒服。"没过多久,他就被杀了。(选自《尔朱世隆传》)

至心诵经,枷脱免死

　　卢景裕[1]好释氏,通其大义。时天竺沙门道悕,每译诸经论,辄托景裕为之序。元象元年,河门邢摩纳与景裕从兄仲礼据乡作逆,事败。景裕亦系晋阳狱,至心诵经,枷锁自脱,后竟免。是时又有人负罪当死,梦沙门教以经。觉时,如所梦诵千遍,临刑刃折。主者以闻,赦之。此经遂行于世。号曰《高王观世音》。(《卢景裕传》)

【注释】
　　[1]卢景裕(?~542年):字仲孺,小字白头,北魏范阳涿郡人,为卢植后代,其父为卢静。以经学闻名,官至国子博士。

【译文】

卢景裕喜好佛道,精通佛法大义,当时天竺国僧人道俙,每次翻译完佛教经论,就请卢景裕为经书作序。元象元年(公元538年)河门的邢摩纳和卢景裕的堂兄卢仲礼占据本乡谋反,后来失败。卢景裕也被关在晋阳监狱中,用至诚的心念经,枷锁自行解脱,后来竟然被免罪。当时还有某人犯罪应当处死,梦中有出家人教他诵经,醒来后,按照梦中所学读诵千遍佛经,临行刑时,刀刃被折断,主刑官听说后上报,就赦免了那个人。这部经就在世间流传下来,名叫《高王观世音经》。(选自《卢景裕传》)

祭祖至诚,标闾复役

吴悉达父母为人所杀,兄弟三人年并幼小,四时号慕,悲感乡里。及长报仇,避地永安。后欲改葬,亡失坟墓,推寻弗获。昼夜号哭不止,叫诉神祇。忽于悉达足下地陷,得父铭记。因迁葬曾祖以下三世九丧,哀感毁悴,有过初丧。有司奏闻,标闾复役,以彰其孝。(《吴悉达传》)

【译文】

吴悉达父母被人所杀,兄弟三人年纪都很小,他们四时哀哭悼念,悲痛之情感动乡亲。他们长大替父母报仇后,到永安避难。吴悉达后来想将父母改葬,但找不到以前的坟墓了,到处探寻不着。他日夜不停地号哭,呼唤神灵。忽然,在吴悉达的脚下土地塌陷,找到了父亲的墓碑。于是他迁葬了曾祖以下三代九人的坟墓,哀伤不绝令吴悉达身体憔悴,比刚丧亲人还要悲痛。有官员将此事上奏皇帝,为他家标榜门庭免除徭役,以表彰他们的孝行。(选自《吴悉达传》)

兄弟至孝,风暴无犯

王崇兄弟并以孝称,母丧,杖而后起,鬓发堕落。母丧阕后,丁父忧,哀毁过礼。是年夏,风雹所过之处,禽兽暴死,草木摧折。至崇田畔,风雹便

止,禾麦十顷,并无损落。及过崇地,风雹如初。咸称至行所感。(《王崇传》)

【译文】

王崇兄弟都以孝顺著称,母亲过世时,他悲伤到撑着拐杖才能站起,两鬓的头发都脱落了。母亲的丧期刚满,父亲又过世了,哀伤的程度超过了常礼。这年夏天,刮大风下冰雹,风暴所过之处禽兽都被打死,草木摧毁枯折。但到了王崇家的田地边,大风和冰雹却停止了,十顷的禾麦竟然没有受损。等过了王崇家的田地,大风和冰雹又恢复如初,大家都说这是他至诚孝行所感应的。(选自《王崇传》)

忠义守城,天雨相助

苟金龙为梓潼太守,梁人攻围,会金龙病,妻刘氏率兵士守城。井在城外,城中绝水渴死者多。刘集众喻以忠义,相率告诉于天,俱时号叫。俄而澍雨,出布绢衣服悬之城内,绞而取水。所有杂器悉储之,于是人心益固。会援兵至,得免。(《苟金龙妻刘氏传》)

【译文】

苟金龙任梓潼太守,梁朝人率兵围攻,不巧金龙生病,他的妻子刘氏率领兵士守城。水井在城外,城中断了水源,许多人被渴死。刘氏集合大家,晓之以尽忠守节的大义,大家就一起向上天祷告,同时大声呼喊。不一会儿大雨倾盆而下,大家都拿出布匹绸绢和衣服悬挂起来接雨,再把它们拧干取水。所有人家的各种容器都拿来储水,于是守城军民人心更加坚定。很快援兵到了,全城得以幸免。(选自《苟金龙妻刘氏传》)

恩将仇报,见崇病卒

张骏私署凉州牧西平公,始其祖张轨之保凉州也,由阴澹之力。至是

骏以阴氏门宗强盛,忌之。乃逼澹弟鉴令自杀,由是大失人情。骏既病,见鉴为祟,遂死。(《张骏传》)

【译文】
　　张骏自封为凉州牧西平公,当初他的祖父张轨保有凉州时,都是靠阴澹的力量。到了张骏的时候,他认为阴氏太强盛,生起防备之心,就逼着阴澹的弟弟阴鉴自杀,因此大失人心。张骏生病时,见到阴鉴的鬼魂作祟,没多久就死掉了。(选自《张骏传》)

北齐书

夜传凶兆,战败自尽

窦泰①天平中为御史中尉,神武②西讨,令泰自潼关入。未行之前夜三更,忽有朱衣冠帻数千人入台云:"收窦中尉。"宿直兵吏皆惊,其人入数屋,俄顷而去。旦视关键不异,方知非人。皆知其必败。果为周文帝所袭,遂自杀。(《窦泰传》)

【注释】

①窦泰(?~537年):字世宁,大安捍殊人。死后朝廷赠大司马、太尉、录尚书事,谥武贞。窦泰妻与神武帝高欢的正室武明娄后是姐妹。

②北齐神武帝高欢(496年~547年):鲜卑名为贺六浑,祖籍渤海郡蓨县(今河北景县南),世居怀朔镇(今内蒙古包头东北),成为鲜卑化的汉人。他是东魏权臣,也是北齐的奠基人。高欢之子高洋篡魏登基后,追尊高欢为北齐高祖神武帝。

【译文】

东魏天平年间,窦泰担任御史中尉,神武帝高欢向西征讨,命令窦泰率兵向潼关进军。窦泰动身的前一天夜半三更,忽然看见几千位身穿红衣戴着红头巾的人走进官衙来,说:"把窦中尉带走。"值晚班的兵吏都十分惊恐,这些红衣人分别进了几间屋子,不一会儿就离开了。窦泰早晨起床察看门锁并无异样,这才明白昨夜的闯入者不是人。人们都认为窦泰一定会战败。窦泰果然遭周文帝的偷袭,全军覆没,窦泰自杀身亡。(选自《窦泰传》)

睚眦必报，家门殄灭

高隆之①官太保，为崔季舒等所谮，文帝令壮士筑百余下，竟致死。后复杀其子德枢等二十人，发隆之冢，斩截骸骨。初隆之见信高祖，性阴毒，睚眦之忿无不报之。仪同三司崔孝芬，以结婚姻不果；太府卿任集，以同知营构事，多相乖异；瀛州刺史元晏，以请托不遂。前后构成其罪，并诛害之。终至家门殄灭，论者谓有报应焉。(《高隆之传》)

【注释】
①高隆之：本姓徐，字延兴。北齐洛阳(今属河南)人。父亲徐干被姑父高氏收养，因从其姓。神武帝高欢认他为弟。

【译文】
高隆之官至太保，被崔季舒等人诬陷，文帝下令壮士用杵打了他一百多下，竟然重伤致死。后来又杀害了他的儿子高德枢等二十人，还挖开高隆之的墓，斩断他的尸骨。起初高隆之深得高祖信任，但他性情非常狠毒，即使是很小的矛盾也要报复。他想与仪同三司崔孝芬结成亲家而没有成；太府卿任集和他一起执掌营建构造，两人观点多有不合；瀛州刺史元晏，以私事相托却没有结果。高隆之就先后给他们捏造罪名，一个个都被朝廷杀害了。他自己最终被满门抄斩，议论的人都说这是恶有恶报。(选自《高隆之传》)

斫破经函，断胫而卒

韩贤为洛州刺史，民韩木兰等作逆，贤击破之，亲自按检收甲仗。有一贼窘迫藏尸间，见贤将至，起而斫之，断其胫而卒。昔汉明帝时，西域以白马负佛经送洛，因立白马寺。其经函传于此寺，形制淳朴，世以古物，历代藏宝。贤无故斫破之，未几而死，论者谓贤因此致祸。(《韩贤传》)

【译文】

韩贤担任洛州刺史时，韩木兰等平民反叛，韩贤将他们打败，并亲自前往战场视察，收集盔甲武器。有一个反叛者仓促间藏身于尸体之中，看见韩贤过来，就突然跳起挥刀向他砍去，砍断了他的小腿，韩贤因此死去。以前在汉明帝年间，人们用白马从西域驮着佛经送到洛阳，因此建立白马寺作纪念。放经书的盒子保存在白马寺中，形状制作非常淳朴，此古物代代相传，是珍贵典藏的宝贝。韩贤无缘无故将它砍破，没过多久自己就身亡了。议论的人说韩贤是因为此事而引来的灾祸。（选自《韩贤传》）

杀蛇龇裆，砍牛受死

陆法和有道术，有小弟子戏截蛇头，来诣法和，法和曰："汝何意杀蛇。"因指以示之，弟子乃见蛇头龇袴裆而不落。法和使忏悔，为蛇作功德。又有人以牛试刀，一下而头断，后诣法和，法和曰："有一断头牛，就卿征命殊急，若不为作功德，一月内报至。"其人弗信，少日果死。（《陆法和传》）

【译文】

陆法和通晓道家的法术，一位小弟子玩闹着斩断了蛇头，来看陆法和时，陆法和对他说："你为什么要杀蛇啊？"就指给他看，小弟子看见蛇头咬住他的裤裆不掉下来。陆法和教导他诚心忏悔过错，为这条蛇作功德。又有人用牛来试刀，一下就把牛头砍断了，后来看陆法和时，陆法和对他说："有一头断了头的牛，在找你索要性命，这事情非常紧急，如果不为这头牛作功德，一个月之内你就会报应现前。"这个人不相信，没过几天，果然死了。（选自《陆法和传》）

仁政感附，猛兽不侵

张华原为兖州刺史，人怀感附。州狱先有囚千余人，华原皆决遣。至

133

岁暮,惟有重罪者数十人,亦遣归家申贺,依期至狱。先是州境数有猛兽为暴,自华原临政,忽有六驳食之。皆以为化感所致。(《张华原传》)

【译文】

张华原担任兖州刺史时,教化有方,人心归附。州县的牢狱中本来有一千多名犯人,张华原为他们一一判决发遣。到了年底,仅剩下几十名重罪犯人,他还允许犯人回家过年,犯人都在探家后按期回到狱中。原先境内经常有猛兽伤人的事件,自从他上任后,忽然有传说中的六驳兽出现,吃掉了猛兽。当地百姓都认为是他的道德感化造成的。(选自《张华原传》)

诬陷恩公,旬日而卒

宋游道与李构有旧,游道死后,构为定州长史。游道第三子士逊为墨曹、博陵王管记,诬奏构罪。构于禁所祭游道而诉焉。士逊书卧,如梦者,见游道怒曰:"我与构恩义,汝岂不知?何谋陷清直之士?"士逊惊跪曰:"不敢不敢。"旬日而卒。(《宋游道传》)

【译文】

宋游道与李构是老朋友,宋游道死后,李构担任定州长史。宋游道三儿子宋士逊担任墨曹参军、博陵王管记,他诬陷李构有罪。李构在拘禁之地祭告宋游道并向他诉苦。宋士逊白天躺着,仿佛进入梦中,见父亲宋游道对自己发火说:"我与李构有交情,你难道不知道?为何要和小人一道谋害诬陷清廉正直之人?"宋士逊大吃一惊,跪下说:"不敢,不敢。"只十天工夫,宋士逊就死掉了。(选自《宋游道传》)

残暴滥刑,鞭杖受死

卢斐性残忍,天保中官尚书左丞,别典京畿诏狱。拷掠过度,于大棒车

《二十二史感应录》白话语译

轮下,死者非一。后以谤史事,与李庶俱病鞭杖死狱中。(《卢裴传》)

按《还冤记》:北齐阳翟太守张善,苛酷贪饕,恶声流布。兰台遣御史魏辉儁就郡治之,赃贿狼藉,罪状合死。善于狱中使人通诉,反诬辉儁为纳民财,枉见推缚。文宣帝大怒,以为法司阿曲,必须穷治。令尚书令左丞卢裴覆验之。裴遂希旨成辉儁罪状,奏报于州斩决。辉儁遗语令史曰:"我之情理,是君所见,当办纸百番,笔二管,墨一锭,以随吾尸。若有灵祇,必望报卢。"令史哀悼,为之殡殓,并备纸笔。越十五日,善得病,唯云叩头,未旬日而死。继两月,卢裴坐讥驳魏史,为魏收所奏被诛。其事可为史传之证。

【译文】

卢斐性情残暴,天保年间升任尚书左丞,还掌管着京畿地区的刑狱。不管犯事大小,都刑讯过度,在木棒和车轮下惨死的人不止一两个。后来因为诽谤国君史事,和李庶一起受鞭刑打死在狱中。(选自《卢裴传》)

按照《还冤记》中记载:北齐阳翟太守张善,施政残酷贪婪,恶名流传开来。兰台派御史魏辉儁到他所在郡县查办,发现张善贪污受贿情况严重,根据罪行应当处死。张善在牢狱中指使人串通反供,诬告魏辉儁收受钱财,随意断案。文宣帝知道后大怒,以为是魏辉儁执法犯法,必须要严加处治,命令尚书令左丞卢裴去查验案件真相。卢裴迎合旨意认定魏辉儁的罪状成立,上奏皇帝斩立决。魏辉儁临刑时遗言令史说:"我的案情您都看见了,请帮买百张纸,两支笔,一锭墨,和我的尸体一起埋葬。如果真有神灵,一定要让卢裴受到报应。"令史在他死后悲痛悼念,帮他料理后事时,准备好了纸笔等物品。过了十五天,张善得病,只是不停地叩头,不到十天就死了。过了两个月,卢裴因为批评魏史而获罪,被驳回上奏而诛杀。这个记载可以作为史传内容的佐证。

周 书

阴贼良善，颠倒伏诛

贺拔岳①为魏大都督，永熙三年与都督侯莫陈悦同讨灵州刺史曹泥。悦密图岳，诱岳入营，杀之。时周太祖为夏州刺史，勒兵讨悦，悦与子弟及同谋杀岳者，并伏诛。悦自杀岳后，神情恍忽，不复如常。恒言我才睡即梦见岳，云："兄欲何处去？随逐我不相置。"因此弥不自安，而致破灭。（《贺拔岳传》）

【注释】

①贺拔岳（？~534年）：一名阿斗泥。神武尖山（今山西朔州）人，鲜卑族。北魏时期将领。能左右驰射，骁勇过人。

【译文】

　　贺拔岳担任魏大都督，在永熙三年（534年）与都督侯莫陈悦一同讨伐灵州刺史曹泥。侯莫陈悦想要暗害贺拔岳，引诱贺拔岳进入营地，将他杀害。当时周太祖任夏州刺史，率领兵马去讨伐侯莫陈悦，将侯莫陈悦和他的子弟及一起谋划杀害贺拔岳的人，统统诛杀了。侯莫陈悦从杀害贺拔岳后，神情恍惚，不像正常的样子。总是说一睡着就会梦见贺拔岳对他说："兄弟你打算去哪里呢？你要紧紧跟着我，不要走散了。"因此他的心神更加不安宁，最终破家灭身。（选自《贺拔岳传》）

六旬登峰，诚感降雨

达奚武①为同州刺史，时以旱祀华岳，岳庙旧在山下。常所祈祷，武独登峰展诚。岳既高峻，人迹罕通。武年踰六十，惟将数人攀藤援枝而上，稽首祈祷，晚不得还，即于岳上藉草而宿。梦见一白衣人来，执武手曰："快辛苦，甚相嘉尚。"武遂惊觉，益用祗肃。至旦，云雾四塞。俄而澍雨，远近沾洽。（《达奚武传》）

【注释】
①达奚武（504年~570年）：西魏、北周的将领，字成兴，代郡（今山西大同东北）人。官至太傅。

【译文】
达奚武担任同州刺史时，遇到干旱，准备祭祀华山岳庙。以前常常在山下祈祷岳庙，但是达奚武为了表达真诚心，决定登上山峰祈祷。华山又高又险峻，很少有人通过。达奚武已经过了六十岁高龄，他只带了几个人抓住藤萝攀援而上，到达山顶叩头祈祷，因为天色太晚不能下山，就在山上的草丛中露宿。当天晚上梦见一位白衣人飘然而至，握着达奚武的手说："太辛苦了，您的精神值得嘉许。"达奚武就惊醒过来，因此更加恭敬。到了第二天早上，浓重的云雾四起，不久就下了倾盆大雨，远近的土地都被浇灌了。（选自《达奚武传》）

收葬露骸，亢旱逢雨

贺兰祥①为荆州刺史，百姓安之。时盛夏亢阳，祥乃亲巡境内，观政得失。见有发掘古冢，暴露骸骨者，乃谓守令曰："此岂仁者之为政耶？"于是命所在收葬之，即日澍雨。是岁大有年。（《贺兰祥传》）

【注释】

①贺兰祥（517年~564年）：南北朝时代西魏、北周将军，名祥，字盛乐。贺兰初真之子，宇文泰（太祖）之甥，后被封为凉国公。

【译文】

贺兰祥担任荆州刺史时，百姓因他的到来而感到很安心。当时正值盛夏发生了旱灾，贺兰祥就亲自巡视境内各地，考察政事的得失。他看见有人挖掘古墓，遍地暴露尸骨，就对守令说："这怎么是仁德之人治理国家会出现的情况呢？"于是命令当地官员收殓尸骨重新埋葬，结果当天就下了及时雨。这一年庄稼大丰收。（选自《贺兰祥传》）

守正明察，子孙皆贵

柳庆①为雍州别驾，守正明察。每叹曰："昔于公断狱无私，辟高门以待封。倘斯言有验，吾其庶几乎。"后位终司会，封平齐县公。子机、宏、旦、肃皆贵。（《柳庆传》）

【注释】

①柳庆（517年~566年），西魏、北周时代政治人物，字更兴，河东郡解县（现在山西省运城）人。儿子柳机、柳弘、柳旦、柳肃。柳机的儿子柳述娶隋朝的兰陵公主，柳旦的孙子柳奭是唐高宗时期的宰相，柳旦的六世孙就是唐宋八大家之一的柳宗元。

【译文】

柳庆担任雍州别驾时，坚守正义明察秋毫。他经常感叹说："过去于公判案公道无私，所以建造高门来等待后世子孙受到封赏。如果他说的能灵验的话，我也应该差不多吧。"后来他位至司会，被封为齐县公。他的四个儿子都很显贵：长子柳机做冀州刺史，死后获赠大将军；次子柳宏担任御正上士；三子柳旦

先后担任三个州的刺史;四子柳肃任工部尚书。(选自《柳庆传》)

至孝事母,神泉赐鱼

陆政仕魏,性至孝,其母吴人,好食鱼,北土鱼少,求之常苦难。后宅侧忽有泉出,而有鱼,遂得以供膳。时人以为孝感所致。(《陆通传》)

【译文】
陆政在北魏任职,生性极为孝顺。他的母亲是吴地人,喜欢吃鱼,北方鱼很少,陆政常为没有鱼供养母亲而发愁。后来住宅旁边忽然涌出一股泉水,水中有鱼,于是陆政能够用这里的鱼供给母亲食用。当时人都认为这是陆政孝心感动天地的结果。(选自《陆通传》)

北 史

背信弃义,狂病惊绝

魏宗室树出奔梁,梁使为郢州刺史,魏使御史中尉樊子鹄[①],率徐州刺史杜德、舍人李昭等讨之。树守城不下。子鹄遣使说之降。树请委城还梁。子鹄许之,杀白马为盟。树恃誓不为战备。及既降,杜德背盟,不许树还南,遂赐死。未几杜德忽得狂病云:"元树打我不已。"至死惊不绝。时李昭奉使向秦州,至潼关驿,夜梦树云:"我已诉天帝,待卿至陇,终不相放。"昭觉恶之,及至陇口,为贺拔岳所杀。子鹄寻为达野拔所杀。(《咸阳王禧传》)

【注释】

①樊子鹄(?~536年):代郡平城(今山西大同)人。北魏末年将领。

【译文】

魏宗室元树逃奔到南梁,做了郢州刺史,魏国派御史中尉樊子鹄当行台,率领徐州刺史杜德、舍人李昭等攻打他。元树坚守城池,魏军未能攻下。樊子鹄派人劝说元树投降。元树请求把城交给魏军后让他回南朝,樊子鹄答应了,双方杀白马对天盟誓。元树仗着已有盟誓,没有作战斗的准备。等到接受投降的时候,杜德违背盟约,不许元树回南方,后把元树赐死。不久,杜德忽然发了疯病,喊叫说:"元树不停地打我。"一直到死都惊恐不绝。舍人李昭不久奉命出使秦州,到潼关驿时,晚上梦见元树对他说:"我已经上诉天帝,等你到陇地时,绝不放过你。"李昭醒后,心中非常恼火。等他到了陇口时,就被贺拔岳杀死了。樊子鹄不久也被达野拔杀掉了。(选取《咸阳王禧传》)

阴贼良善，以罪见杀

魏宗室勰守正不阿，尚书令高肇性凶愎，帝欲立肇兄女为后，勰①固执以为不可。肇于是屡谮勰于上，召至禁中杀之。勰妃李氏号哭曰："高肇枉理杀人，天道有知，汝还当恶死。"及肇以罪见杀，还于勰死之屋。（《彭城王勰传》）

【注释】

①元勰（473年~508年）：本名拓拔勰，字彦和，北魏献文帝第六子，孝文帝元宏的弟弟，初封始平王，后封彭城武宣王。北魏政治家、诗人。他儿子元子攸后来当上皇帝，尊追他文穆皇帝，庙号肃祖。

【译文】

魏宗室元勰坚守正义刚直不阿，尚书令高肇性情凶恶残忍，皇帝打算立高肇哥哥的女儿当皇后，元勰坚持认为不合适。高肇因此多次诬陷元勰，后来元勰被召见囚禁并杀害。元勰的王妃李氏，大声哭喊着说："高肇违理杀人，天道如果有灵，高肇会得恶报而死。"等到高肇因罪被杀时，也是死在这间屋里。（选自《彭城王勰传》）

忘恩报怨，死于危难

高昂①佐齐神武，累战有功。元象元年，攻独孤信于金墉。兆曰："三度救公大急，何忍以小事赐杀？"其夜，梦京兆以血涂己，寤而怒，使折其二胫。时刘桃棒在渤海，亦梦京兆言诉得理，将公付贼。桃棒知昂将死，遽奔焉。昂已及于难，会丧于路。（《高昂传》）

【注释】

①高昂(491年~538年),字敖曹,渤海蓨县(今河北景县东)人,南北朝时期东魏大将,胆力过人。

【译文】

高昂辅佐北齐神武宗高欢,多次立战功。元象元年(公元538年),高昂在金墉攻打独孤信(但他的奴仆京兆盗走他的佩刀出行,高昂将他抓住杀死)。京兆说:"我三次救您于危难,您怎么忍心因为这点儿小事就杀我?"这天夜里,高昂梦见京兆用血涂在自己身上,醒来后非常生气,派人折断了京兆的两条腿。当时刘桃棒在渤海,也梦见京兆说自己的状告得到上天受理,将把高昂交给敌人处置。刘桃棒知道高昂将死,急速奔逃。后来高昂遇到危难,被追兵斩杀在路上。(选自《高昂传》)

不敬亡骨,遇疾而卒

卢曹以勇力称,率其徒入海岛,得长人骨。以髑髅为马皂,胫长丈六尺,以为二槊。未几,曹遇疾,恫声闻于外,巫言海神为祟,遂卒。(《高季式传》)

【译文】

卢曹因为勇猛且有力气而著称,他曾经率领部下进入海岛,在那里得到了巨人的骨头。他用头骨做了马的食槽,腿骨长一丈六尺,将它们做成两支长矛。没过多久,卢曹染上了病,呻吟的声音传到外面,巫师说是海神在作祟,于是卢曹就去世了。(选自《高季式传》)

剧饮恣行,狂病而卒

裴伯茂①兄景融贫窘,伯茂了无赈恤,殆同行路。剧饮不已,多有恣失。一日忽云："吾得密信,将被收掩。"乃与妇乘车逃避,后因顾指壁中,言有官人追逐,其妻方知其病。数日卒。(《裴延俊传》)

【注释】

①裴伯茂(约497年~535年):北魏学者。河东(今山西永济)人,北魏末为行台郎中、散骑常侍、中书侍郎,后加中军大将军。

【译文】

裴伯茂的兄长裴景融生活贫困窘迫,裴伯茂一点也不资助赈济他,就像陌生人一样。他还不停地酗酒,酒后多有过失。有一天他忽然说:"我收到一封密信,有人将要来抓捕我。"于是就和他的妻子一起乘车逃跑,后来又回头指着墙壁,说里面有官府公差追赶他。他的妻子这才知道他生病了。几天后裴伯茂就死了。(选自《裴延俊传》)

疾不废公,天佑勤恪

裴侠①年十三,遭父忧,哀毁有若成人。将择葬地而行,空中有人曰:"童子何悲,葬于桑东,封公侯。"侠惧,以告其母。母曰:"神也,吾闻鬼神福善,尔家未尝有恶,当以吉祥告汝耳。"时侠宅畔有大桑林,因葬焉。侠仕周官工部中大夫赐爵为公,侠居官清勤。尝遇疾,沈顿忽闻五鼓,便即惊起曰:"可向府耶。"所苦因此遂瘳。晋公护闻之曰:"裴侠危惊若此而不废忧公,因闻鼓声,疾病遂愈。此岂非天佑其勤恪也。"(《裴侠传》)

【注释】

①裴侠(?~559年),字嵩和,河东解(今山西运城西南)人。祖父裴思齐曾在北魏时任议郎。父亲裴欣为西河郡守,死后得晋州刺史的名号。

【译文】

　　裴侠十三岁时,父亲去世,他悲哀过度而不顾身体,像成年人一样。他准备选择安葬的墓地,走在路上,半空中有声音说:"孩子何必悲伤,埋葬在桑树林东边,将来你可以封公侯。"裴侠很害怕,如实告知母亲。母亲说:"这是神灵啊,我听说鬼神会赐福给善良人家,你们裴家没有作过恶,一定是神把吉祥的征兆告诉给你吧。"当时裴侠住宅旁边有一片大桑树林,于是就把父亲埋葬于此。裴侠后来在周做官,做到了工部中大夫,还被赐爵位封为公。裴侠为官清廉勤政。他曾经有次生病,昏沉之中忽然听到五更的鼓声,就立刻惊醒而起说:"该到府衙里去了吧?"(随后)令他受苦的疾病因此就痊愈了。晋公宇文护听闻此事后说:"裴侠病重到如此程度还不忘忧国,因为听到鼓声,疾病就痊愈了,这难道不是老天护佑勤勉奉公的人吗?"(选自《裴侠传》)

惠政夷服,山出玉浆

　　豆卢绩为渭州刺史,甚有惠政,华夷悦服。高武陇绝壁千寻,由来乏水,诸羌苦之。绩马足所践,忽飞泉涌出。有白乌翔止厅前,乳子而后去,有白狼见于襄武。人为之谣曰:"我有丹阳,山出玉浆。济我人夷,神乌来翔。"因号其泉曰:玉浆泉。(《豆卢绩传》)

【译文】

　　豆卢绩担任渭州刺史时,推行惠民政策,当地汉族和少数民族百姓都心悦诚服。当地高武陇山壁陡峭非常高,此山一向缺乏水源,居住此地的羌族民众深受其苦。豆卢绩骑的马所踏之处,忽有泉水飞涌而出。有白色的乌鸦飞来停在官厅前,产下小鸟而后离去,又在襄武出现了白狼。于是有人作歌谣唱道:"我们有了丹阳公,山里涌出玉浆泉,救济夷人各部落,神奇乌鸦飞来贺。"于是当地百姓将那泉水叫做玉浆泉。(选自《豆卢绩传》)

恃势使威，吐血而亡

王显，魏宣武时以医术知遇，恃势使威，为时所疾。明帝时，诏徙朔州，临执呼冤。直阁伊盆生以刀环撞其腋下，伤中吐血，至右卫府，一宿死。初显构会元景就刑南台，及显之死，在右卫府，唯隔一巷。世以为有报应之验。（《王显传》）

【译文】
王显在魏宣武帝时，以医术高明而得到赏识提拔，后来他倚仗权势作威作福，被当时人痛恨。魏孝明帝时，王显被下诏发配到朔州，被捉拿时大呼冤枉。直阁伊盆生用刀环撞了他的腋下，他受伤吐血，到了右卫府，一晚上就死了。当初王显陷害元景时，使他在南台受刑，等到王显死时，在右卫府，与南台只相隔一条巷子。世人认为这是王显的因果报应。（选自《王显传》）

卷下

隋 书

射杀神鱼,凶手溺死

开皇十七年,大兴城西南四里有袁村,设佛会,一老翁皓首白裙襦衣,来食而去。众莫识,追而观之,行二里许,不复见。但见一陂中有白鱼长丈余,小鱼从者无数。人争射之,或弓折弦绝,后竟中之。剖其腹,得秔饭,始知此鱼向老翁也。数日后,漕渠暴溢,射人皆溺死。(《五行志》)

【译文】
开皇十七年,大兴城西南四里的袁村举办了一场佛会,一位老先生满头白发,穿着白色的短袄,吃完饭就走了。大家都不认识他,追随他去看,走了大约二里路就不见了。大家只看见在一池塘中有一条一丈多长的白鱼,在它旁边有无数小鱼跟随。人们争相射它,有的弓折断了,有的弦断了,后来竟然射中了那条白鱼。把它的腹部剖开,看见了粳米饭,人们才知道这条鱼就是刚才那位老先生。几天后,水渠忽然暴涨上来,射杀鱼的人都被淹死了。(选自《五行志》)

忍作残害,壮年夭亡

宗室爽[1]为元帅,杀戮过多,未几,寝疾。上使巫者薛荣宗视之,云众鬼为厉,爽令左右驱逐之。居数日,有鬼物来击荣宗,荣宗走,下阶而毙。其夜爽卒,年二十五。(《卫昭王爽传》)

【注释】
[1]杨爽(563年~587年):隋朝皇族,卫昭王,文帝杨坚异母弟,字师仁,小

字明达。弘农华阴(今属陕西)人。

【译文】

隋宗室卫昭王杨爽当元帅时,杀戮的人太多,没过多久就卧病在床。皇帝派巫师薛荣宗来探看,薛荣宗说是被杀的众鬼变成了报复的厉鬼,杨爽命令手下驱逐他们。过了几天,有鬼来攻击薛荣宗,他才走下台阶就死了。当天晚上杨爽也死了,年仅二十五岁。(选自《卫昭王爽传》)

轻蔑天民,灭门族诛

杨素①位至司徒,性严忍,又阿谀取容。营仁寿宫,督役严急,作者多死,时闻鬼哭。又谋废太子,构成其罪。素既卒,有萧吉者,见素冢上有白气属天。告帝曰:"素家当有兵祸,灭门之象也。"未几,素子元感谋反,遂族诛。(《杨素萧吉传》)

按《隋书·杨素传论》曰:素幸而得死,子为乱阶,坟土未干,阖门殂谢。积恶余殃,信非徒语。愚谓元感未反,而白气先从素冢出,戾气所钟,尤为较著,故取萧吉传中语同录之。世人多信堪舆,不知置朽骨于不祥之地,且曰不可,况日置其心于惨忍倾侧之乡,有不灾及子孙者哉?

【注释】

①杨素(544年~606年):字处道,弘农华阴(今属陕西)人,北周、隋朝权臣、军事家、诗人。爵封楚国公,谥景武。

【译文】

杨素官至司徒,但他生性严酷残忍,又喜欢阿谀奉承。建造仁寿宫时,他监督徭役十分严酷,造宫殿的人累死的很多,经常听到工地旁有鬼哭的声音。后来他又图谋废掉嫡太子,又积下了罪恶。等到杨素死后,有一个叫萧吉的人,见杨素的坟上有白气向上升起,就报告皇帝说:"杨素家应当会有刀兵之祸,

这是灭门的征兆啊。"没过多久杨素的儿子杨元感谋反，于是全家都被诛杀了。（选自《杨素萧吉传》）

根据《隋书·杨素传论》说：杨素所幸死掉了，他的儿子制造祸端，杨素坟墓上的土还没有干，就被满门抄斩。古语"积不善之家，必有余殃"的话是不会落空的。在作者看来，杨元感还没有谋反时，就有白气从杨素的坟墓涌出，这是邪恶气息聚集之相，更显著地表明因果道理，所以摘取萧吉传中的文字一同记录下来。世间人大多相信风水，却不知道把尸骨埋在不吉祥的地方都不可以，何况每天把心用在残忍邪恶的地方呢，哪能不殃及子孙啊！

杀兄篡位，子受夭折

高祖废房陵王勇①，立晋王广②为太子。勇以废非其罪，欲见上申冤。晋王遏之不得闻奏，继又矫诏③赐勇死。晋王即位，太子昭得劳疾。帝令巫者视之，云房陵王为祟，未几薨。（《元德太子昭传》）

【注释】

①杨勇（？～604年）：字地伐，隋文帝杨坚与独孤皇后的长子。原本是隋文帝的太子，后来被废为庶人。杨广即位后，立即假拟文帝诏书，赐死杨勇。死后追封为房陵王。

②隋炀帝杨广（569年～618年）：隋朝第二个皇帝，唐朝谥炀皇帝，一名英，小字阿摩。隋文帝杨坚和独孤皇后的次子。开皇元年（581年）立为晋王，开皇二十年（600年）十一月立为太子，仁寿四年（604年）七月继位。

③杨昭（584年～606年）：隋炀帝嫡长子，母亲萧皇后，大业元年（605年）被立为皇太子。隋恭帝、燕王杨倓、隋皇泰主杨侗之父。

【译文】

隋文帝杨坚废掉长子房陵王杨勇，立晋王杨广为太子。杨勇认为自己没有过失而被废，想见皇帝申冤。晋王杨广阻止他不让皇帝听闻他的上奏，后来又假传诏书将杨勇赐死。晋王杨广登基做皇帝后，他的太子杨昭得了重病。皇帝命令

151

巫师来查看，巫师说是房陵王杨勇的鬼魂在作祟，没过多久杨昭就死了。(选自《元德太子昭传》)

忍作残害，群鬼为厉

樊子盖[①]在军持重，未尝负败，然严酷少恩，果于杀戮。领兵讨绛郡贼，善恶无所分别，汾水之北村坞尽焚之。临终之日，见断头鬼前后重沓，为之厉云。(《樊子盖传》)

隋将多不得其死者，岂独高祖猜忍之故哉？观其立功时，率皆狼戾自用，喜于诛戮。古人云：佳兵好还，道家所禁。岂不信然！夫圣人用兵，行其所不得已也，为将者诚体此不得已之心。以生道杀人，又谁得而怨之乎？

【注释】

①樊子盖(544年~615年)：字华宗，庐江(今安徽)人。封建安侯，大业十年(614年)进爵为济公。

【译文】

樊子盖带兵持重有方，没有打过败仗，但他严厉残酷，不施恩惠，杀敌果敢。在他领兵讨伐绛郡的反贼时，不分善恶，把汾水以北的村落全烧光了。在他临终时，看见许多断头鬼前后层层堆积在一起，都说是找他报复的厉鬼。(选自《樊子盖传》)

隋朝的将领大多不得好死，难道只是因为隋文帝杨坚猜忌残忍的缘故吗？仔细观察他们立功时，大都凶狠暴戾，自以为是，喜欢杀戮。古人说：坚甲利兵是不吉祥的，道家禁忌用兵。确实如此啊！古圣先贤用兵，是不得已而为之，做将领的人要真诚体会这种不得已之心。以使百姓生存为原则诛杀暴民，被杀的人虽死也不会有怨恨心。

陷杀功臣，迅即自毙

鱼俱罗①累战有功。领兵讨贼，潜迎诸子，朝廷恐其有异志，发使按问，不得其罪。俱罗目有重瞳，阴为炀帝所忌。大理司直梁敬真，希旨陷之极刑。未几敬真有疾，见俱罗为之厉，数日而死。(《梁毗鱼俱罗传》)

【注释】

①鱼俱罗(？~613年)，冯翊郡下邽(陕西省渭南东北)人，隋朝名将，曾任大都督和光禄大夫，后被隋炀帝处死。

【译文】

鱼俱罗英勇善战，累获战功。他领兵讨伐反贼时，偷偷接回几个儿子，朝廷怕他有异心，派使者去调查，但找不到罪证。鱼俱罗眼中有双瞳孔，这是帝王之相，隋炀帝暗中很忌讳。大理司直梁敬真，迎合皇帝的心意，将鱼俱罗诬陷成死罪。没过多久梁敬真就生病了，看见鱼俱罗化为厉鬼，过了几天梁敬真就死了。(选自《梁毗鱼俱罗传》)

为民祈神，天雨相救

张祥为并州司马，汉王谅①反，遣将略地至井陉。祥勒兵拒守，贼纵火烧其郭下，祥见百姓惊骇。其城侧有西王母庙，祥登城望之，再拜号泣曰："百姓何罪，致此焚烧，神其有灵，可降雨相救。"言讫，庙上云起，须臾骤雨，火遂灭。士卒感其至诚，莫不用命，月余围解，以功授开府。(《张季珣传》)

【注释】

①杨谅(575年~605年)：字德章，一名杰，隋文帝杨坚第五子，封汉王。因

不满隋炀帝杨广,起兵造反,被杨素率兵击败,被囚至死。

【译文】

张祥担任并州司马,汉王杨谅谋反时,派遣部队攻打到井陉。张祥指挥军队坚守城池,反贼放火烧到城下,张祥看见百姓被吓得惊恐万分。在城池侧面有一座西王母庙,王祥登上城楼遥遥相望,并跪拜哭泣地说:"老百姓有什么罪过,招致这样的火焰焚烧,神庙如果有灵,请下雨灭火,救救百姓吧!"刚说完,庙上乌云聚焦,一会儿下起暴雨,火势就被扑灭了。张祥手下兵士被他的真诚所感动,置自己生命于不顾,奋力抵抗,过了一个多月围困解除,张祥因立战功被授予开府之职。(选自《张季珣传》)

丁忧至哀,刀创自愈

王颁①父僧辩,为陈武帝所杀。颁号恸而绝,食顷乃苏。哀毁骨立。服阕,常布衣蔬食,藉藁而卧。至隋开皇初,献平陈之策,上异之。及大举伐陈,颁自请行,力战被伤,不堪复斗,悲感呜咽。夜中梦有人授之以药,比寤,而创不痛。人以为孝感。(《王颁传》)

【注释】

①王颁:字景彦,太原祁(今山西祁县)人。王僧辩次子,祖父王神念,为南梁左卫将军。

【译文】

王颁的父亲王僧辩,被陈武帝杀害。王颁伤心痛哭后昏厥过去,过了半天才苏醒过来。他因哀伤而形容枯槁,骨瘦如柴。服丧期满,他仍经常穿粗布衣服,吃素食,晚上睡在藁草上。到了隋朝开皇初年,他献上攻取陈国的计策,皇上看后非常惊异。等到大举进兵陈国时,王颁请求同往,英勇拼杀而受伤,他担心自己不能再战,而伤心得呜咽起来。晚上做梦,梦见有人送药给他,醒来时伤

口就不疼了。当时的人认为是他的孝心感动了上天。(选自《王颂传》)

至孝守丧，盗贼无犯

华秋事母至孝，母疾，秋容貌毁悴，须发顿改。母亡，绝栉沐。负土成坟，庐于墓侧。时大猎，有一兔，人逐之，奔入秋庐中，匿秋膝下。猎人异而兔之。自尔此兔常宿庐中，驯其左右。郡县嘉其孝感，以状闻。后群盗起，往来庐之左右，相诫曰："勿犯孝子。"乡人赖全活者甚众。(《华秋传》)

【译文】

华秋侍奉母亲非常孝顺，母亲生病时，华秋容颜因过度悲伤而憔悴，头发和胡须立刻变了颜色。母亲去世后，他就不再梳头和沐浴。他背土为母亲修坟墓，在坟墓旁边建造了一个草庐，住在里面守丧。当时人们大肆狩猎，有一只兔子被人追赶，兔子跑到华秋的草庐中，躲藏在华秋的脚下。猎人追到草庐感到奇异就放过了兔子。从此以后，这只兔子常常来到草庐中过夜，华秋驯服兔子，让它常伴左右。郡县嘉奖华秋的孝顺，发布公告让大家向他学习。后来盗贼层出不穷，常有盗贼到草庐的四周，盗贼都相互告诫说"不要去冒犯孝子"。乡亲们依赖华秋而幸免于难者很多。(选自《华秋传》)

孝子忧父，天赐良药

梁彦光少岐嶷，有至性。七岁时，父遇笃疾，医云，饵五石可愈。时求紫石英不得，彦光忧悴，不知所为。忽于园中见一物，彦光所不识，怪而持归，即紫石英也。亲属咸异之，以为至孝所感。(《梁彦光传》)

【译文】

梁彦光小时很聪慧，有至诚孝心。梁彦光七岁时，父亲染上重病，医生说吃五石散才能治好。当时到处都找不到紫石英，梁彦光忧虑憔悴，不知该怎么

155

办。偶然在园中看到一件东西，梁彦光不认识，感到很奇怪，就拿回了家，原来这就是紫石英。亲戚朋友们都感到很惊异，认为这是上天被他的孝心所感动而赐予他的。（选自《梁彦光传》）

仁政易俗，水灾无损

辛公义为岷州刺史。其俗有病即合家避之，由是多死。公义令巡捡有病者，以床舆至听事。疫时，厅廊悉满，亲坐其间，迎医市药，于是悉差。诸病家惭谢，此风遂革。后迁牟州，复著善政。时山东霖雨，自陈水至于沧海，皆苦水灾。境内犬牙相错，独无所损。山出黄银，获之以献，诏令就祷焉，乃闻空中金石丝竹之响。（《辛公义传》）

【译文】

辛公义担任岷州刺史时。当地有一个风俗，如果家中有人生病，全家人都避开他，因此很多病人因无人照顾而死去。辛公义命令手下巡视收留有病的人，把病床抬到官府议事厅。当地流行时疫时，厅堂和走廊都住满了人，他亲自坐在中间，迎请医生，购买药材，于是这些病人都痊愈了。诸位病人的家属都很惭愧地前来拜谢，这种不管家中病人的风俗从此革除了。后来他到牟州做官，又以仁善施政。当时山东连绵大雨，从陈水到沧海，都在受水灾之苦。只有他所管辖境内，因地形犬牙交错，而没有什么损失。山中出产黄铜，有采到的人把它们交了上去，皇帝诏令到开采的地方去向神祈祷，竟听到空中有钟磬琴瑟和箫管奏乐的声音。（选自《辛公义传》）

纵暴杀伤，赐死蛆食

燕荣除幽州总管，贪暴放纵，鞭笞左右，动至千数。每巡省属下，闻官人及百姓妻女有美色，辄舍其室而淫之。上遣使驰驿鞫问，得实，征还京，赐死。先是荣家寝室无故有蛆数斛，从地坟出，未几荣死于蛆出之处。

(《燕荣传》)

【译文】

燕荣担任幽州总管,贪婪残暴放纵无度,他鞭打左右随从,动不动就是上千下。燕荣每次巡视幽州境内,听说官吏或百姓的妻子女儿有长得美丽的,就住在那家里,把这女子奸污。皇上派使臣乘坐驿马赶去查问,审问后上奏燕荣确实暴虐又名声败坏,于是将他召回京城赐死。在这之前,燕荣的寝室有很多蛆虫无故从地下拱上来,没多久,燕荣就死在蛆虫出来的地方。(选自《燕荣传》)

仁政爱民,福得善终

辛彦之①为随州刺史,后迁潞州,前后俱有善政。又崇信佛道,于城内立浮图二所,并十五层。开皇十一年,州人张元暴死,数日乃苏,云游天上,见新构一堂,制极崇丽。元问其故,人云:潞州刺史辛彦之有功德,造此堂以待之。彦之闻,自知将死,其年果卒于官。(《辛彦之传》)

【注释】

①辛彦之(?~691年):隋朝学官。陇西狄道(今甘肃临洮)人。隋统一后,辛彦之在制定朝廷礼典和修定仪注上颇有贡献。

【译文】

辛彦之担任随州刺史,后来又升迁到潞州,先后都广施仁政。他还尊崇信奉佛教,在城内建造两座浮图塔,都有十五层高。开皇十一年(591年),潞州有个叫张元的人突然死亡,过了几天后又苏醒过来,说他到天上游历了一遭,看见一座新建的殿堂,建造得非常富丽堂皇。张元问天人这是何神所居,天人回答说是潞州刺史辛彦之积了功德,建造这座殿堂等他来。辛彦之听到后,自知不久于人世,这一年果然在任上去世了。(选自《辛彦之传》)

负兄求棺,天赐殓葬

韦鼎①兄昂,卒于京城,鼎负尸出,寄于中兴寺,求棺无所得。鼎哀愤恸哭,忽见江中有物流至鼎所,鼎异之,往视乃新棺也,因此充敛。帝闻而异之,以为精诚所感。(《韦鼎传》)

【注释】

①韦鼎(515年~593年):字超盛,京兆杜陵(今陕西省西安东南)人。梁时,累官至中书侍郎。陈时,官为黄门郎。陈宣帝太建年间,为聘周主使,累官至太府卿。陈亡入隋,授任仪同三司,除光州刺史。

【译文】

韦鼎的兄长韦昂,死在京城,韦鼎背着哥哥尸体出城,借住在中兴寺,到处寻求棺材而得不到。韦鼎哀伤痛哭,突然看见江水中有一样东西漂过来,他心中奇怪,走过去一看,居然是一口新棺材,于是用它装殓哥哥埋葬。皇帝听说后觉得非常灵异,认为是精诚之心感动上天。(选自《韦鼎传》)

《二十二史感应录》白话语译

唐 书

阴杀皇子,当年受死

元宗太子瑛①与其弟鄂王瑶②、光王琚③,屡为武惠妃④所谮。惠妃使人诡召太子二王曰:"宫中有贼,请介以入从之。"妃白帝曰:"太子二王谋反,甲而来。"帝使人视之,如言,遂并废为庶人,寻遇害。其年,武惠妃数见三庶人为祟,因大病。夜召巫者祈之,请改葬且射行刑者,瘗之,讫不解。妃死祟亡。(《废太子瑛传》)

【注释】

①李瑛(706年~737年):唐玄宗李隆基第二子,其母为赵丽妃,本名李嗣谦。景云元年(710年)九月,封真定郡王;先天元年八月,进封郢王;开元三年(715年)正月,被立为皇太子。

②李瑶(?~737年):唐玄宗李隆基第五子,原名李嗣初。母为皇甫德仪。开元二年(714年)五月,封为鄂王。二十三年(725年),改名李瑶。

③李琚(?~737年):原名李涺。唐玄宗李隆基第八子,母为刘才人。开元十二年(724年),封光王。二十一年(733年),改名李琚。

④贞顺皇后(699年~737年):即唐玄宗的宠妃~武惠妃,父恒安王武攸止,武则天的孙侄女。

【译文】

唐玄宗李隆基的太子李瑛与弟弟鄂王李瑶和光王李琚,多次被武惠妃进谗言。武惠妃派人欺骗太子和两位藩王说:"宫中有反贼,请穿上铠甲入皇宫防卫。"武惠妃告诉唐玄宗说:"太子和两位藩王要谋反,穿着铠甲入宫而来。"

159

皇帝派人去查看，果然如武惠妃所言，于是把三人都贬为庶人，不久他们都遇害了。当年，武惠妃多次看见他们三人来作祟，因此生了重病。她夜召巫师来祈祷，请求将三个人改葬，并且射杀了当时行刑的人，一同埋葬，最终还是不能解除。武惠妃死后，作祟的鬼怪也消失了。(选自《废太子瑛传》)

僭位称帝，未几自毙

薛举①隋末僭帝号于兰州。唐武德元年，掠岐豳。秦王御之，举以兵掩其后，死者十六。举遂病，召巫占视，言唐兵为祟，举恶之，未几死。(《薛举传》)

【注释】

①薛举(？~618年)：隋朝末年群雄之一，祖籍河东汾阴(今山西万荣县)，大业末天下大乱，薛举占据陇西，先后自称西秦霸王、秦帝。

【译文】

薛举在隋朝末年，僭越称帝号于兰州。唐武德元年(618年)，他派出游军劫掠岐州、豳州。秦王率军抵御，薛举派兵从后面偷袭，大败唐军，死者达十分之六。后来薛举就生病了，征召巫师来看视，说是死去的唐兵作祟，薛举听到此事很烦恼，不久就病死了。(选自《薛举传》)

忠良受贬，神明相护

萧遘①为韦保衡②所憾，黜起居舍人斥播州司马。道出三峡，方迫畏不瞑，若有人谓曰："公无恐，予为公呵御。"遘恍悟，俄谒白帝祠，见帝貌类向所睹云。(《萧遘传》)

【注释】

①萧遘(?~887年)：唐代状元宰相。祖籍南兰陵(今江苏武进)，字得圣，唐德宗时宰相萧复的曾孙。

②韦保衡(?~873年)：唐懿宗的驸马。咸通十年(869年)正月，娶唐懿宗与郭淑妃之女同昌公主为妻。

【译文】

萧遘被韦保衡捏造罪名，由起居舍人贬为播州司马。途中经过三峡时，萧遘正困倦害怕不敢合眼，好像听见有人对他说："萧公不要害怕，我会保护您的。"萧遘猛然醒过来，不久他去拜谒白帝祠，看见白帝容貌很像梦中见到的神灵。没过多久，韦保衡就死了。(选自《萧遘传》)

父积阴德，子享余贵

陆元方①位至宰相，及临终，取奏稿焚之，曰："吾阴德在人，后当有兴者。"子象先、景倩、景融皆官通显有清声。(《陆元方传》)

【注释】

①陆元方(639年~701年)：字希仲，吴郡吴县(今江苏苏州)人。唐代大臣。

【译文】

陆元方官至宰相高位，到临终时，拿出所有上奏的草稿焚烧，并说："我此生积了一些阴德，后世子孙应当会兴盛。"他的儿子陆象先、陆景倩和陆景融都官运亨通，显达且有清廉的好名声。(选自《陆元方传》)

为民诚祷，天赐良木

张守珪①为瓜州都督，州地沙堉不可艺，常潴雪水溉田。是时渠堨为敌兵毁,材木无所出。守珪密祷于神,一夕水暴至,大木数千章塞流下。因取之修复堰防,耕者如旧。州人神之,刻石纪事。(《张守珪传》)

【注释】

①张守珪(?~739年):陕州河北(今山西平陆)人,唐朝名将。

【译文】

张守珪担任瓜州都督,州中土地大多沙荒不能耕种,过去常用蓄雪融化的水灌溉田地。当时水渠塘堰被敌军毁坏了,当地不出产木材。他暗暗对神祷告,一夜洪水来了,几千棵大树从山涧中流了下来。他们取来树木,修好了水渠塘堰,田地又像过去一样能耕种了。州里的人把他看作神,刻石碑记载了这件事。(选自《张守珪传》)

忘恩负义,惨遭灭族

王鉷①初附御史中丞杨慎矜②以贵己,及与同列,反佐李林甫③,陷慎矜覆其家。凡五年而鉷亦族矣。(《王鉷传》)

【注释】

①王鉷(?~752年):唐朝大臣,太原郡祁县(今山西省祁县南)人,祖父为唐朝西域名将王方翼。

②杨慎矜(?~747年):隋齐王杨暕曾孙,其父杨崇礼官太府卿,死后葬于少陵原。天宝六年十一月(747年),杨慎矜和他兄弟以行巫术诅咒罪名被玄宗赐死。

③李林甫(683年~753年):号月堂,陕西人,唐朝宗室。唐高祖祖父李虎五世孙。李林甫专权十九年,后世多认为他正是使唐朝由盛转衰的关键人物之一。

【译文】

当初王鉷靠依附御史中丞杨慎矜而显贵,等到和杨职位相当时,又倒戈李

林甫来陷害杨慎矜，使他家破人亡。前后不过五年的时间，王鉷也被灭族。（选自《王鉷传》）

反复小人，受贬暴亡

时又有卢铉者，本以御史事韦坚①为判官，及坚被劾，铉发其私以结林甫。又善张瑄，及按慎矜则诬瑄死。至鉷得罪，铉方为闲厩判官。妄曰："大夫以牒索马五百，我不与。"众疾其反复，贬庐江长史。他日见瑄如平生，乃曰："公何得来此，愿假须臾。"卒死。（《王鉷传》）

纪闻载唐监察御史王抡，为朔方节度判官，乘驿，在途暴卒，而颜色不变，犹有暖气，不敢殡。凡十五日复生，云至冥司，与冥吏语。冥吏悦之。立于房内，吏出。抡试开其案牍，乃杨慎矜于帝所讼李林甫王鉷也，已断王鉷族灭矣。于是不敢开，置于旧处。顷谒王，王庭前东西廊下皆垂帘，坐抡帘下。慎矜兄弟入，见王，称冤。王曰："已族王鉷，即当到矣。"须臾锁鉷至，兼其子弟数人，皆械系，七窍流血。王令送讯所，于是与慎矜同出，乃引抡归。抡既苏，月余有邢縡之事，王鉷死之。

【注释】

①韦坚（？~746年）：字子金。唐代京兆万年（今陕西省西安市）人。其妹是太子李亨的正妃，姊为薛王李隆业妃，妻子是李林甫舅父姜皎的女儿。

【译文】

当时还有个叫卢铉的人，原来做御史奉事韦坚的判官，等到韦坚被弹劾时，卢铉揭发他的隐私来结交李林甫。卢铉与张瑄原是朋友，等到审理杨慎矜时，他却诬陷张瑄并置他于死地。等到王鉷获罪时，卢铉正担任闲厩判官，他胡说道："大夫用文告索取五百匹马，我没有给。"众人都痛恨他反复无常，贬到庐江做长史。过了些日子，他看见张瑄像过去活着时的样子，就说："您怎么会来到这里呢？希望再给我片刻时间吧。"然后突然死去。（选自《王鉷传》）

按《纪闻》记载，唐朝监察御史王抡做朔方节度判官时，骑马在路上忽然暴亡，但是脸色却没有变化，身体仍有热气，众人不敢将他收殓入棺。过了十五天后他又活过来，说是到了阴曹地府，地府的官员看到他很高兴。他站在房屋中间，地府官员外出，王抡打开他的公文，写的是杨慎矜状告李林甫和王鉷，已经判决王鉷被灭族了。于是他不敢再看了，把公文放回原处，不久拜见冥王。冥王庭院前东西长廊都有垂帘，让王抡坐在帘下，此时杨慎矜兄弟进来，看见冥王就喊冤枉。冥王说："已经将王鉷满门抄斩了，他应该很快就到了。"不一会儿，王鉷被人用铁链锁来了，还有他的子侄等几个人，全都戴着枷锁，七窍出血。冥王下令将他们送到审讯的地方，于是他们与杨慎矜一起出去，才把王抡送回来。王抡苏醒后，过了一个多月，出现邢縡谋反一案，王鉷因受牵连而死。

陷人冤枉，岁余自亡

严郢①附卢杞②，谋陷宰相杨炎③，并逮捕观察使赵惠伯，楚掠惨棘，锻成其罪。卒逐炎崖州，惠伯费州。杞用郢败炎，内忌郢才，因按蔡廷玉事，出郢为费州刺史。道逢柩殡，问之，或曰，赵惠伯之殡，郢内惭，忽忽岁余卒。(《严郢传》)

【注释】

①严郢：字叔敖，唐朝华州华阴(今陕西华阴市)人。唐代大臣。

②卢杞(?~785年)：字子良，滑州灵昌(今河南滑县西南)人。唐代大臣，先后陷害杨炎、颜真卿，排斥宰相张镒等。又征收房屋"间架税"、"除陌税"，天下怨声载道。

③杨炎(727年~781年)：字公南，凤翔天兴(今陕西凤翔)人，是唐朝中期的政治家，两税法的创设和推行者。

【译文】

严郢依附于卢杞,陷害宰相杨炎,并逮捕了观察使赵惠伯,严刑逼供,罗织杨炎罪状。最后放逐杨炎到崖州,赵惠伯到费州。卢杞利用严郢击败杨炎后,又忌讳严郢的才干,因追查蔡廷玉的事,怪罪严郢并贬他到费州做刺史。赴任的路上遇到有人出殡,严郢问是谁,有人回答说是赵惠伯的葬礼。严郢内心很是惭愧,一年后他就过世了。(选自《严郢传》)

昭雪冤情,天旱逢雨

颜真卿[①]为监察御史,充河西陇右军,试覆屯交兵使。五原有冤狱,久不决。真卿至,立辩之,天方旱,狱决乃雨,郡人呼之为"御史雨"。(《颜真卿传》)

元董搏霄伏巨盗之辜而天雨。时人比之颜真卿,一以雪枉,一以摘奸,其所以感召天和一也。然《汉书》曰:"刑罚妄加,群阴不附,其罚常阳。"然则禳灾之道,其尤在恤刑乎?

【注释】

①颜真卿(709年~785年),唐代政治家、书法家。字清臣,京兆万年(今陕西省西安市)人,祖籍琅琊临沂(今山东临沂)。其楷书与欧阳询、柳公权、赵孟頫并称"楷书四大家"。

【译文】

颜真卿以监察御史衔兼任河西陇右军和覆屯交兵使。当时五原有个冤案长期没能决断。颜真卿到了之后,立即辨明冤情,当时天气正大旱,冤案判决后就下了大雨,本郡人称之为"御史雨"。(选自《颜真卿传》)

元朝的董搏霄降伏危害百姓的大盗时,天上也下了雨。当时人将此雨与颜真卿的御史雨相提并论,一个是因为昭雪冤狱,一个是因为捉奸除恶,两个人都感召了老天,有异曲同工之处。但是《汉书》中说:"错误地处人以刑罚,众鬼神都不会答应,经常会现世得到报应。"那么消除灾祸的方法,更多是在谨慎用刑吧。

一门孝友,六至三品

崔郸四世缌麻同爨,一门孝友。兄弟六人至三品,郸官左金吾卫大将军,暴卒。以韩约代之,不阅旬,李训乱,约被难。世谓郸之亡,崔氏积善之报也。(《崔郸传》)

【译文】

崔郸家四代都是兄弟几家同吃同住,全家人孝敬父母友爱兄弟。兄弟六人都官至三品,崔郸做到了左金吾大将军,突然逝世。朝廷下令让韩约代替他的职务,过了不到十天,李训作乱,韩约遇难身亡。世人都说崔郸的死去,是上天对崔家积善的回报。(选自《崔郸传》)

不迁私怒,子孙显贵

柳公绰[①]官至兵部尚书,尝曰:"吾莅官未尝以私喜怒加于人,子孙其兴乎?"子仲郢为天平节度使。孙璞、珪、璧、玭皆贵显。(《柳公绰传》)

【注释】

①柳公绰(763年~830年):唐代京兆华原(今陕西铜川市耀州区稠桑乡柳家塬)人,字起之。著名书法家柳公权的哥哥,长柳公权13岁。

【译文】

柳公绰官职做到了兵部尚书,他曾经说:"我做官从不曾以自己的喜怒情绪来对待别人,子孙应该会昌盛吧?"他的儿子柳仲郢做了天平节度使。孙子柳璞、柳珪、柳璧、柳玭都为官显贵。(选自《柳公绰传》)

忮心失恕

刘禹锡①尝言："张九龄②为宰相，建言放臣不宜与善地，悉徙五谷不毛处。议者以为开元良臣，而卒无嗣，岂忮心失恕，阴责最大，虽它美莫赎欤。"（《刘禹锡传》）

【注释】

①刘禹锡（772年~842年）：唐代彭城（今江苏徐州）人，祖籍洛阳，唐代文学家、哲学家，自称是汉中山靖王后裔，唐代中晚期著名诗人，有"诗豪"之称。

②张九龄（678年~740年）：字子寿，一名博物，韶州曲江（今广东省韶关市）人。唐代著名诗人、宰相。

【译文】

刘禹锡曾经说："张九龄任宰相时，建议被流放的臣子不应当安置在好地方，全部迁到无法种粮的不毛之地。人们认为他是唐玄宗开元年间的贤臣，但终生没有后代子嗣，难道是猜忌心太重而丧失宽恕之道，没有恕人之心是最大的过失，即使有别的美德也无法抵消。"（选自《刘禹锡传》）

安葬露骸，梦受厚谢

刘昌为节度使，城平凉。当劫盟后，将士骸骨不藏。昌始命瘗之。夕梦若诣昌厚谢者，昌具以闻，德宗①下诏哀痛，命敛以棺椁为立冢。（《刘昌传》）

【注释】

①唐德宗李适（742年~805年）：唐代宗长子，唐肃宗长孙，唐朝第九位皇帝（除去武则天以外），779年~805年在位，在位26年，享寿64岁。

【译文】

刘昌担任节度使，守平凉城。当时正处在平凉劫盟事件后，死去的将士们尸骨还没有掩埋。刘昌到任就命人埋葬他们。晚上做梦有人拜见他，并表达深厚谢意。刘昌把此事详情上报皇帝，唐德宗下诏书哀悼将士，用棺材将他们收殓，并立碑建造坟墓。（选自《刘昌传》）

投宦求荣，坐罪腰斩

宋申锡[①]与王璠谋诛宦官，璠反以告王守澄[②]党，以求进迁。申锡遂被诬，贬谪而卒。及甘露之变[③]，王涯[④]自署反状，璠亦与焉。璠见涯，恚曰："公何见引？"涯曰："公昔漏宋丞相谋于守澄，今焉逃死。"遂腰斩。（《李训传》）

按：《逸史》载宋申锡没后，其夫人梦申锡相引出城。见一大坑，坑边有小板匣。申锡提示夫人曰："此是那贼。"因愤怒叱咤。夫人问谁，曰："王璠也，我得请于上帝矣。"未几璠果腰斩，坎埋于城外。然则王涯一语，反尔之道彰彰矣。

【注释】

①宋申锡（760年~833年）：字庆臣，唐朝官员，在唐文宗年间短暂担任宰相。他意图帮助文宗清除当权宦官，反被诬指企图推翻文宗改立其皇弟（漳王李凑）而遭贬死。

②王守澄（？~835年）：唐朝末年宦官，活跃于宪宗、穆宗、敬宗、文宗四朝，曾三度参与皇帝的废立，在朝中掌权达十五年之久。

③甘露之变：发生于唐文宗大和九年（835年）十一月的一次政变，宦官势力得胜，造成朝廷中许多官员被杀。

④王涯（764年~835年）：字广津，太原人。唐文宗时曾任宰相。

【译文】

宋申锡和王璠谋划诛杀宦官，王璠反倒把此事向王守澄的宦官党羽告发，以谋求升官。宋申锡于是被宦官诬陷，贬官降职后过世。等到甘露之变时，王涯自己认罪后，揭发王璠也参与其中。王璠见到王涯愤怒地说："你为什么要牵连我呢？"王涯说："你以前把宋丞相的密谋泄露给王守澄，如今你怎么能逃过一死？"于是王璠被腰斩了。（选自《李训传》）

根据《逸史》记载，宋申锡去世后，他的夫人梦见宋申锡带着她出了城，地上有一个大坑，坑边有木头盒子。宋申锡提起其中一个对夫人说："这就是那个逆贼！"于是生气地怒斥，夫人问这是谁，宋申锡回答说："是王璠，我已经奏请天帝处罚他了。"没过多久，王璠果然被腰斩，坑埋在城外。正如王涯说的那句话，你如何对别人，自己也会得到相同的对待，这个道理再明显不过了。

唐氏乳姑，妇孝家昌

崔琯位至尚书右丞，子孙之盛，仕族罕比。初琯曾王母长孙夫人，年高无齿。祖母唐夫人事姑孝，每且栉纵筓拜阶下，升堂乳姑，长孙不粒食者数年。一日病，言无以报吾妇，愿子孙皆如妇孝。世谓崔氏昌大有所本云。（《崔琯柳玭传》）

【译文】

崔琯官至尚书右丞，子孙昌盛，其他官宦家族很少能比得上。崔琯的曾祖母长孙夫人，年事已高牙齿都掉了。祖母唐夫人侍奉婆婆很孝顺，每天早上梳洗完毕就到阶下叩拜，然后进入堂中哺乳婆婆，长孙夫人多年不能吃谷物。有一天长孙夫人生病，说无以回报我的媳妇，希望子孙都能像媳妇一样孝顺。世人说崔氏之所以昌盛是因为最根本的孝道代代相传。（选自《崔琯柳玭传》）

忍作残害，剔骨验尸

路岩①当国，阴恶可畏。及待罪赐死，诏剔取喉骨呈验。或言岩尝密请：三品以上，得罪诛殛者，剔取喉骨，验其已死。俄而自及。(《路岩传》)

【注释】

①路岩(829年~874年)：字鲁瞻，魏州冠氏(今山东冠县)人。唐文宗时期任翰林学士、兵部侍郎衔拜相，三十六岁即居相位。

【译文】

路岩主持朝政时，阴险恶毒，令人畏惧。到他被治罪赐死时，皇帝下诏要剔出喉骨上呈查验。有人说路岩曾经秘密上书奏请说："三品以上的官员，犯罪被处死时，要剔出喉骨验明他确实已经死了。"不久此事就落到了路岩自己的头上。(选自《路岩传》)

事母至孝，天赐甘泉

宋思礼事继母孝。为萧县主簿，母羸疾，非泉水不适口。会大旱，井池涸，思礼忧惧，且祷。忽有泉出于庭，味甘寒，日不乏汲，县人异之。(《宋思礼传》)

【译文】

宋思礼侍奉继母非常孝顺，他担任萧县主簿时，母亲衰弱生病，不是泉水就喝着不顺口。适逢旱灾，井池都干枯了，宋思礼担忧害怕并且祷告。忽然有泉水从庭院中涌出，味道甘甜清凉，每天汲取也用不尽，县里人都惊异此事。(选取《宋思礼传》)

血书祈神，母疾痊愈

郑潜曜母代国长公主①。寝疾，潜曜侍左右，造次不去，累三月不靧面。刺血为书，请诸神丐以身代。火书，而"神许"二字独不化。翌日全愈。(《郑潜曜传》)

【注释】

①代国长公主(689年~734年)：名李华，字华婉(墓志：字花婉)，是唐朝第五代皇帝唐睿宗李旦的第四女。神龙元年(705年)，李华婉嫁郑万钧。后唐玄宗加封她为代国长公主。

【译文】

郑潜曜的母亲是代国长公主。母亲卧病在床，郑潜曜侍奉在身边，片刻不曾离开，连续三个月都没有洗脸。他刺破手指用血写下文书，祈求诸神让他来代替母亲受苦，焚烧血书时，唯独"神许"两个字没有烧化，第二天母亲的病就痊愈了。(选自《郑潜曜传》)

施恩不言，遇难呈祥

严善思为详审使，方酷吏构大狱。善思平活八百余人，原千余姓。及坐事论死，给事中韩思复固请，乃流静州。始中书舍人刘允济为酷吏所陷，且死，善思时为御史，力讼其冤，得免，后见允济，语未尝及之。思复之解善思也，亦不自德。时称长者之报。后遇赦得还，三世皆年八十五云。(《严善思传》)

【译文】

严善思担任详审使时，正逢朝中酷吏罗织罪名构成重大案件。严善思平冤

171

救活了八百多人，免除一千多家遭受牵连。等到严善思本人因事获罪，应当处死，时任给事中的韩思复再三请免其罪，于是将严善思流放静州。当初，中书舍人刘允济遭酷吏诬陷，将要处死，严善思正担任御史，他竭力申辩其冤屈，使刘允济免于一死。后来他见到刘允济，却没说自己为之出力的事。韩思复为严善思说情免死时，也不自居恩德。当时人都说这是有德行的人应有的回报，后来严善思被赦免还乡。他家三代都享年八十五岁。（选自《严善思传》）

忍作残害，作笼自缚

索元礼①制狱，作铁笼，毂囚首，加以楔，至脑裂死。后以罪收，下吏不服。吏曰："取公铁笼来。"乃服罪，死狱中。（《索元礼传》）

【注释】

①索元礼(?~691年)：胡人（北方少数民族），是唐朝武则天时期酷吏。后武则天为平息民愤将他逮捕治罪。

【译文】

索元礼断案时，他制作铁笼，套住囚犯的头，还插入楔子，直到颅骨裂开而死。后来他因获罪被逮捕，狱吏审问他时，他不认罪。狱吏说："拿大人发明的铁笼子来！"索元礼只得认罪，死在监狱里。（选自《索元礼传》）

酷毒至极，食肉践骨

来俊臣①作《罗织经》一篇，按以从事。凡鞫囚必注醋于鼻，掘地为牢，寝以匽溺。又作大枷，各为号：一定百脉、二喘不得、三突地吼、四着即承、五失魂胆、六实同反、七反是实、八死猪愁、九求即死、十求破家。后斩西市。死之日，人争抉目、摘肝、醢其肉，须臾尽。以马践其骨，无孑余。（《来俊臣传》）

【注释】

①来俊臣（651年~697年）：唐朝武则天时期酷吏。雍州万年（今陕西西安）人。历任侍御史、左御史中丞。因告密得武则天信任，成为武则天在政争中的鹰犬。

【译文】

来俊臣撰写《罗织经》一书，讲述如何制造冤狱，并照此办理公事。只要来俊臣审讯囚犯，不问罪行轻重，都往犯人鼻子里灌醋，还掘地为牢，或让人泡在屎尿里。他还制作大枷，共有十等，各有名称：一号叫定百脉，二号叫喘不得，三号叫突地吼，四号叫着即承，五号叫失魂胆，六号叫实同反，七号叫反是实，八号叫死猪愁，九号叫求即死，十号叫求破家。后来来俊臣被诏令在西市斩首。在处死的当天，大家争着去剜他的眼、摘他的肝、剐他的肉以泄愤。一会儿工夫只剩下一副骨头，人们又驱马践踏他的遗骨，尸骸丝毫都没有留存。（选自《来俊臣传》）

滥刑残暴，请君入瓮

先是有周兴①者，性亦残酷。人告兴反，诏来俊臣鞫状，兴时未知被告，方对俊臣食。俊臣曰："囚多不服奈何？"兴曰："易耳，纳之大瓮，炽炭围之，何事不承。"俊臣曰："善。"命取瓮，且炽火。徐谓兴曰："有诏按君，请尝之。"兴骇汗叩头，遂流岭表，为仇家所杀。（《来俊臣传》）

【注释】

①周兴：雍州长安（今陕西西安）人，唐朝武则天重用的酷吏之一。周兴滥杀无辜竟达数千人，创造多种刑法，用刑残酷。

【译文】

之前有个叫周兴的人，性情也非常残暴，有人告发周兴谋反，皇帝诏令来俊臣去审讯。当时周兴还不知自己被告，正与来俊臣相对吃饭。来俊臣说："审讯中很多犯人都不肯招供服罪，你看有什么办法？"周兴说："那还不容易，把犯人放在个大瓮里，周围用炭火烧，还有什么事他能不承认的？"来俊臣说："好办法。"当即命人取来大瓮和烧炽的炭火，慢悠悠地对周兴说："我奉诏令来调查你，请你尝尝滋味吧。"周兴吓得满头大汗，磕头服罪。于是周兴被流放到岭南地区，半路上被仇人杀死。（选自《来俊臣传》）

阴刻乐祸，病亟速卒

崔器性阴刻乐祸。肃宗①时，建议杀达奚珣等人。及病亟，叩头若谢罪状，家人问之。曰："达奚尹诉于我。"三日卒。（《崔器传》）

【注释】

①唐肃宗李亨（711年~762年）：唐玄宗李隆基第三子。公元756年~761年在位。天宝十四年（公元755年）爆发安史之乱。次年，玄宗逃往四川，他即位于灵武。

【译文】

崔器性情阴险刻毒，幸灾乐祸。唐肃宗时期，他上奏建议把达奚珣等人处以死刑。等到后来崔器病情危急时，磕头仿佛谢罪的样子，家里人问他缘故，他回答说："达奚大人告了我的状。"三天后崔器就死了。（选自《崔器传》）

涂炭妇孺，受刑被斩

高骈为剑南节度使，自将出屯，罢蜀兵月禀。兵乱，骈悉还其衣禀，然密藉所给姓名，尽杀之，夷其族。有一妇方乳子，将就刑。曰："且饱吾子，不可使以饥就戮也。"见刑者拜曰："渠以节度使夺战士食。一日忿怒，淫刑以逞。我死当诉于天，使此贼阖门如今日冤也。"骈后为毕师铎所囚，将见杀，有奋而击骈者曰："公陷人涂炭多矣，尚何云。"骈未暇答，仰首如有所

伺，即斩之。（《高骈传》）

【译文】

　　高骈担任剑南节度使，自己带兵驻守时，取消蜀地兵士的月俸。部队发生骚乱，高骈将扣减的衣服和薪俸全部发还给兵士，但又秘密记下他们的姓名，全部诛杀，甚至杀了他们的全家。有一个妇女正给孩子哺乳，即将受戮，说："我想先让儿子吃饱了，不能让他饿着肚子被杀。"又对着行刑的人下拜说："哪有节度使掠夺战士口粮的，一旦生气，就滥用刑法肆意逞凶，我死了要上天去告状，让这个贼官的全家就像我们今天一样！"高骈后来被毕师铎囚禁起来，将要被杀时，有人跃起殴打高骈说："大人使那么多人陷入灾难之中，还有什么话可说？"高骈还没来得及回答，仰头好像等待着什么，当即被斩首。（选自《高骈传》）

诳死诅咒，斩及妻儿

　　高骈①为吕用之所惑，骈府宿将，多为用之诳死。骈将毕师铎惧死，据城叛，逼杀骈。用之出奔。时杨行密起兵，攻师铎，用之投归之。诈谓行密②曰："庑下有瘗金五千斤，事平愿备一日乏。"及城下，行密掘地无埋金，但得铜人三尺，身桎梏，钉刺其口，刻骈名于背。盖用之以蛊厌骈也。行密责其罪，遂斩之。妻子皆死，著其罪于路。（《高骈传》）

　　方用之给行密时，岂不自计其败露之至速者。且给行密，而即指其埋铜人之处，虽愚亦不应至是。盖不如是，无以发其覆巧哉。造物假其口以杀之也。

【注释】

　　①高骈（821年~887年）：字千里，中国唐朝后期军事将领，后封渤海郡王，出生于禁军世家，南平郡王高崇文之孙。

　　②杨行密（852年~905年）：唐朝末年著名政治家、军事家。字化源，原名

行愍,庐州合肥(今安徽长丰)人。五代十国吴国奠基人。

【译文】

高骈受吕用之迷惑,他府上久经战阵的将领,大多被吕用之谗言陷害而冤死。高骈手下将领毕师铎惧怕自己也被害死,就占据城池叛变,逼杀了高骈。吕用之闻讯出城逃走了。当时杨行密起兵攻打毕师铎,吕用之就投奔杨行密。吕用之期骗杨行密说:"我家的庑廊下埋有黄金五千斤,事情平息之后我愿意奉献出来供劳军使用。"等攻到城下,杨行密掘地找不到金子,只找得一个三尺高的铜人,手脚都戴着刑具,有钉子钉在铜人的嘴上,背上刻着高骈的名字,这是用来诅咒加害高骈的。杨行密治了吕用之的罪,把他斩杀了。他的妻儿也被处死,还将其罪状公布在大路上。(选自《高骈传》)

在吕用之欺骗杨行密的时候,难道估计不到事情会很快败露吗?而且欺骗杨行密时,还指出了埋铜人的地方,虽然很愚蠢也不至于愚蠢到如此地步。如果不是这样,也不能发现吕用之隐藏的罪行,造物主正是利用他自己的谎言而杀死他的。

为民祈晴,至诚感天

温造[1]赴镇汉中,遇大雨。平地水深尺余,乃祷鸡翁山祈晴。俄而疾风驱云,即时开霁。文宗[2]尝闻其事,会造入对,言之,乃诏封鸡翁山为侯。(《温造传》)(此以下采《旧唐书》)

按造刚正嫉恶,侃侃有大臣之节。其能感通神明者,盖亦以人重也。

【注释】

[1]温造(765年~835年):字简舆,并州祁县(今山西祁县东南)人。唐德宗、穆宗、文宗时期官吏。曾任礼部尚书和兵部侍郎。

[2]唐文宗李昂(809年~840年),是唐朝的第十四代皇帝,唐穆宗李恒第二子,被宦官王守澄等拥立为帝。公元827年~840年在位,在位14年,享年32岁。

【译文】

温造前往镇守汉中时,路上遇到大雨。平地上积水深达一尺多,他于是去鸡翁山祈祷,请求雨过天晴。一会儿,一阵狂风把乌云吹散,即刻天气就变晴了。唐文宗李昂听说此事,等到温造入朝面圣时,问及这件事,于是降旨封温造为侯。(选自《温造传》,此以后的事例摘自《旧唐书》)

据考证温造是个刚正不阿嫉恶如仇的人,举止从容不迫,有大臣的气节。他之所以能感动神明,恐怕也因为他德高望重吧。

杀降戮俘,得罪受斩

裴炎[1]官内史,光宅元年,得罪,斩于都亭驿之前街。先是开曜元年,裴行俭[2]献定襄所获俘囚,斩阿史那、伏念、温传等五十四人于都市。初行俭讨伐之时,许伏念以不死,伏念乃降。时炎害行俭之功,奏云:伏念是程务挺、张虔勖逼逐于营,窘急而降,乃杀之。炎致国家负义而杀降,妒能、害功、构成阴祸,其败也宜哉。(《裴炎传》)

【注释】

[1]裴炎(?~684年):字子隆。绛州闻喜(今山西闻喜县)人。唐中宗时期任中书令。

[2]裴行俭(619年~682年):字守约,绛州闻喜(今山西闻喜东北)人。唐高宗时名臣。隋将裴仁基之子。

【译文】

裴炎担任内史,光宅元年(684年),犯了罪,在都亭驿的前街被斩首。之前在开曜元年(681年),裴行俭上交在定襄抓获的俘虏,裴炎把阿史那、伏念、温传等五十四名降将全部斩杀。当初裴行俭讨伐突厥时,曾向投诚的突厥将领伏念等人许诺不杀他们,伏念等才投降的。而裴炎却因嫉妒裴行俭的功劳,上奏说:伏念是被程务挺、张虔勖追逐到营地,走投无路才投降的,于是杀了所有降兵。裴炎致使国家背信弃义而杀害降将,他嫉妒有才能的人,削减别人的功劳,冥冥中筑成灾祸,引来杀身之祸也是意料之中的呀。(选自《裴炎传》)

公报私怨,被祸受报

李繁为亳州刺史,州境尝有群贼,剽人庐舍,劫取货财。繁密设机谋,尽加诛斩。时议责繁以擅杀之罪,遣监察御史舒元舆按问。元舆①素与繁有隙,复以初官,锐于生事,乃尽反其狱词,以为繁滥杀无辜。状奏,赐死,时人冤之。其后元舆被祸,人以为有报应焉。(《李繁传》)

【注释】

①舒元舆(791年~835年):字升远。婺州东阳(今浙江金华市)人,文宗时,官同中书门下平章事。因与李训、郑注谋诛宦官,事机不密,于甘露之变中腰斩。全族被诛。

【译文】

李繁担任亳州刺史,州境内曾经有一伙盗贼,打家劫舍,抢劫强取百姓的财物。李繁暗暗筹划计策,将这伙盗贼一网打尽全部诛杀。当时有言论指责李繁擅自杀人之罪,朝廷派遣监察御史舒元舆来查问此事。舒元舆平素跟李繁有过节,再加上他新官上任,急于建功,于是完全推翻了原来审案时的裁决,认为李繁滥杀无辜。情况上报后,皇帝赐死李繁,当时的人们都觉得李繁是冤枉的。后来舒元舆遭遇杀身之祸,大家都认为是受到了报应。(选自《李繁传》)

廉直断案,冤鬼拜谢

李景略①在朔方节度使李怀光②幕府,有偏将张光者,挟私杀妻,前后不能断。光富于财货,狱吏不能劾。景略讯其实,光竟伏法。既而亭午,有女厉被发血身,膝行前谢而去。左右有识光妻者,曰:"光之妻也。"因授大

理司直。(《李景略传》)

【注释】

①李景略(750年~804年)：幽州良乡人，契丹族，唐朝中期任丰州刺史，有谋略，忠于朝廷。

②李怀光(729年~785年)：本姓茹，朔方节度使。唐朝将领，渤海靺鞨人。

【译文】

李景略在朔方节度使李怀光幕府中任事，有位偏将张光，心怀私念杀害自己的妻子，前后几任官员都不能裁决，张光家产丰厚，广施贿赂，狱吏都不能定他的罪。李景略审问得到真情，张光终于依法被处决。行刑之日正午时分，有一位女厉鬼披头散发全身是血，用膝盖跪着行走，上前拜谢李景略后离去。身边侍从有人认出那是张光的妻子，说："这是张光的妻子。"后来李景略被任命为大理司直。(选自《李景略传》)

修道一生，小过失仙

道士王远知①入茅山，师事陶宏景②，传其道法。年一百二十六岁，谓弟子曰："吾有仙格，以少时误损一童子吻，不得白日升天。现署少室伯，将行在即。"翌日沐浴焚香而卒。(《王远知传》)

伤人之罪亦甚矣，观远知无心细故，终行苦身不能偿，而况其大焉者乎？而况以刃伤人、以笔伤人、以舌伤人者乎。

【注释】

①王远知(509年~635年)，字德广，琅琊临沂(今山东省临沂市)人，生于世宦之家。是茅山宗第十代宗师。

②陶弘景(456年~536年)，字通明，自号华阳隐居。南朝梁时丹阳秣陵(今江苏南京)人。著名的医药家、炼丹家、文学家，人称"山中宰相"。

【译文】

道士王远知进入茅山，拜陶宏景为师，传承了老师的道法。他在一百二十六岁时，对弟子说："本来在仙格有我的名位，因为小时候不小心损伤了一个小孩的嘴巴，不能飞升到天界成仙，现在代理少室伯的位置，马上就要去上任了。"第二天沐浴焚香后就过世了。（选自《王远知传》）

伤害别人的罪过是非常大的，王远知只是因为无意中犯下的小过失，终生劳苦修行都不能抵偿，何况那些大过失呢？何况用刀刃伤害别人，写文章伤害别人，和用过分的言语中伤别人呢？

忍作残害，剖腹自尽

郭霸[①]为御史，谄上虐下。尝按芳州刺史李思徵，搒掠拷禁，不胜楚毒而死。霸后屡见思徵，甚恶之。尝因退朝，遽归，命家人曰："速请僧转经设斋。"须臾，见思徵从数十骑上其庭曰："汝枉陷我，今取汝。"霸周章惶怖，援刀自刳其腹，斯须蛆烂。是日间里亦见兵马数十骑驻于门，少顷不复见矣。（《郭霸传》。《新唐书》作郭宏霸。今录李思徵事，旧书较详悉，故仍之。）

按《太平广记》，唐侍御史郭霸，奏杀宋州三百人，暴得五品。经月患重，台官问疾，见老巫曰："郭公不可救也，有数百鬼遍体流血，攘袂齿，皆云不相放。有一碧衫人喝绯衣人曰：'早合去，何因许时？'答曰：'比缘未得五品，未合去。'"俄而霸以刀子自刺乳下，搅之，曰："大快。"其夜卒。据此，则霸之所以获罪更不一端矣。

【注释】

①郭宏霸：旧唐书称郭霸。武则天时的佞臣。

【译文】

郭霸担任御史，讨好上司，虐待百姓。负责查办芳州刺史李思征一案时，对他严刑拷打，李思征经受不住酷刑而死。郭霸后来多次见到李思征，非常烦恼。有一次退朝后，急忙回家，命令家人说："快快去请僧人来诵佛经设斋饭。"一会儿，郭霸就见到李思征带领几十人马来到他家说："你冤枉陷害我，我今天是来取你性命的！"郭霸惊慌恐惧，拔出刀来自己剖开肚子便死了，很快尸体就生出蛆虫，腐烂了。当天，乡里邻居也看见几十人马据守在郭霸家门外，一会儿就不见了。（选自《郭霸传》。《新唐书》写作郭宏霸。这里录入李思徵的事，《旧唐书》录的较为详细，所以依照《旧唐书》用郭霸的名字。）

根据《太平广记》上说：唐侍御史郭霸，上奏杀死了宋州三百多人，随后很快升到五品官。但过了一个月就生了重病，台官去探视病情，看见一个老巫师说："郭大人的病没救了。有几百个鬼全身流血，捋起衣袖呲牙咧嘴，都说不能放过他。有个穿青绿色衣服的人吆喝穿红色衣服的人说：'早应当抓他去，为什么要这么久？'回答说：'他遭的罪还不够抵偿他为得到五品官时所作的恶，不应让他马上死。'"不一会儿郭霸用刀子刺自己乳下，还用刀在里边乱搅，说："太痛快了！"那天夜里，郭霸就死了。根据这个记载，郭霸之所以获罪遭报应，还不止因为一件事呢。

凶忍恐后，相次而死

万国俊①尝按治岭南流人，悉矫诏戮之，三百余人一时并命。然后锻炼曲成反状以奏。武后乃迁国俊官，并分遣刘光业、王德寿诸人，鞫治剑南、黔中等六道流人。光业等见国俊荣贵，乃效其凶忍，惟恐后之。光业杀九百人，德寿杀七百人，其余少者咸五百人。未几国俊等相次而死，皆见鬼物为祟，或有流窜而终。（《万国俊传》）

《太平广记》：唐侍御史万国俊奏斩流人，杀害无数。后从台出，至天津桥南，有鬼满路，遮截马足，不得前进。口云："叩头缓我。"连声忍痛，俄而据鞍，舌长数寸，遍身青肿。舆至宅，夜半而卒。史所云鬼物为祟，特略言之耳。

【注释】

①万国俊：唐朝武则天时期酷吏，洛阳人。与来俊臣同撰《罗织经》，专事陷害无辜。

【译文】

万国俊曾经奉旨调查岭南流放者一案，他假托圣旨令将流放者全部杀死，三百多人在短时间内一同死去。之后万国俊又罗织罪名，歪曲成流放者造反的罪状上奏。武则天提升了万国俊的官职，同时分别交待刘光业、王德寿等人，审理处治剑南、黔中等六个地方的流放者。刘光业等人见万国俊荣华富贵，于是效仿他的凶暴残忍，生怕杀人数量落于人后。刘光业杀死九百人，王德寿杀死七百人，其他人最少也杀了五百人。没过多久，万国俊等人相继死去，全都看见有厉鬼作祟，有的是被流放而死。（选自《万国俊传》）

《太平广记》记载：唐侍御史万国俊上奏斩杀流放者，杀害的人数无法计算。他有次从御史台出来，到了天津桥南边，有鬼占满街道，拦截马腿，不能往前走。万国俊嘴里说："给你们磕头了，请宽恕我吧。"之后连声喊痛，不久伏在马鞍上，舌头吐出好几寸长，全身又青又肿，等到抬回家中，半夜就死了。史书上所说的厉鬼作祟，特意补充说明如上。

五代史

枉法杀谏，卒于他乡

西方邺为夔州节度使，所为不中法度。判官谭善达数谏邺。邺怒，遣人告善达受人金，下狱，死于狱中。邺病见善达为祟，卒于镇。(《西方邺传》)

【译文】

西方邺担任夔州节度使，所作所为不遵守法令制度。判官谭善达多次向西方邺进谏。西方邺非常生气，他指使人告发谭善达接受他人贿赂，谭善达被抓捕入狱，并死在狱中。西方邺后来生病，看见谭善达的鬼魂作祟，就死在驻守的地方。(选自《西方邺传》)

杀人取财，自杀枭首

汉高祖①入京师，以晋相李崧②第赐苏逢吉，而崧别有田宅在西京，逢吉③遂皆取之，崧即以宅券献逢吉。而崧子弟多出怨言。其后，逢吉乃诱人告崧与弟屿等，下狱。崧款自诬伏，与家僮二十人，谋为乱。狱上中书，逢吉改二十人为五十人，遂族崧家。逢吉夜宿金祥殿东阁，谓人曰："昨夕未暝，已见李崧在侧。生人接死者，无吉事也。"周太祖④兵至，逢吉走赵村，自杀于民舍。太祖定京师，枭其首，适当李崧被刑之所。(《苏逢吉传》)

【注释】

①后汉高祖刘知远(895年~948年)：五代后汉开国皇帝，即帝位后改名刘暠，947年~948年在位，其祖先本为沙陀部人，世居太原。

②李崧（？~948年）：五代时河北深州人，曾在后晋为相，契丹灭晋后，封他为太子太师。后汉破契丹后，收其田宅，后灭其族。

③苏逢吉：五代时后汉长安（今陕西西安）人，后汉时官居中书侍郎，后升任宰相。

④后周太祖郭威（904年~954年）：邢州尧山（今天河北省隆尧）人，五代后周王朝的建立者，951年~954年在位。

【译文】

后汉高祖刘知远率部队进入京城，把后晋宰相李崧的宅第赐给了苏逢吉，而李崧在西京长安还有田宅，苏逢吉就全都占为己有。李崧还把房契也送给了苏逢吉，但李崧的子弟多有怨言。后来，苏逢吉就诱使别人诬告李崧和他弟弟李屿等人，并抓捕入狱。李崧被迫认罪，招认与兄弟俾仆二十人共谋叛乱。在案件上奏的公文中，苏逢吉把二十人改为了五十人，于是诛杀了李崧整个家族的人。苏逢吉夜晚睡在金祥殿东阁，对人说："昨晚一夜没睡着觉，总是看见李崧在我身旁，活人见到死人，这不是好事啊！"后周太祖郭威的兵马攻打过来，苏逢吉逃到赵村，在民舍里自杀身亡。后周太祖平定京城后，割下他的首级示众，恰好就在李崧受刑的地方。(选自《苏逢吉传》)

杀人取财，荡赀亡家

秘琼为成德军节度使，董温其衙内指挥使。后温其被囚，琼乃悉杀温其家庭，瘗之一穴，而取其家赀巨万计。晋高祖①立，以琼为齐州防御使，橐其赀装，道出于魏。时天雄军节度使范延光②以书招琼，琼不至，延光怒，选精兵伏境上。伺琼过，杀之，悉取其赀，以成逻者误杀闻。延光反高祖，赦之许以不死，乃挈其孥归河阳，其行辎重盈路。杨光远③利其赀，遣兵胁之，推坠水溺死，以延光自投水死闻，因尽取其赀。光远反出，帝亦赦之，许以不死。群臣皆以为不可，乃敕李守贞便宜处置。守贞遣使杀之，以病卒闻。(《范延光传》)

余读大学"货悖而入者亦悖而出"而叹保家之道亦在慎所取而已。及证以耳目见闻，某某起家以勤俭，阅世而浸盛矣。某某起家以刻薄，阅世而荡尽矣。其有利人之死，破人之家以为己有者，不逾时而灾及焉。夫饥人不食鸟喙，为其与饿死同患也。临财者奈何不虑其后哉？

【注释】

①晋高祖石敬瑭（892年~942年）：是五代时期后晋开国皇帝，936年~942年在位，庙号高祖。石敬瑭曾割让燕云十六州与契丹并被称为"儿皇帝"。

②范延光（？~940年）：字子环，五代十国后唐、后晋将领。相州临漳（今河北省临漳）人。

③杨光远（？~944年）：字德明，本名阿檀，五代十国后唐、后晋将领。沙陀人。

【译文】

秘琼担任成德军节度使，是董温其的衙内指挥使。后来董温其被囚禁，秘琼就把董温其家里的人全部杀死，埋葬在一个土坑里，同时强夺了他数以万计的家产财物。晋高祖即位后，秘琼被任命为齐州防御使，他用皮口袋装着财宝，取道魏地去上任。当时的天雄军节度使范延光派人送信召见他，秘琼不去相见，范延光非常生气，挑选精兵埋伏在边境上，等着秘琼过来，把他杀死，抢取了他全数的财宝。向朝廷报告说巡逻戍卒因误会杀了他。后来范延光反叛晋高祖，高祖赦免他不死。于是，范延光带着他的妻子儿女回河阳，行走时携载的物资充塞道路。杨光远贪图他的钱财，派兵武力胁迫范延光，把他推进水里淹死了。却奏报朝廷说范延光跳水自尽而死，并趁机窃取范延光的全部资产。后来杨光远反叛投降后唐，皇帝也赦免了他，承诺不杀他，但群臣都认为不可以，于是下令李守贞斟酌自行处置。李守贞派人把杨光远杀死，却宣扬他是病死的。（选自《范延光传》）

我读到《大学》中那句，用违背情理的手段得到的财物，也会不合情理地失去时，就感叹保全家族的方法也在于谨慎获取财物而已。后来耳闻目睹的情况也证实了这一点：有人通过勤劳节俭兴家立业，随着时间推移而越发兴盛。

有人通过冷酷无情建立家业,过段时间家产被洗荡一空。其中有取人性命夺人家财占为已有的,过不了多久就会有灾难临头。所以再饥饿的人也不能取不义之事,因为这跟饿死是一样的可怕啊。面对财产的诱惑,怎么能不考虑以后的报应呢?

枉杀勋旧,天降大雾

马殷①封楚王,有将高郁,素教殷计策,而楚以强。其后殷子希声②矫殷令杀郁。是日大雾四塞,殷怪之,语左右曰:"吾尝从孙儒③,儒每杀不辜,天必大雾,岂马步狱有冤死乎?"明日吏以状白,殷拊膺大哭曰:"吾昏耄如此,而杀吾勋旧。"顾左右曰:"吾亦不久于此矣。"明年殷薨。(《楚世家》)

【注释】

①马殷(852年~930年):字霸图,汉族。原籍许州鄢陵(今河南鄢陵),五代十国时楚国第一代君主。

②马希声(898年~932年):字若讷,五代十国时期南楚国君主,是楚王马殷的次子。后唐明宗长兴元年(930年),马殷去世,马希声继立。

③孙儒(?~892年):唐朝末年军阀之一,蔡州(今属河南)人。孙儒部将马殷后占据湖南一带,建立了十国之一的楚。

【译文】

马殷被封为楚王,他手下有位将领高郁,经常给马殷献计献策,使楚国强盛起来。之后马殷的儿子马希声假托马殷的命令杀害了高郁。这一天大雾四起,马殷感到奇怪,对左右侍从说:"我曾经做孙儒的下属,他每次杀死无辜人的时候,天上一定会下大雾,难道是监狱里面有冤死的人吗?"第二天狱吏把详情报告马殷,他捶胸大哭说:"我怎么老迈昏庸到如此地步,连我有功的老臣都杀了啊!"又看着身边的人说,"我也活不了多久了。"第二年马殷就去世了。(选自《楚世家》)

涂毒良女，受祟而死

王延翰①自称闽王，多选良家子为妾。妻崔氏，性妒，良家子之美者，辄幽之别室，系以大械，刻木为人手，以击其颊，又以铁锥刺之。一岁中死者八十四人。崔氏后病，见其为祟而死。(《闽世家》)

【注释】

①王延翰(？~927年)：字表章，号子逸，河南省固始县人。五代十国时期闽国君主，公元925年，王延翰自称大闽国王，但仍称臣于后唐。公元927年，王延翰的弟弟王延钧及王审知的养子王延禀联手反叛，王延翰被杀。

【译文】

王延翰自封闽王，喜欢选很多清白人家的女子做妾。他的妻子崔氏生性嫉妒，她把出身良家的女子中长得漂亮的，就关在其他房间里，用沉重的镣铐锁上，用木头雕刻成人手的样子，打她们的面颊，又用铁锥刺她们。一年中死了84个人。崔氏后来得了重病，见到恶鬼作祟而死。(选自《闽世家》)

籍没人赀，受磔于市

闽王王鏻①，以薛文杰为国计使。文杰多籍没富人赀，闽人皆怨。吴人攻建州，鏻遣将救之，兵行在道不肯进，曰："得文杰乃进。"乃以槛车送文杰军中，磔于市。初文杰为鏻造槛车，谓古制迂阔，乃更其制，令上下通，中以铁芒内向，动辄触之。既成，首被其毒。(《闽世家》)

【注释】

①闽惠宗王延钧(？~935年)：后改名王鏻，五代时期闽国君主，王延翰之弟。

【译文】

闽王王鏻任命薛文杰为负责考察官吏的官员。薛文杰经常没收有钱人的家产,福建当地的人都怨恨他。吴国人攻打建州,王鏻派兵救援,士兵们走在半路不肯前进,并说:"抓到薛文杰才能进军。"于是(闽王派人)用囚车把薛文杰送到军中,士兵们将他凌迟处死。当初薛文杰为王鏻建造囚车时,说以前用的囚车不实用,于是重新设计了囚车,将车上下底打通,把铁做的刀刃向内竖立,只要一动囚犯就会碰到刀刃。囚车做成后,薛文杰头一个尝到了苦果。(选自《闽世家》)

枉杀兄弟,自受其戮

王鏻父审知^①有养子延禀^②,鏻杀之。其后鏻飨军士于大酺殿,坐中昏然,言见延禀来。明日遂为李倣等所杀。(《闽世家》)

【注释】

①闽太祖王审知(862年~925年):字信通,一字详卿。军中号白马三郎,光州固始(今河南固始)人,五代时期闽国创建者,受封闽王,在位17年。

②王延禀(?~931年):原名周彦琛,王审知的养子。

【译文】

王鏻父亲王审知有个养子王延禀,王鏻杀死了他。之后王鏻在大酺殿宴请军士,大家都喝得醉醺醺时,王鏻说看见王延禀来了。第二天,他就被李倣等人杀死。(选自《闽世家》)

宋 史

爱惜物命，临危无患

杨廷璋①周祖②时为河阳巡检，知州事。泾帅史懿称疾不朝。周祖命廷璋往代之，将行，谓之曰："懿不受命，即图之。"廷璋至，屏左右以诏书示懿，谕以祸福，懿即日载路。及宋初，廷璋在晋州，太祖③命荆罕儒为钤辖，罕儒以廷璋周朝近亲，疑有异志，每入府，从者皆持刀剑，欲图廷璋。廷璋推诚待之，殊不设备，罕儒亦不敢发，终亦无患。议者以廷璋在泾州保全史懿，阴德之报也。（《杨廷璋传》）

【注释】

①杨廷璋（912年~971年）：字温玉，镇州真定人。后周太祖郭威的妻弟（郭威第二任妻子杨淑妃的弟弟）。

②后周太祖郭威（904年~954年）：邢州尧山（今天河北省隆尧）人，或谓"周祖"，字文仲。五代后周王朝的建立者。

③宋太祖赵匡胤（927年~976年）：宋朝的开国帝王，庙号太祖，祖籍涿州（今河北），生于洛阳夹马营。在位16年。

【译文】

杨廷璋在后周太祖时担任河阳巡检，主管州里事务。泾州统帅史懿称病不来朝见。周太祖派杨廷璋去接替他，准备出发时，周太祖对他说："如果史懿不接受命令的话，就设法对付他。"杨廷璋到泾州以后，让侍从回避后把诏书给史懿看，向他说明其中的利害，史懿当天便上路朝见。等到宋朝初年，杨廷璋在晋州时，宋太祖任命荆罕儒为兵马钤辖，荆罕儒因为杨廷璋是后周皇室的近亲，怀疑他有异心，每次荆罕儒进入府中，跟随的人都手持刀剑，想要对付杨廷璋。杨廷璋诚心诚意地对待他，竟然不设防备，荆罕儒也不敢轻举妄动，最终也没发生祸患。议论的人认为是杨廷璋在泾州时保全史懿性命，积了阴德得到的回报。(选自《杨廷璋传》)

累为统帅，无德庇后

王彦超[①]官右金吾卫上将军，将致政，每戒诸子曰："吾累为统帅，杀人多矣，身死得免为幸，必无阴德以及后，汝曹勉为善事，以自庇。"及卒，诸子果无达者。宣化门内有大第，园林甚盛，不十余年，其家已鬻之矣。(《王彦超传》)

【注释】

①王彦超(914年~986年)：字德升，大名临清(今河北临西)人，为五代及北宋初年的著名将领。屡建战功，声名显赫。官至右金吾卫上将军，封邠国公。

【译文】

王彦超官至右金吾卫上将军，即将退休时，经常告诫几个儿子说："我多次担任统帅，杀的人很多，自身能免于横死已属侥幸，必定没有阴德留给后代，你们努力做善事来保护自己吧。"去世后，儿子们果然没有显达之人。他曾在宣化门外有个大宅院，园中树林非常茂盛，不过十多年，他家就已经把宅院卖了。(选自《王彦超传》)

冤累无辜，久病至卒

赵普[①]久病，以太师致政。及疾笃，遣亲吏甄潜诣上清太平宫致祷，神为降语曰："赵普宋朝忠臣，久被病，亦有冤累耳。"潜还，普力疾冠带出中廷，聆神言涕泗感咽，是夕卒。(《赵普传》)

按史称秦王廷美②、卢多逊③之狱,普实有力焉。普受昭宪太后④遗旨,而卒背之,所谓冤累者,此其大者矣。

【注释】

①赵普(922年~992年):字则平。北宋初年宰相。出生于幽州蓟县(今北京),后先后迁居常山(今河北正定)、洛阳(今河南洛阳)。

②赵廷美(947年~984年):宋太祖赵匡胤四弟,父赵弘殷,母陈国夫人耿氏。宋太宗即位后屡屡贬斥,忧惧而死。

③卢多逊(934年~985年):北宋宰相,怀州河内(今河南沁阳)人。太平兴国七年(982年),赵普告发卢多逊与秦王赵廷美暗通,图谋不轨,全家发配崖州。

④昭宪太后(902年~961年):杜氏,为赠太师杜爽长女,母范氏。宋宣祖赵弘殷正室、宋太祖赵匡胤生母。

【译文】

赵普身体一直不好,在太师的职位上退休。病得很严重时,他派遣亲信甄潜到上清太平官祈祷。神灵降语说:"赵普是宋朝忠臣,长期患病,也是有冤情连累的缘故。"甄潜回来后,赵普勉强支撑病体把官服穿戴整齐,到中庭聆听神灵的话,哭泣流涕,这天晚上就去世了。(选自《赵普传》)

根据史料记载,杨廷美和卢多逊被下狱一案,赵普确实起了很大的作用。赵普曾接受昭宪太后的遗嘱,后来却违背太后遗愿。所谓被冤情连累,这就是其中很大的一桩了。

慈心不杀,阴德后世

李超为禁卒,尝从潘美①军中,主刑刀。美好乘怒杀人,超每潜缓之,美怒辄解,得释,以是全者甚众。人谓其有阴德,子浚中进士,累官至右司郎中,出知秦州。(《潘美传》)

【注释】

①潘美(925年~991年)：北宋初将领，字仲询。大名(今属河北)人。在北宋灭南汉的战争中担任主要统帅。官至客省使。

【译文】

李超担任牢房看守，曾经跟随在潘美军队中，专门负责行刑。潘美喜欢在愤怒的时候杀人，李超经常暗中延缓执行，等潘美的怒气消了，犯人就被释放了，因此保全了很多人。人们都说李超积了阴德，他的儿子李浚中了进士，官位做到了右司郎中，出任秦州知县。（选自《潘美传》）

爱惜物命，独享殊荣

李昉①年七十，以司空致政。至道元年正月望，上观灯乾元楼，召昉，赐坐，酌御樽酒饮之，自取果饵以赐。因顾侍臣曰："李昉事朕，两入中书，未尝有伤人害物之事，宜其今日所享如此，可谓善人君子矣！"（《李昉传》）

【注释】

①李昉(925年~996年)，字明远，深州饶阳(今属河北)人。五代后汉乾祐年进士。宋代著名学者。

【译文】

李昉70岁时，在司空的官位上退休。至道元年(995年)正月十五，皇上在乾元楼看灯，召见李昉，在旁边赐座，倒御樽酒给他喝，还亲自取果子糕饼赏赐他。接着对侍臣说："李昉在我手下做事，两次任中书令，未曾有过伤人害物的事，他今天应该有这样的享受，真可以称为善人君子啊！"（选自《李昉传》）

深文少恩，酷吏无嗣

苏晓累官至谏议大夫，判大理寺。深文少恩，当时号为酷吏。及卒无子，有一女甚钟爱，亦先晓卒。人以为深刻所致。(《苏晓传》)

【译文】

苏晓升官到谏议大夫，掌管大理寺。他苛刻严峻缺少恩德，当时被称为酷吏。到去世时没有儿子，只有一个非常钟爱的女儿，也先苏晓而死。人们都认为是他严酷刻薄的缘故。(选自《苏晓传》)

愿人流贬，自至死途

卢多逊之贬崖州也，李符白赵普曰："珠崖虽远在海中，而水土颇善，春州稍近，瘴气甚毒，至者必死。愿徙多逊处之。"普不答。及符以罪徙岭表，普移符知春州，至郡，岁余卒。(《李符传》)

【译文】

卢多逊被降职发配到海南，李符对赵普说："海南虽然远在海中央，但水土还是很养人的，春州稍微近一些，湿热之气却很伤人，到那里的人必定活不成，希望把卢多逊发配到春州去。"赵普没有回答。等到李符因为获罪被发配到岭南时，赵普改让李符发配春州，到了春州后，一年多李符就死了。(选自《李符传》)

谗毁杀人，生疡疾卒

徐休复知广州，与转运使王延范不协，诬奏延范私养术士，厚待过客，抚部下吏有恩，与故人书，作隐语，侦朝廷事，反状已具。诏遣内侍阎承翰与休复同按劾之，遂抵于法。休复后疡生于脑，既而疾甚，若见王延范。但

193

号呼称"死罪",数日卒。(《徐休复传》)

【译文】

　　徐休复担任广州知州,和转运使王延范关系不和,上奏诬陷王延范私养方士,款待招揽过往客人,体恤部下施与恩惠,跟朋友写信用暗号隐语,侦探朝廷的政事,谋反的罪证非常明显。皇帝下诏派内侍阎承翰和徐休复一同考察核验此事,于是被判定谋反死罪。徐休复后来头上生了一个疮,很快病情加重,好像看见王延范一样。徐休复只是大声地喊"死罪",几天后就死了。(选自《徐休复传》)

讦人之私,号呼而死

　　雷有邻举进士不第,时有诏,应摄官三任详由全者许投牒有司,即得召试录用。有邻素与前摄上蔡主簿刘伟交游,知伟虽尝三摄,而一任失其详由。伟伪造呈官,由是得试遇铨。遂具章告其事,下御史府按鞫,狱具伟坐弃市。有邻授秘书省正字,赐公服靴笏、银鞍勒马、绢百匹。自是累上疏密告人阴事。俄被病,白昼见伟入室,以杖笞其背。有邻号呼闻于外,数日而死。(《雷德骧传》)

【译文】

　　雷有邻考进士没有考中,当时有诏令,代理官员三期任职的证明文书齐全的,允许呈递公文给有关部门,就可得到皇帝面试录用的机会。雷有邻一向与原上蔡代理主簿刘伟有交往,知道刘伟虽然曾代理过三任官职,却有一任丢失了证明文书。刘伟伪造了那份丢失证明上交官府,因此得到参加官员选拔的机会。于是雷有邻就撰写奏本告发他的事。交给下御史府审理,罪名成立刘伟定罪处死。雷有邻被授予秘书省正字的官职,并赐给官服、官靴和笏板,银马鞍和马缰绳,以及一百匹绢。从此他多次上疏密告别人的隐秘之事。不久雷有邻得病,在白天看见刘伟进入他的居室,用杖打他的后背。雷有邻号叫的声音外面的人都

能听到,几天后死去。(选自《雷德骧传》)

遏恶劝善,王氏三槐

王旦①父祐②尚书兵部侍郎,尝谕杜重威③使无反汉,拒卢多逊害赵普之谋,以百口明符彦卿无罪。世多称其阴德。祐手植三槐于庭,曰:"吾后世必有为三公者,此所以志也。"旦幼沉默,祐器之曰:"此儿当至公相。"及长进士及第,知平江县。其廨旧有物怪凭戾,居者多不安。旦将至之前夕,守吏闻群鬼哨呼曰:"相公至矣,当避去。"自是遂绝。后旦果居相位。(《王旦传》)

【注释】

①王旦(957年~1017年):字子明。大名莘县(今属山东)人。北宋宰相。王旦任宰相时,寇准多次在宋真宗面前说王旦的短处,然而王旦却极力称赞寇准。后来寇准自觉德量远不及王旦。

②王祐:字景叔,五代十国时期人物,后为北宋官员,官至尚书兵部侍郎。后代因三槐预言而衍生出三槐王氏而颇为著名。

③杜重威(?~948年),是五代朔州(今山西省朔县)人。五代后晋大臣,晋高祖石敬瑭的妹夫。

【译文】

王旦的父亲王祐担任尚书兵部侍郎,曾经劝说杜重威不反叛后汉,拒绝卢多逊谋害赵普的计划,极力为符彦卿辩明无罪。世人大多称赞他积了阴德。王祐亲手在庭院里种了三棵槐树,说:"我的后代必定有位至三公的人,种此树来记下这个志向。"王旦从小少言寡语,王祐器重他说:"这个孩子将来做官应该可以当宰相。"等到长大了王旦考中进士,任平江县知县。当地官府传闻有怪物占据捣乱,居住的人大多不得安宁。王旦到任的前一天晚上,看门人听见一群鬼呼啸高喊道:"宰相大人到了,我们避开吧。"从此鬼怪绝迹了。后来王旦果

然做到宰相。(选自《王旦传》)

仁政慎刑，后世必兴

王钦若①之祖郁为濠州判官。将死，告家人曰："吾历官逾五十年，慎于用刑，活人多矣，后必有兴者。其在吾孙乎。"钦若位至司徒。(《王钦若传》)

【注释】

①王钦若(962年~1025年)：是北宋初期的政治家。字定国，谥文穆，临江军新喻(今江西省新余县东门王家)人。宋真宗时期的宰相。

【译文】

王钦若的祖父王郁担任濠州判官。他临死前对家人说："我做官超过五十年了，用刑非常谨慎，救活了很多人的性命，我的后代一定会有兴旺之人。也许会回报在我孙子身上吧！"王钦若后来官拜司徒。(选自《王钦若传》)

善巧护民，后世荣兴

刘沆①吉州永新人，祖景洪。始，杨行密得江西，裨将彭玕据州自称太守。属景洪以兵，欲协众附湖南。景洪伪许之，复以州归行密，退居不仕。后尝告人曰："我不从彭玕，几活万人，后世当有隆者。"因名所居北山曰"后隆山"。山有牛僧孺②读书堂，即故基筑台曰"聪明台"。沆母梦衣冠丈夫曰："牛相公来"。已而有妊，生沆。位终兵部尚书。(《刘沆传》)

或以景洪不辞贼托，非君子重然诺之道。顾当玕据城跋扈，赫然一大寇，非委曲审机，安能为一州保命哉？尾生之信，不如随牛之诞。信夫。

【注释】

①刘沆(995年~1060年)：字冲之，号庐山，吉州永新(今江西永新县)人。

进士及第,名列第二。宋仁宗时任参知政事(副宰相)、同中书门下平章事(宰相)共7年。

②牛僧孺(779年~847年),字思黯,安定鹑觚(今甘肃灵台)人。唐穆宗、唐文宗时宰相。

【译文】

刘沆是吉州永新人,祖父刘景洪。当初杨行密占据江西,衙将彭玕盘踞一州自封太守。彭玕把军队委派给刘景洪,想要胁迫大家归附湖南。刘景洪假装答应他,却把州城交还给杨行密,从此辞官归隐。后来刘景洪曾对别人说:"我没有听从彭玕,差不多让上万人保住性命,我的后代应该会有兴盛之人。"于是把他隐居的北山称作"后隆山"。山上有一座唐朝宰相牛僧孺的读书堂,就在原来的地基上建造了一个台叫"聪明台"。刘沆母亲梦见一位穿衣戴冠的男子说:"牛宰相来了。"不久就怀孕了,生下刘沆,官至兵部尚书。(选自《刘沆传》)

有人认为刘景洪不拒绝乱贼的请求,不合君子重承诺的原则。只是当彭玕占据城池,为所欲为时,显然是一个强大的敌人,若不是曲意应承、审时度势,怎么能够保全一州人的性命呢?像尾生那样不权衡大局的坚守承诺,不如像弦高献牛的欺诈更有意义,确实是这样啊!

祭礼不诚,暴疾而终

李寿朋性疏隽,奉祠西太一宫,饮酒食肉如常时,暴得疾卒。(《李寿朋传》)

【译文】

李寿朋生性不拘礼法,主持西太一宫的祭祀,却还饮酒吃肉像平常一样,突然患病死去。(选自《李寿朋传》)

护生免难，八子知名

田况父延昭在契丹时，契丹寇澶州，略得数百人以属延昭。延昭哀之，悉纵去。因自脱归中国。延昭生八男子，多知名。况长子也，保州之役，况坑杀降卒数百人。卒无子，以兄子为后。(《田况传》)

【译文】

田况的父亲田延昭在契丹时，契丹侵扰澶州，掳掠了几百人，交给田延昭管理。田延昭同情他们，把他们都放走了，自己也借机脱身回归中原。田延昭有八个儿子，大多很出名。田况是他的长子，在平定保州的战役中，田况活埋了几百名投降士卒。最终田况绝后无子，过继兄弟的儿子为后人。(选自《田况传》)

赈灾济民，延寿七年

查道①事母以孝闻，母尝病思鳜羹。方冬苦寒，道泣祷于河，凿冰取之，得鳜尺许，以馈。又刺臂血写佛经，母疾寻愈。后官右司郎中，出知虢州。岁歉，出官廪米赈之，又设粥糜以救饥者。所全活万余人。平居禄赐，所得辄散施亲族，与人交多所周给。深信内典，居多茹素。尝梦神人谓曰："汝位至正郎，寿五十七。"而享年至六十四，论者以为积善所延也。(《查道传》)

【注释】

①查道(955年~1018年)：宋代大臣，著名孝子。字湛然，歙州休宁(今属安徽)人。

【译文】

查道奉养母亲出了名的孝顺，母亲曾经生病时想吃鳜鱼羹。当时正值严冬酷寒时节,查道哭泣着在河边祷告,凿开冰抓鱼,得到一尺长的鳜鱼,拿给母亲吃。他又刺破手臂,用血书写佛经,母亲的病很快就痊愈了。后来查道担任右司郎中,出任虢州知州。当年粮食收成不好,他开仓放粮救济百姓,还施舍粥饭救济挨饿的人。保全救活了一万多人。平日得到的俸禄和赏赐,就施舍救济同宗族的人,与人交往经常接济别人。他对佛经深信不已,日常生活大多吃素。曾经梦见神仙对他说:"你的官位可以做到正郎,寿命是五十七岁。"但他却活到了六十四岁,谈论此事的人认为是他积德行善而延年益寿了。(选自《查道传》)

宽人一命,自生贤子

嵇颖父适主簿。民有父子坐重系,府檄适按之,抵其父于法,而子获免。父死假人言曰:"主簿仁人也,行且生贤子,后必大。"明年颖生,官翰林博士。(《嵇颖传》)

【译文】

嵇颖的父亲嵇适,曾经担任石首主簿。百姓中有父子两人犯了重罪,官府命令嵇适审讯他们。他把父亲依法惩办,把儿子释放了。父亲死后,附身到别人身上说:"嵇主簿是个仁德的人,一定会有贤能的儿子,后代一定大有作为。"第二年嵇颖出生,官位做到翰林博士。(选自《嵇颖传》)

为民请命,预知时至

张洞[①]在馆阁,数有建明。出知棣州,所奏多便民。累迁淮南转运使。洞在棣时,梦人称敕召者,既出,如拜官然,顾视旌旗吏卒罗于庭。至是梦之如初,自以年不能永。部分家事,未几卒。(《张洞传》)

【注释】

①张洞:字仲通,开封祥符(今河南)人,北宋大臣。

【译文】

张洞在馆阁（负责管理图书经籍和编修国史等事务）任职，多次给朝廷提供建设性意见。他在棣州担任知州时，上奏的事情大多为了便利百姓。（之后他）多次升职做到淮南转运使。张洞在棣州时，梦见有人自称"奉命来召唤的人"，张洞跟着出去，好像拜官的样子，回头看到庭院中散布着旌旗、官吏和士卒。现在，又做了同样的梦，张洞知道自己寿命不长了，于是安排好家事，没多久就去世了。（选自《张洞传》）

宽人性命，后世阴福

李仕衡①初为鄠县主簿。田重进守京兆，命仕衡鞫死囚五人，活者四人。重进②即其家谓曰："子有阴施，此门当高大之。"仕衡官至同州观察使。（《李仕衡传》）

【注释】

①李仕衡：字天均，祖籍秦州成纪（今甘肃秦安县），北宋大臣，拜为尚书左丞。任内屡为百姓上书。

②田重进（929年~997年）：幽州（河北北部及辽宁一带）人，北宋将领。体形高大，武力过人。

【译文】

李仕衡最初担任鄠县主簿。田重进驻守京都，命令李仕衡审问五个死刑犯，其中有四个人被免于死罪。田重进到他家时对他说："你积下了阴德，将来必有做大官的机会。"李仕衡后来做到了同州观察使。（选自《李仕衡传》）

失信杀降，必受恶报

杜杞①为广南西路转运按察安抚使，时区希范②与白崖山蛮蒙赶③反。

杞遣使诱之使降,赶来降,杞谓将佐曰:"贼以穷蹙降我,不可以恩怀,不如杀之。"乃击牛马为会,伏兵发,诛七十余人。后三日,又得希范,醢之。御史梅挚④劾杞杀降失信,诏戒谕之。杞一日据厕,见希范与赶在前诉冤。杞叱曰:"尔犹僭叛命,法当诛,尚敢诉耶!"未几卒。(《杜杞传》)

【注释】

①杜杞(1005年~1050年):字伟长,金陵(今江苏南京)人。北宋官员,通阴阳术数之学。

②区希范(?~1045年):壮族,宋代进士,广南西路宜州所辖环州思恩县(今广西环江毛南族自治县)人。庆历四年(公元1044年)区希范率领其族人反叛宋朝,第二年宋兵大破环州被杀。

③蒙赶(?~1045年):环州思恩县(今广西大化)人。庆历四年(1044年),同区希范和其叔区正辞率领族人反宋后,被推举做皇帝,建立大唐国。第二年起义失败被杀。

④梅挚(994年~1059年):字公仪,北宋成都府新繁县人,为官32年,清正廉洁,政绩卓著。

【译文】

杜杞担任广南西路转运按察安抚使,当时区希范和白崖山的壮族人蒙赶造反。杜杞派遣使者诱使他们投降,蒙赶来投降,杜杞对手下将领说:"反贼因为走投无路来投降,不可以慈悲为怀,不如都杀掉。"于是杀牛马办下宴席,同时埋伏兵马,杀死七十多人。三天后,杜杞又抓获区希范,乱刀将他剁死。御史梅挚弹劾杜杞杀害降兵失信于民,朝廷诏令他引以为戒。有一天杜杞上厕所,见到区希范和蒙赶在他面前诉说冤情,杜杞呵斥道:"你们越分叛上,依法应该诛杀,还敢诉冤!"没多久杜杞就死了。(选自《杜杞传》)

品行笃正,天赐钱财

李寅为衢州司理参军,母老,弃官归。子虚己①官尚书工部侍郎。太宗尝赐虚己钱，翌日语宰相曰："虚己诗思可嘉，予钱五千缗矣。"宰相对以所予乃五十万，帝知其误。论者谓虚己父子笃，其家甚贫，虽人主一时之误，殆天赐也。（《李虚己传》）

【注释】

①李虚己：字公受，建安（今福建建瓯市）人。父亲李寅，少年曾在南唐庐山国学读书。官至诸司使。弟弟李虚舟，北宋任太子洗马职。女婿晏殊，北宋著名词人。

【译文】

李寅担任衢州司理参军，母亲年老体弱，他就辞官回乡。儿子李虚己官位做到尚书工部侍郎。宋太宗曾经赏赐李虚己钱财，第二天他对宰相说："李虚己做诗的才能值得嘉奖，我赏他五千钱了。"宰相回答说赏赐的是五十万钱，皇帝知道失误。人们评论说王虚己父子品行纯厚，家里非常穷，虽然君主一时弄错，大概也是上天的恩赐吧。（选自《李虚己传》）

诱杀屠城，子遭磔刑

贝州戍卒谋反，推虞侯赵咸雍为首。官擒其党斩之，磔咸雍于市。先是咸雍父鏻，晋天福中，尝诱敌屠州城。至是五十年，而其子戮于都市。旧老犹记其事，共异之。（《周审玉传》）

【译文】

贝州守卫士兵叛乱，推举虞侯赵咸雍做首领。官府将他的党羽抓获斩首，将赵咸雍以车裂刑法处死于集市。此前赵咸雍的父亲赵鏻，在晋天福年间，曾经引诱敌军屠杀州城百姓。到此时正好五十年，他的儿子被杀死在都城中的集市。老人们还记起当年的事，非常惊异因果报应的灵验。（选自《周审玉传》）

日行夜告，安坐而逝

赵抃①长厚清修，施德惇贫，不可胜数。日所为事，入夜必衣冠露香，以告于天，不可告，则不敢为也。位至太子少保。年七十七，将终，词气不乱，安坐而逝。(《赵抃传》)

按金海陵王②问鬼神事于杨伯雄，伯雄曰："家有一卷书，记人死复生，或问冥官何以免罪。答曰：'汝置一书，白日所为，暮夜书之。不可书者，是不可为也。'"海陵为之改容。元宇文公谅③，虽暗室必正衣冠端坐。尝挟于记一册，识其篇首曰："昼有所为，暮则书之。其不可书，即不敢为。"近世袁氏功过格，风行于世，其法亦本乎。此有志克复者，奉为程式，其亦入门之捷径乎。

【注释】

①赵抃（1008年~1084年）：字阅道，号知非子，北宋官员，衢州西安（今浙江衢县）人。弹劾不避权势，时称"铁面御史"。累官至参知政事，以太子少保致仕。

②完颜亮（1122年~1161年）：女真名迪古乃，字元功，金代第四位皇帝。史称海陵王。在位12年。

③宇文公谅：字子贞，元朝湖州归安（今浙江吴兴）人。国子监丞、江浙提学，官至岭南廉访司佥事。

【译文】

赵抃为人恭谨宽厚，操行廉洁，抚恤的孤寡贫寒，数不胜数。每天所做的事情，到晚上一定要整肃衣冠，露天烧香向上天禀告，凡是不能对天禀告的事情，就不敢去做。官位做到太子少保，77岁那年临终时，说话思路清晰，安然打坐去世。（选自《赵抃传》）

编者按语：金代海陵王完颜亮向杨伯雄询问鬼神的事，杨伯雄说："我家有一本书，上面记录了人死后又复生的事情，有人问地府冥官如何做才可以免死罪呢?冥官回答说:'你准备一个本子,白天所做的事情,晚上写下来。不能写的内容就是不能做的事情。'"海陵王听了为之动容。元朝的宇文公谅,虽然独处暗室,也一定正襟危坐,无有懈怠。曾经随身携带一个记事本,写在开篇首页上的话是:"白天所做所为,晚上全部记录下来。不能记录下来的事情就是不敢做的事情。"明代袁了凡先生使用的功过格,在社会上很流行,他的方法也是来源于此。这是有志于克己复礼的人,应该遵照执行的方法,同时也是修学入门的捷径啊!

杀降戮弱,狂病而亡

王韶①屡主军事,用兵有机略。其交亲多楚人,依韶求仕。乃分属诸将,或杀降敌老弱争以首级为功。韶晚节言动不常,颇若病狂状,后病疽洞见五脏,盖亦多杀征云。(《王韶传》)

【注释】

①王韶(1030年~1081年):北宋名将。字子纯,江州德安(今属江西)人。

【译文】

王韶多次主管打仗的事,用兵很有韬略。他结交亲近的人大多是楚人,投靠王韶谋取官职,他就分头嘱咐诸将领,杀死投降的敌兵和老弱,把首级给亲友去邀功请赏。王韶晚年时言语行动都很反常,很像是发疯的样子。后来又生了毒疮,肉烂到能看见里面的五脏,大概是滥杀无辜受报应的证明。(选自《王韶传》)

从政为民,水患不侵

杜常①以龙图阁学士知河阳军,苦旱,及境而雨。大河决,直州西上埽,势危甚。常亲护役,徙处埽上,埽溃水溢,及常坐而止。于是役人尽力,

河流遂退,郡赖以安。(《杜常传》)

【注释】
①杜常:字正甫,卫州(今河南汲县)人,昭宪皇后族孙。宋英宗时进士,宋徽宗崇宁中拜工部尚书。以龙图阁学士知河阳军。卒年七十九。

【译文】
杜常以龙图阁学士的身份掌管河阳军,当地正被大旱困扰,他一到河阳境内就下了雨。黄河决口,大水直冲向州城西边的上堤,形势非常危急。杜常亲自参与护堤的工作,搬到河堤上住,堤岸被冲开河水泛滥,一直淹到杜常座位下才停止。于是服役的百姓尽力抢险,河水才退下,州郡得以转危为安。(选自《杜常传》)

诈伪杀降,断颈而死

林广讨泸蛮还,疽发断颈卒。其在泸也,以赦书招蛮,既降而杀之,此其短也。遄被恶疾死,或以为杀降之报云。(《林广传》)

【译文】
林广讨伐泸州的少数民族后返回,毒疮发作脖子烂断而死。他在泸州时,用赦免诏书招降蛮军,等到他们投降了又戮杀他们,这是他的过失。他很快身患绝症而死,有人认为是戮杀降兵的报应。(选自《林广传》)

忠孝正直,邪恶无侵

刘安世①为章惇②、蔡京③所忌恶,徙梅州。惇与京犹必置之死,擢一土豪为转运判官,使往杀之。判官疾驰将至梅,梅守遣客来劲安世自为计,安世色不动,对客饮酒谈笑。判官未至二十里许,忽呕血暴卒。安世遂免,后赦还卒。安世忠孝正直,皆则象司马光④。卒后二年,金人发其冢,貌如生,相惊语曰:"异人也。"为之盖棺乃去。(《刘安世传》)

【注释】

①刘安世(1048年~1125年):北宋官吏。字器之,号元城、读易老人。魏(今河北大名西北)人。以直谏闻名的大臣,被时人称之为"殿上虎"。

②章惇(1035年~1105年):字子厚,建州浦城(今属福建)人。为宋朝的政治人物,新旧党争的要角。

③蔡京(1047年~1126年):字元长。北宋兴化仙游(今属福建)人。北宋时的政治家及书法家,先后四次任宰相,掌权共达17年之久。历代被认为是"贪渎最严重的权相"。宋钦宗即位后,蔡京被贬岭南,途中死于潭州。

④司马光(1019年~1086年):字君实,号迂叟。享寿68岁。陕州夏县涑水乡(今山西省夏县)人,北宋政治家、文学家、史学家,历仕仁宗、英宗、神宗、哲宗四朝。他主持编纂了中国历史上第一部编年体通史《资治通鉴》。

【译文】

刘安世遭章惇和蔡京嫉恨,被发配广东梅州,章惇和蔡京还一定要置他于死地。他们提拔当地土豪当了转运判官,派他去杀害刘安世。判官飞快疾驰快要到达梅州时,梅州的守官派客人来规劝刘安世想办法应对。刘安世不动声色,与客人饮酒谈笑。判官离梅州还有二十里左右时,突然吐血死亡。刘安世就免于一难,后来被赦免回乡后过世。刘安世的忠孝正直,都效仿司马光,死后两年,金兵挖开他的坟墓,他的样貌还和活着时一样,士兵相互惊叹地说:"真是奇人呀!"给他覆盖好棺材离去了。(选自《刘安世传》)

贬正排贤,后祀断绝

安惇陷害忠良,天下怨疾。其后惇长子郊,坐指斥诛。流其次子邦于涪,其祀遂绝。人以为惇平生数陷忠良之报云。(《安惇传》)

【译文】

安惇陷害忠良,引来天下人憎恨。他的长子安郊,因犯指斥罪被诛杀。流放他的二儿子安邦到四川,他的后代就断绝了。人们认为是安惇平生多次陷害忠良的报应。(选自《安惇传》)

宅心仁厚,谈笑而逝

乔执中宽厚有仁心,屡典刑狱,雪活以百数。绍圣初,以宝文阁待制知郓州。梦神人畀以骑都尉,诘旦为客言之,少焉,谈笑而逝。(《乔执中传》)

【译文】

乔执中宽容厚道有仁爱之心,多次掌管刑狱之事,昭雪冤狱救活人命达到一百多人。宋哲宗绍圣初年,以宝文阁待制身份做郓州知州。梦见神仙告诉他做骑都尉,第二天早上跟客人说到此事,过了一会儿,谈笑着去世了。(选自《乔执中传》)

至孝执丧,天赐良药

张汝明事亲孝,执丧,水浆不入口三日。日饭脱粟饮水,无醯盐草木之滋浸。病羸,行辄踣。梦父授以服天南星法,用之验,人以为孝感。(《张汝明传》)

【译文】

张汝明对父母非常孝敬,服丧期间,三天没有喝水吃饭。后来他每天不吃饭,只是喝水,没有醋、盐、蔬菜的滋养。张汝明染上疾病后身体很虚弱,一走路就摔倒。他梦见父亲教他服用天南星(一种草药)来治病,他用后很灵验。人们认为是他的孝心所感应的。(选自《张汝明传》)

207

谗毁忠良，子亦受报

罗汝楫①为侍御史，受秦桧②旨，弹论岳飞③。后汝楫卒。其子愿知鄂州，有治绩。以父故不敢入岳庙。一日自念吾政善，姑往祠之。甫拜，遽卒于像前。(《罗汝楫传》)

【注释】

①罗汝楫（1089年~1158年）：字彦济，徽州歙县呈坎人。宋高宗时，任监察御史，秦桧党羽。

②秦桧（1091年~1155年）：字会之，江宁（今江苏南京）人，北宋末年任御史中丞。南归后，任礼部尚书，两任宰相，前后执政十九年，因以"莫须有"的罪名处死岳飞而遗臭万年。

③岳飞（1103年~1142年）：字鹏举，河南相州汤阴（今河南省安阳市汤阴县）永和乡孝悌里人，南宋名将。位列南宋中兴四将（岳飞、韩世忠、张俊、刘光世）之首。

【译文】

罗汝楫担任侍御史时，受到秦桧指使，弹劾岳飞。后来罗汝楫死了，他的儿子罗愿做鄂州知州，为政作出成绩。因为父亲的原因罗愿不敢进供奉岳飞的寺庙。一天他自己感觉施政有功绩，姑且去祭祀下岳庙。罗愿才刚下拜，就死在岳飞像前。(选自《罗汝楫传》)

孝友天至，风暴不侵

颜师鲁①孝友天至，初官番禺，丧父归，扶柩航海。水程数千里，甫三日登于岸，而飓风大作，人以为孝感。(《颜师鲁传》)

【注释】

①颜师鲁(1118年~1193年)：字几圣。南宋政治人物，福建漳州人。先后任礼部侍郎兼吏部、吏部尚书兼侍讲、以龙图阁直学士知泉州。

【译文】

颜师鲁天性孝顺友爱，当初在番禺做官，父亲去世回乡安葬，带着灵柩在海上航行。走了几千里的水路，过了三天，刚刚上岸，就刮起了猛烈的飓风。人们认为是他的孝心感动上天。（选自《颜师鲁传》）

谄上欺下，受狱而亡

高登①为静江府古县令，师胡舜陟②谓登曰："古县秦太师父旧治，实生太师于此，盍祠祀之？"登曰："桧为相亡状，祠不可立。"舜陟大怒，遂罢登官。创桧祠，而自为记。且诬登罪，诏送静江府狱。登母死，归葬母。讫事，诣狱，而舜陟先以事下狱死矣。事卒昭白。（《高登传》）

高登事母至孝，尝舟行至封康间，阻风，方念无以奉晨膳，忽有鱼跃于前。

【注释】

①高登（1104年~1159年）：字彦先，号东溪，漳浦县杜浔乡宅兜村（今福建）人，南宋的爱国者，词人。

②胡舜陟（1083年~1143年）：字汝明，晚年自号三山老人，徽州绩溪（今属安徽）人。历官监察御史、御史、集英殿修撰、庐州知府、广西经略使，为秦桧恶党，受诬下狱死。

【译文】

高登担任静江府古县县令，他的老师胡舜陟对他说："古县是秦太师（秦桧）父亲以前治理过的地方，事实上太师也出生在此，为什么不立祠祭祀他呢？"高登说："秦桧当宰相为非作歹，生祠不能设立。"胡舜陟大为恼怒，于是罢免了高登的官职。胡舜陟创立秦桧祠,还亲自撰写记文。同时诬陷高登有罪,下诏送他到静江府狱。正值高登母亲去世,他回乡安葬母亲。事情办完后,到牢狱受刑,胡舜陟却已经先因罪下狱死去了。高登的冤情最终得到昭雪。(选自《高登传》)

高登服侍母亲非常孝顺,曾经母子二人船行到封州、康州之间,被大风阻挡在半路上,高登正想着没有东西给母亲当早餐,忽然有鱼跃到他面前,高登便以此当作早餐给母亲。

阴毒害命,疽发而卒

吴曦①以蜀叛,时李好义②为兴州正将,率众诛曦。曦将王喜欲戕好义,为曦复仇,及好义守西和,喜遣其党刘昌国听节制。好义与之酬酢,欢饮达旦。好义心腹暴痛而卒,口鼻爪指皆青黑。既而昌国白日见好义持刀刺之,惊怖仆地,疽发而殂。(《李好义传》)

【注释】

①吴曦(1162年~1207年):德顺军陇干(今甘肃静宁)人。南宋抗金名将信王吴璘之孙,太尉吴挺之子。后降金,自封蜀王,称王仅41天被杀。

②李好义(?~1207年):华州下邽(今陕西蒲城西南)人。南宋名将,忠义传家。祖父李师中在南宋初为领忠州团练使,父李定一为兴州(今略阳)中军统制。

【译文】

吴曦占据蜀地叛乱,当时李好义担任兴州正将,带领众将士杀死了吴曦。吴曦的手下王喜想杀死李好义,为吴曦报仇。等到李好义驻守西和时,王喜派自己的同党刘昌国假装听他的指挥。李好义设酒宴招待刘昌国,畅饮到了天明。李好义突然心口腹内剧痛而亡,口鼻和手指都是青黑色的。不久刘昌国白天看到李好义拿刀刺他,惊恐地倒在地上,毒疮发作而死。(选自《李好义传》)

至诚祷天，损寿益母

柳约天性至孝，母病甚，泣祷于天，愿损寿以益亲寿。母寻愈。约后竟先母两月卒。(《柳约传》)

【译文】

柳约生性非常孝顺，母亲病重，柳约哭泣着向上天祈祷，希望减少自己的寿命为母亲延寿。母亲不久病就痊愈了。柳约后来竟然比母亲还早两个月过世。(选自《柳约传》)

济人之急，五十得子

袁韶[①]父为郡小吏，夫妻俱近五十无子。其妻资遣之，往临安置妾。既得妾，察之有忧色，且以麻束发，外以彩饰之。问之，泣曰："妾故赵知府女，家四川，父殁，家贫，鬻妾为归葬计耳。"韶父即送还之。其母泣曰："计女聘财，犹未足给归费，且用破矣，将何以酬？"韶父曰："贱吏不敢辱娘子，聘财尽以相奉。"复罄囊中资给之。遂独归，妻迎问之，告以故。且曰："吾思之，无子命也。吾与汝周旋久，若有子，汝岂不育，必待他人妇乃育哉？"妻喜曰："君设心如此，行当有子矣。"未几而妻孕，生韶，累官参知政事。(《袁韶传》)

【注释】

①袁韶：南宋大臣，字彦淳，庆元府（今宁波）人。享年七十七岁，赠少傅、太师，封越国公。

【译文】

袁韶的父亲是郡里的小官吏，夫妻都快五十岁了，还没有儿子。妻子给钱让袁韶的父亲去临安纳个小妾。袁韶的父亲将小妾接到家中,发现她面带忧郁,并且用麻绳扎头发,外面用彩绳掩饰。询问她是怎么回事,她哭着说:"我是已故的赵知府的女儿,家在四川,父亲死后,家里非常贫困,所以家人卖我作妾为了把父亲尸骨这送回家安葬。"袁韶父亲立即把她送回去。女子的母亲哭着说:"女儿的聘金还不够回家的路费,而且已经用光了,拿什么来还给你呢?"袁韶父亲说:"小吏不敢玷污娘子,聘礼全都奉送给您。"还倾其所有解囊相助。袁韶父亲一个人回家,妻子迎上来询问情况,他把来龙去脉以实相告,并且说:"我想过了,我是没有儿子的命,我同你结婚这么久,如果有儿子,你怎么会不生,一定要等到别的女人才能生吗?"妻子高兴地说:"夫君有这样的善心,就将要有儿子了。"没过多久,妻子就怀孕了,生下了袁韶,官位做到参知政事。(选自《袁韶传》)

谄上杀人,狂疾而终

向士璧[①]官湖南制置副使,数立军功,赐金带,进兵部侍郎,兼转运使。时贾似道[②]入相,疾其功。劾罢之,送漳州居住。又稽守城时所用金谷,逮至行部责偿。幕属方元善者,极意逢迎似道意,士璧坐是死,复拘其妻妾而征之。其后元善知吉水县,俄得狂疾,常呼士璧。(《向士璧传》)

【注释】

①向士璧(?~1261年):南宋将领。字君玉。常州(今属江苏)人。任湖南制置副使。为贾似道所害,死于狱中。

②贾似道(1213年~1275年):字师宪,台州(今浙江临海)人。贾涉之子,南宋宋理宗时权臣。战时私自与蒙古议和,以及在宋蒙战争中指挥不力导致宋朝覆灭。

【译文】

向士璧担任湖南制置副使,多次立下战功,皇帝赏赐金衣带,晋升为兵部侍郎，兼任转运使。当时贾似道做了宰相，嫉妒他的功劳。弹劾罢免了他的官职，送到漳州居住。又核查向士璧守城时所用的钱粮，抓他到行部责令他偿还。贾似道的幕僚方元善，极力迎合他的心思。向士璧因不能偿还，获罪而死，方元善又拘捕他的妻妾来逼迫交钱。之后方元善任吉水县知县，不久发了疯病，常常呼喊向士璧的名字。(选自《向士璧传》)

教儿有方，天赐贵子

江万里①自其父始业儒，大父璘乡称善人。其邻史知县者，常与璘言，夸其能杖哗健士，璘俛首不答。归语子曰："史祖父故寒士，今居官，以杖士人自意，于我心有不释然。审尔，史氏且不昌，汝其戒之。"是夕，璘子妇陈氏梦贵人入其家曰："以汝家长有善言故来。"已而有娠，生万里，位至左丞相。(《江万里传》)

【注释】

①江万里（1198年~1275年）：名临，字子远，号古心，江西都昌县阳丰乡府前江家人。南宋著名爱国丞相，是南宋末年仕林和文坛领袖，著名的政治家和教育家。创办的白鹭洲书院，千年来培养出文天祥等十七位状元，2700多名进士。

【译文】

江万里跟随他的父亲开始修习儒学，祖父江璘被乡里称为善人。他的邻居史知县常常和江璘聊天，自夸能杖打帮人打官司的读书人，江璘低头没有说话。回家后对儿子说："史某祖父本来是贫寒书生，如今他做了官，以能够杖打读书人而扬扬自得，我听着心里不高兴。果然如此的话，史家将不会昌盛，你要引以为戒啊。"当天晚上，江璘的儿媳妇陈氏梦见一位贵人走进他家说："因为你们家长说了公正善良的话，所以我来这里。"不久陈氏怀孕了，生下江万里，他的官位做到了左丞相。(选自《江万里传》)

正直断案,诅咒不侵

陈仲微官莆田尉,委以县事。囊山浮屠与郡学争水利,久不决,仲微按法曰:"曲在浮屠。"他日沿檄过寺,其徒久揭其事于钟上,以为冤,旦暮祝诅。然莫省为仲微也。仲微见之,曰:"吾何心哉?吾何心哉?"质明,首僧无疾而死。(《陈仲微传》)

【译文】

陈仲微任莆田尉时,(县令)把县内政事交付给他管理。囊山和尚与郡里的学校争夺水利,长期没有裁决。陈仲微依法判道:"是和尚们不占理。"有一天他传送公文路过寺院,发现和尚长期把此事张贴在钟上,认为受了冤枉,还早晚祈祷诅咒,但是没有人看见陈仲微。陈仲微去见和尚说:"我有什么私心吗?我有什么私心吗?"到天亮的时候,寺里的首座和尚无疾而死。(选自《陈仲微传》)

公正司法,阴德后世

李文饶为台州司理参军,每谓人曰:"吾司臬多阴德,后有兴者。"子韶[1]官至端明殿学士,数谏净,为名臣。(《李韶传》)

【注释】

[1]李韶(1177年~1251年):字符善,号竹湖,吴县(今属江苏)人。5岁能赋《梅花诗》)

【译文】

李文饶担任台州司理参军,常常跟别人说:"我负责司法事务积了不少阴德,后世会有兴盛之人。"儿子李韶官位做到端明殿学士,多次直言规劝君上,

是一位名臣。(选自《李韶传》)

以身殉职，城隍显灵

苏缄①知邕州，交趾入寇，邕受围。缄守城，援兵不至，城遂陷。缄犹领伤卒战愈厉，而力不敌。亟还州治，纵火自焚。缄没后，交人谋寇桂州，行数舍，其众见大兵从北来。呼曰："苏城隍领兵来报怨。"惧而引归，邕人为缄立祠。(《苏缄传》)

【注释】

①苏缄(1016年~1076年)：字宣甫，北宋福建泉州晋江人，是北宋科学家苏颂的堂叔。曾长期在华南任地方官。在越南李朝侵犯邕州的战役中邕州城破，时任邕州知州的苏缄拒绝投降，率全家自尽。

【译文】

苏缄担任邕州知州，交趾国(越南)入侵，邕州城被围困。苏缄据守城池，援兵一直没到，城池就陷落了。苏缄仍率领受伤的兵士们越战越勇，最后不能御敌。不久回到官署，他放火自焚而死。苏缄过世后，交趾国人计划入侵桂州，行进了上百里，众人见大部队从北边过来，呼喊着："苏城隍带兵来报仇啦！"交趾人惧怕地退兵回去，邕州百姓为苏缄立了祠庙祭拜他。(选自《苏缄传》)

公报私怨，惊惧而死

萧雷龙官临安府学教授，通判衢州。及州守弃城遁，朝命雷龙权知府事。北兵薄城，不降，脱去还建昌。与里人起兵，时元兵四合，雷龙度不可支，奔入闽。未出城，为同安武人徐浚冲获送县。权县尹刘圣仲素与雷龙有怨，杀之。后圣仲北来，泊舟小孤山，有巨舰冲前，建大旗，书曰"萧知府兵"，继见雷龙坐船上。圣仲大呼，有顷不见，以惊死。(《萧雷龙传》)

215

【译文】

萧雷龙担任临安府学教授,衢州通判。元兵攻打过来州太守弃城逃跑,朝廷任命萧雷龙代理知府事务。元军逼近城下,他不投降,逃脱回到建昌。当时建昌已经沦陷,他与同乡起兵,元兵四面包围,萧雷龙估计无力支撑下去,就逃向福建。还没有出城,被同安的军人徐浚冲抓获送到县里。代理县尹刘圣仲一向与萧雷龙有矛盾,杀害了他。后来刘圣仲向北进发,在小孤山停船,有一只大船冲到前面,竖起的大旗上写着"萧知府兵",接着看见萧雷龙坐在船上。刘圣仲大声呼救,一会儿大船不见了,他却因惊吓而死。(选自《萧雷龙传》)

绝酒茹素,母寿百年

郭琮事母极恭顺,居常不过中食,绝饮酒茹荤者三十年,以祈母寿。母年百岁,耳目不衰,饮食不减,乡里异之。至道三年,诏书存恤孝悌。转运使状琮事以闻,有诏旌表门闾。明年母无疾而终。(《郭琮传》)

【译文】

郭琮服侍母亲极其恭敬孝顺,平常吃饭"过午不食",戒酒戒肉30年,来祈求母亲健康长寿。母亲活到了一百岁,听力和视力很好,饮食也没有减少,乡里人都感到很惊异。至道三年(公元997年),皇帝下诏书抚恤孝顺友悌的榜样。转运使把郭琮的事情上报朝廷,皇帝下诏令表彰郭琮全家。第二年,他母亲无疾而逝。(选自《郭琮传》)

刺血抄经,母目复明

顾忻以母病,荤辛不入口者十载。母老,目不能睹物。忻日夜号泣祈天,刺血写佛经数卷。母目忽明,不烛能缝维。年九十余,无疾而终。(《顾忻传》)

【译文】

顾忻因为母亲生病,不吃荤辛食物长达10年之久。母亲年纪大了,眼睛看不见东西。顾忻日夜号哭对天祈祷,刺血抄写几卷佛经。母亲的眼睛突然复明了,晚上不点蜡烛也能做针线活。90多岁的时候,母亲无病而逝。(选自《顾忻传》)

至孝侍母,暴虎不残

朱泰家贫鬻薪养母。常适数十里外,易甘旨以奉母。一日鸡初鸣,入山。及明,憩于山足。遇虎搏攫,负之而去。泰已瞑眩,行百余步,忽稍醒。厉声曰:"虎食我,恨母无托耳。"虎忽弃泰于地,走不顾,如人疾驱状。乡里称其孝感,曰为"朱虎残"。(《朱泰传》)

【译文】

朱泰家里很穷,靠卖柴奉养母亲。朱泰常常到几十里外劳作,换回美味供母亲食用。一天鸡刚叫,他就进山了。等到天亮时,他在山脚下休息,遇到一只猛虎扑向他,把他叼走。朱泰已经昏迷过去,走了一百多步后,忽然有点儿醒过来。厉声说:"老虎要吃我,只恨家有老母无人依托啦!"老虎突然把朱泰扔到地上,头也不回地走了,就像有人急切地驱赶它一样。乡里人称赞他的孝行感动上天,把他称作"朱虎残"。(选自《朱泰传》)

孝女托梦,为母申冤

张氏罗江士人女,母杨氏寡居。一日,亲党有婚会,母女偕往,其典库雍乙者从行。既就坐,乙先归,会罢,杨氏归。则乙死于库,莫知杀者主名。提点刑狱张文饶疑杨有私,杀乙以灭口。杨言与女同榻,实无他。遂逮其女,拷掠,无实。吏乃掘地为坑,缚母于其内,旁列炽火,绝而复苏者屡,辞终不服。一日女谓母曰:"母宁死棰楚,不可自诬。女今死,将讼冤于天。"

言终而绝。于是石泉连三日地大震,有声如雷,屋瓦皆落,天雨雪,邦人震恐。勘官李志宁疑其狱,夕具衣冠祷于天,俄假寝坐厅事,恍有猿堕前。惊寤,呼吏卒索之不见,志宁自念梦兆非杀人者袁姓乎。有门卒言张氏馈食之夫曰袁大,明日使吏执之。曰:"杀人者汝也。"袁色动,遽曰:"吾怜之久矣,愿就死。"问之,曰:"适盗库金,会雍归,遂杀之。"杨乃得免,时女死才数日也。狱上,郡榜其所居曰"孝感坊"。(《张氏传》)

【译文】

张氏是罗江读书人家的女儿,父亲已经不在了,与母亲杨氏寡居。一天,亲戚家有婚宴,母女一同前往,她家的库房伙计雍乙也随从同行。就座后,雍乙先回家,宴会结束,杨氏回家,雍乙已经死在库房,没有人知道谁是凶手。提点刑狱张文饶怀疑杨氏有私情,杀雍乙来灭口。杨氏说和女儿同床,确实没有别人,于是逮捕了她的女儿,严刑拷打之下女儿也没有认罪。狱吏就在地上挖了个坑,把母亲绑在里面,旁边放着烈火,母亲多次昏死又苏醒过来,始终没有屈服。一天女儿跟母亲说:"母亲宁肯死在拷打下,也不能承认自己没有犯过的罪行。女儿现在快要死了,死后会向上天诉冤。"说完就死了。于是石泉连续三天发生大地震,声音大得如雷轰鸣,房屋上的瓦都落下来,雨雪交加,当地人感到震惊害怕。勘官李志宁怀疑有冤情,晚上整肃衣冠向天祈祷,不久坐在厅堂打了个盹。恍惚中有只猿掉到眼前,惊醒后,叫吏卒抓捕时却又不见。李志宁猜想这个梦是否暗示自己杀人者姓袁?有个看门的兵卒说,给张氏送饭的人叫袁大。第二天让兵士抓住袁大,讯问说:"凶手就是你!"袁大脸色变了,急促地说:"我同情她很长时间了,愿意领这个罪。"审问时,他说:"当时正好去偷盗库房的钱,不巧雍乙回来了,就杀了他。"杨氏才免于死罪,当时她女儿死去不过几日。案情上报后,郡里给她的住所题匾额"孝感坊"。(选自《张氏传》)

焚香刲股,父疾痊愈

吕仲洙女名良子。父得疾濒殆,女焚香祝天,请以身代,刲股为粥以

进。时夜中,群鹊绕屋飞噪,仰视空中,大星煜煜如月者三。越翌日父瘳。(《吕仲洙女传》)

【译文】

吕仲洙的女儿名叫良子。父亲得了重病奄奄一息,女儿烧香对天祈祷,请求让自己代替父亲生病,她割下大腿肉熬粥给父亲喝。当天半夜时,一群雀鸟绕着房屋飞翔鸣叫,良子抬头看天空,有三颗巨大的星星闪闪发光像月亮一般。第二天父亲病就好了。(选自《吕仲洙女传》)

恃才慢人,坐狱被诛

王仔昔①,能道人未来事。政和中召见,封通妙先生。仔昔资倨傲,帝常待以客礼,故其遇巨阉殆若僮奴。旋坐言语不逊,下狱死。仔昔之得罪,宦者冯浩力最多。未死时,书示其徒曰:"上蔡遇冤人。"其后,浩南窜至上蔡,被诛。(《王仔昔传》)

【注释】

①王仔昔(?~1117年):北宋洪州(今江西南昌)人。初隐于嵩山,自言遇许逊(许真君),得道术,能道人未来事。

【译文】

王仔昔能够预知将要发生的事情。政和年间宋徽宗召见他,赐号通妙先生。王仔昔恃宠傲慢,皇帝经常以客人的礼仪待他,因此他对待大太监好像对待奴仆一样。之后因出言不逊,被关进监狱后死去。王仔昔被治罪,宦官冯浩出力最多。王仔昔还没有死时,写字条给他的弟子说:"在上蔡将遇到仇人。"后来冯浩被流放到上蔡,被诛杀。(选自《王仔昔传》)

落井下石，自作自受

章惇为尚书左仆射，报复仇怨。谪苏辙①于雷州，不许占官舍，辙遂僦民居。惇又以为强夺民居，追民究治。徽宗时，惇亦贬雷州，适问舍于是民。民曰："前苏公来，为章丞相几破吾家，今不可也。"后徙睦州卒。（《章惇传》）

尝于他书中见宋卢多逊南迁朱崖，见一店妪。举止和淑，能谈京华事。卢访之，妪不谓卢也。曰："家故汴都，累代仕族。一子事州县，为卢相国诬窜南方。到方周岁，尽室沦丧，独残老躯，流落居此，意有所待。卢相欺上罔下，倚势害物，天道有知，行当南窜。未亡间庶见于此，以快宿憾耳。"卢不待食，促驾而去。此可见小人结局，大率相似。

【注释】

①苏辙（1039年~1112年）：字子由，一字同叔，晚年自号颍滨遗老，眉州眉山（今四川眉山市）人。唐宋八大家之一，与父洵、兄轼齐名，合称三苏。

【译文】

章惇担任尚书左仆射，报复与他有仇怨的人。把苏辙贬到雷州，不允许他住在官府的房子里，苏辙就租民房住。章惇又认为他强夺民居，追究民户租房给苏辙的罪责。宋徽宗时，章惇也被贬到雷州，正好找到上次出租民房的人，那人说："之前苏大人来，因为章丞相你几乎让我散财破家，现在不能租给你了。"后来章惇又被流放到睦州，在那里去世。（选自《章惇传》）

曾经在其他书上看到，宋朝卢多逊发配到崖州，见到一位开旅店的老妇，举止温和淑雅，能谈论京城的事情。卢多逊去看望她，老妇不知道他是谁，说："我家本来是汴都人，好几代都是做官的，有个儿子在州县管事，被卢相国诬陷放逐到南方。到这里才一年，全家人都死了，唯独残留了老妇我一人，流落居住在这里，心里还有期待。卢相国欺上瞒下，倚仗权势伤害物命，老天有眼，会把他发配到南边来。我希望死前可以见他到这里，以解我心中结下的仇恨。"卢多逊不敢留下吃饭，急忙骑马走了。这里可见卑鄙小人的结局，大概是差不多的。

残害神像，死无全尸

李全[①]为节度使，作乱，据扬州。官军讨之，追至新塘。全骑陷淖，官军奋长枪刺之，遂碎其尸。及事平，提点刑狱赵葵，使人瘗新塘骸骨，得左掌，无一指，盖全支解也。先是全乞灵茅司徒庙，无应。全怒，断神像左臂。或梦神告曰："全伤我，全死亦当如我。"至是果然。（《李全传》）

【注释】

①李全（1190年~1231年）：金朝潍州北海（今山东潍坊）人，汉族，金末地方武装集团的首领。

【译文】

李全担任节度使，谋反作乱，占据扬州。朝廷军队讨伐他，追击到了新塘。李全的坐骑陷入泥沼，官兵们举起长枪乱刺，斩碎了他的尸体。等到事情平息，提点刑狱赵葵，派人掩埋在新塘的李全遗体，找到左手掌，一根手指都没有，是李全的残肢。在此之前李全在茅司徒庙求助神灵没有应验，李全很愤怒，砍断了神像的左臂。有人梦到神告诉他说："李全砍伤我，他死时也会像我一样。"到此时看，果然应验。（选自《李全传》）

辽 史

无私奉公,预知时至

耶律制心位至南院大王,尝曰:"吾虽不知佛法,惟心无私,则近之矣。"一日沐浴更衣而卧,家人闻丝竹之声,怪而入视,则已逝矣。(《耶律制心传》)

【译文】

耶律制心做到南院大王的官职,他曾经说:"我虽然不懂佛法,但只要心底无私就可以接近佛法了吧。"有一天他沐浴更衣后躺下,家人听到了音乐的声音,感到奇怪便进屋里探望,发现他已经去世了。(选自《耶律制心传》)

诬陷其夫,难产而死

耶律庶成方进用,为妻胡笃所诬,以罪夺官。法当离婚,时胡笃适有娠,至期不产而死。剖视之,其子以手抱心,识者谓诬夫之报。(《耶律庶成传》)

【译文】

耶律庶成正要被选拔任用时,他的妻子胡笃诬陷他,结果被认定有罪罢免官职。按照法律本当离婚,而胡笃正好怀有身孕,到产期难产而死。剖开肚子一看,孩子用手抱着她的心,有见多识广的人认为这是她诬陷丈夫的报应。(选自《耶律庶成传》)

正直不阿，邪风不侵

王鼎正直不阿，宰县时，憩于庭，俄有暴风举卧榻空中。鼎无惧色，但觉枕榻俱高，乃曰："吾中朝端士，邪无干正，可徐置之。"须臾，榻复故处，风遂止。(《王鼎传》)

【译文】
王鼎是个刚直不阿的人，做县令时，在庭院中休息，突然有一阵暴风把他睡觉的床卷到半空中。王鼎毫无恐惧之色，只觉得枕头和床都升到很高，于是说："我是朝廷中正直的人，邪气无法压倒正气，可以慢慢把我放下来。"过了一会儿，床重新回到原来的地方，暴风也停止了。(选自《王鼎传》)

廉洁奉公，天遂人愿

萧文知易州，兼西南面安抚使。高阳土沃民富，吏其邑者，每黩于货，民甚苦之。文始至，悉去旧弊。时大旱，百姓忧甚，文祷辄雨。属县又蝗，议捕除之。文曰："蝗，天灾，捕之何益？"但反躬自责，蝗尽飞去，遗者亦不食苗，散在草莽，为乌鹊所食。会霪雨不止，文复随祷而霁。(《萧文传》)

【译文】
萧文担任易州知府，兼任西南面安抚使。高阳一带土地肥沃人民富足，在此地做官的人，常常贪污钱财，人民深受其苦。萧文刚到此地，就彻底去除旧时官员贪污的流弊。当时出现旱灾，百姓非常担忧，萧文向天祈祷后就下了雨。所属各县又出现蝗灾，大家商议捕捉蝗虫。萧文说："蝗虫是天灾，捕捉它们有什么用呢？"于是他反省责备自己的过失，蝗虫就都飞走了，留下的蝗虫也不吃庄稼，散落在草丛中，被乌鸦喜鹊捕食了。后来又遇到阴雨绵绵不止，萧文随即祈祷，天就放晴了。(选自《萧文传》)

枉证鄙怀，千顶疽死

耶律刘哥，欲因进酒弑逆，帝觉之不果，被囚。帝问："汝实反耶？"刘哥誓曰："臣若有反心，必生千顶疽死。"诏免死，流乌古部，果以千顶疽死。（《耶律刘哥传》）

【译文】
耶律刘哥想趁敬酒的时候谋杀君主，被皇帝发觉而没有成功，于是就被囚禁起来。皇帝问道："你确实想谋反吗？"耶律刘哥信誓旦旦地说："臣要是有谋反的心，一定让我头上长满毒疮而死。"皇帝就赦免了他，流放到乌古部，后来他果然头上长满毒疮而死。（选自《耶律刘哥传》）

金 史

割指祷天，灾厉不起

移剌温镇武定，岁旱且蝗。温割指，以血沥酒，祷而酹之。既而雨沾足，有群鸦啄蝗且尽。人以为至诚之感云。（《移剌温传》）

【译文】

移剌温镇守武定，那年同时发生旱灾和蝗灾。移剌温割开手指，滴出鲜血混成血酒，祷告并祭祀天地。不久，雨下得地上都是水了，有成群乌鸦啄食蝗虫，蝗虫也没有了。人们都认为是他的至诚心感动了上天。（选自《移剌温传》）

劝善护生，子孙必兴

石琚①父皋补郡吏，称长者。从鲁王阇母②攻青州，州人坚守不降，阇母怒之。及城破，命皋计州民人，将使诸军分掠之。皋缓其事，阇母让之。皋曰："大王将为朝廷抚定郡县，当使百姓安堵。若取城邑而残其民，则未下者必死守以拒我。皋之稽缓，安敢逃罪。"阇母感悟，乃下令曰："敢有犯州人者以军法治。"指其坐谓皋曰："汝之子孙，必有居此坐者。"琚后拜右丞相，封莘国公。（《石琚传》）

【注释】

①石琚（1111年~1182年）：定州（今河北定县）人，字子美。金熙宗天眷二年（1139年）己未科状元。官至右丞相。

②完颜阇母（1090年~1129年）：金朝宗室、大将。女真族。世祖劾里钵第

十一子，太祖完颜阿骨打异母弟。

【译文】

　　石琚的父亲石皋调到郡里任职，廉洁自重，被称为长者。石皋跟随鲁王完颜阇母攻打青州，青州人坚守不投降，完颜阇母对此很生气。等到攻破城时，命令石皋统计城内百姓人数，打算让各路军士分别掠夺占有。石皋设法延缓了这件事，完颜阇母责备他，石皋说："大王将要代表朝廷安抚平定各郡县，应该让百姓安居乐业。如果攻取城池后就残害城中的百姓，那还没有攻下的地方的百姓必定会拼死守城来抗拒我们。我之所以延迟执行命令，是不敢逃脱罪责啊！"完颜阇母听后有所感悟，于是下令说："有胆敢侵犯州中百姓的人，都将以军法处治。"说完后用手指着自己的座位对石皋说："你的子孙中，必定有能坐到这个位置的人。"石琚后来官拜右丞相，被封为莘国公。（选自《石琚传》）

淫虐不道，见杀暴尸

　　崔立[①]僭乱，淫虐不道。及为李伯渊等所杀，以尸挂阙前槐树上，树忽拔。人谓树有灵，亦厌其为所污。（《崔立传》）

【注释】

　　①崔立（？~1233年），金朝将领，今山东德州人。出身无赖，金哀宗天兴元年（1232年）在汴京（今河南省开封市）围城中，被任命为西面元帅。次年杀宰相，立梁王承恪为监国，自称太师、军马都元帅、尚书令、郑王。后被其将领李伯渊等所杀。

【译文】

　　崔立犯上作乱，淫乱暴虐，胡作非为。等到被李伯渊杀死时，把崔立的尸体挂在城门高台前的槐树上，槐树突然倒下。人们都说树有灵性，也厌恶被崔立的尸体玷污。（选自《崔立传》）

刲股食母，目疾自愈

王震母患风疾，刲股肉杂饮食中，疾遂愈。母没，哀泣过礼，目生翳。服除，目不疗而愈。皆以为孝感所致。（《王震传》）

【译文】

王震的母亲得了风疾，王震就割下自己大腿上的肉混进食物中给母亲吃，母亲的病就好了。母亲去世时，王震痛哭流涕哀伤过度，以致眼睛长了障膜。丧期过后，眼睛不治而愈。当时人都认为是他的孝心感动神灵的结果。（选自《王震传》）

救死扶伤，无疾而终

李庆嗣学医，洞晓其理。天德间，岁大疫，贫者往往阖门卧病。庆嗣携药与米分遗之，全活者众。庆嗣年八十余，无疾而终。（《李庆嗣传》）

医之利人大矣。方当床笫呻吟惊惶莫措，而能出手相援，不择贫富，此即仁人同体之悲，非小道也。夫以活人为心，而造子孙数世之福，与以求利为心，不旋踵而辄败者，其果孰得而孰失哉？予于良医之报，闻见颇多，而以庆嗣之善终标其一焉。

【译文】

李庆嗣学习医术，精通其中道理。天德年间，有一年遇到普遍流行瘟疫，贫困的人家往往全家都卧病在床。李庆嗣带上米和药分送给他们，挽救了许多人的性命。李庆嗣八十多岁时无疾而终。（选自《李庆嗣传》）

行医能给别人带来的利益是很大的。正当病人在床上痛苦呻吟、惊惶失措的时候，能伸手帮助他们，不管他是有钱人还是穷人，这就是有德行的人慈悲众生之心了，不可以当小事来看。是以救死扶伤的心，给子孙后代留下几世的福报，还是以贪图利益的心，很快就败家亡身，这两种结果哪个是得哪个是失呢？我听说和见到有良心的医生得到善报的事是非常多的，这里举李庆嗣助人得善终作为一个例子吧。

元 史

虚诬诈伪,雷击而死

至正三年秋,兴国路永兴县雷,击死粮房贴书尹章于县治。时方大旱,有朱书在其背曰:"有旱却言无旱,无灾却道有灾,未庸歼厥渠魁,且击庭前小吏。"(《五行志》)

【译文】

至正三年的秋天,兴国路永兴县打雷,雷把粮房帖书尹章给击死了。当时正大旱,有朱红色的文字写在尹章的背上说:"有旱情却说没有,无灾时却说有灾,不用歼灭其魁首,姑且击杀庭前小吏。"(选自《五行志》)

当谏不言,横死受报

哈剌章夜梦太祖①召见,语之曰:"吾子孙废坏我家法,达礼麻识理②其人颇识事宜,然知而不言,将焉用之?我其殛之矣。"明旦,哈剌章入朝而出,达礼麻识理已无疾而死矣。(《达礼麻识理传》)

【注释】

①元太祖成吉思汗(1162年~1227年):大蒙古国奠基者、政治家、军事统帅,元朝皇帝。名孛儿只斤·铁木真,蒙古乞颜(起延)部人。1206年~1227年在位。

②达礼麻识理:字遵道,怯烈台氏。元朝中书省右丞相,是中国第一个使用火器进攻敌人的将军。

【译文】

哈剌章夜里梦见元太祖召见他,对他说:"我的子孙败坏了我当年立下的家法,达礼麻识理这个人很明白事理,但知道却不直言进谏,怎么能用他呢?我先把他杀了再说。"第二天早上,哈剌章上朝出来时,达礼麻识理已经无疾而终了。(选自《达礼麻识理传》)

保境安民,子孙显贵

刘伯林为将,破潞、绛及火山、闻喜诸州。时论欲徙闻喜民实天成,伯林力争而止之,部曲所获俘虏万计,悉纵之。所至,与民休息。称为乐土。尝曰:"吾闻活千人者后必封,吾之所活,何啻万余人,子孙必有兴者乎。"子黑马位太傅。封秦国公。孙元振元礼皆显。(《刘伯林传》)

【译文】

刘伯林做将领,攻破了潞、绛和火山军、闻喜等州县。当时官方议论想迁移闻喜的老百姓来充实天成,刘伯林据理力争而制止了这种做法。他手下的人抓获了数以万计的俘虏,他全部予以释放。刘伯林所到之处,使百姓得到休养生息,都称他管辖的地方是乐土。他曾经说:"我听说救活千条人命的人,后代一定会贵显,我救活的人都不止一万人,我的子孙将来一定会有出人头地的吧!"他的儿子刘黑马位至太傅,被封为秦国公,孙子刘元振、刘元礼都很显贵。(选自《刘伯林传》)

宽仁治狱,子孙必兴

李德辉生五岁,父且卒,指德辉谓家人曰:"吾为吏治狱,不任苛刻,人蒙吾力者众,天或报之。是儿其大吾门乎?"德辉官至安西行省左丞。(《李德辉传》)

【译文】

李德辉5岁的时候,父亲将要过世,指着李德辉对家人说:"我做官时审理案件,从来不动用重刑,得到我帮助的人很多,老天或许会有所回报。这个儿子就是光大我们家门楣的人吧?"后来李德辉做到了安西行省左丞。(选自《李德辉传》)

虐死正妻,小妇伏罪

高邮千户狗儿妻崔氏,为其小妇所潜,虐死。其鬼凭七岁女诣县诉冤,备言死状。已见瘗舍后。官率吏卒即其所,发土得尸,拘狗儿及小妇鞫之,皆伏辜。(《张积传》)

【译文】

高邮千户名叫狗儿,他的妻子崔氏,被小妾诬陷,受虐而死。她死后鬼魂附在一个七岁女孩的身上,到官府里诉说冤情,详细讲述了自己死时的情况,尸体现在被埋在屋子后面。官员带着吏卒到她说的地方,挖开土找到了尸体,把狗儿和他的小妾抓捕归案,审问后,都认了罪。(选自《张积传》)

为民请命,诸灾不侵

许维祯为淮安总管府判官,属县盐城及丁溪场有二虎为害。维祯默祷于神祠,一虎去,一虎死祠前。境内旱蝗,维祯祷而雨,蝗亦息。是年冬,无雪,父老言于维祯曰:"冬无雪,民多疾。奈何?"维祯曰:"吾当为尔祷。"已而雪深三尺。(《许维祯传》)

【译文】

许维祯担任淮安总管府的判官,属县盐城和丁溪场有两只老虎为害百姓。许维祯在神祠中默默祷告,随后一只虎离开了,另一只虎死在了神祠前。境内同时出现旱灾和蝗灾，许维祯祈祷后就下雨了，蝗虫也不再肆虐。这年冬天没有下雪，父老乡亲对许维祯说："冬天不下雪，百姓将多病啊！怎么办？"许维祯说："我会为你们祈祷。"不久就下了三尺深的雪。（选自《许维祯传》）

仁政爱民，祈天即灵

刘秉直官卫辉路总管，贼劫汲县民张聚钞而杀之。贼不获，秉直具词致祷城隍祠，而使人伺于死所。忽有村民阿莲者，战怖仆地，具言贼之姓名。及所在，乃命尉袭之，果得贼于汴，遂正其罪。秋七月虫螟生，秉直祷于八蜡祠，虫皆自死。天不雨，禾日槁，秉直诣城北太行之苍峪神祠，具词祈祝。有青蛇蜿蜒而出，观者异之。辞神而返，行及数里，雷雨大至。（《刘秉直传》）

元之吏治，非能古若也，而慈惠之政，所在多有。如塔海、田滋、卜天璋、林兴祖、观音奴、刘天孚诸人，有祷辄应。事迹略同，不胜录。录其尤异者，使人知为民请命之心，果出于至诚，未有不其应如响者。有司牧之责者可以兴矣。

【译文】

刘秉直在卫辉路任总管，有强盗抢劫了县民张聚的钱财并杀了他。强盗没有抓到，刘秉直撰写诉状到城隍庙去祷告，再派人在被杀人家附近把守。忽然有一位叫阿莲的村民，恐惧不安地倒在地上，详细说出了强盗的姓名和藏身的地方。刘秉直就命令县尉去偷袭他们，果然在汴京抓捕了强盗，于是治了强盗的罪。秋天阴历七月时出现很多螟虫，刘秉直到八蜡祠祈祷，害虫都自己死掉了。天老不下雨，禾苗都快枯萎了，刘秉直到城北太行山苍峪峰的神祠，撰写祷词来求雨。有一条青蛇蜿蜒爬出，看到的人都感到很惊讶。他告别神祠往回走，走了几里路后，雷雨大作。（选自《刘秉直传》）

元朝官吏的治理，不是能像古代治理时那样圣明，但施行仁政的还是挺多的。比如塔海、田滋、卜天璋、林兴祖、观音奴、刘天孚等人，只要向天祈祷就会有感应。事情的经过大致雷同,就不一一收录了,只收录了比较突出的。让人们知道为老百姓请求解除痛苦的心,如果是至诚为公的,没有不得到强烈响应的。有管理一方百姓职责的人可以效仿他们。

为国尽忠,暴尸不腐

王伯颜知福宁州,为贼所执,不屈,被杀。暴尸数日,色不变。伯颜既死,贼时睹其引兵出入。明年,州有僧林德诚者,起兵讨贼,乃望空呼曰:"王州尹,王州尹,宜率阴兵助我斩贼。"时贼正祠神,睹红衣军来,以为伪帅康将军,亟往迎之,无有也,四面皆青衣官军。贼大败,福宁俱平。(《王伯颜传》)

【译文】

王伯颜做福宁州的知府,被反军抓住,不肯屈服,被杀害了。尸体暴露在外好几天,肤色依旧没有变。王伯颜死后,贼兵时常看见他带兵出入。第二年,州里有一位僧人叫林德诚,起兵讨伐贼军,他对着天空呼喊道:"王州尹啊王州尹,应该率领鬼兵来帮助我斩杀贼军啊!"当时贼兵正在祭神,看见有红衣军来,以为是他们的首领康将军来了,就前往迎接,突然又没有了,四面都是穿着青衣的官军。贼兵大败,福宁州全都平定了。(选自《王伯颜传》)

孝子求鱼,天遂人愿

胡光远母丧庐墓。一夕,梦母欲食鱼,晨起号天,将求鱼以祭,见生鱼五尾列墓前,俱有啮痕。邻里惊异,方其聚观,有獭出草中浮水去。众知是獭所献,以状闻于官,表其闾。(《胡光远传》)

至顺间,永平庞遵母病肿,三年不能起。忽思食鱼,遵求于市,不得。归途叹恨,忽有鲤跃入其舟,作羹以献,母悦病瘳。

233

【译文】

胡光远的母亲去世后,他就庐居墓旁。一天晚上,梦见母亲想吃鱼。于是胡光远早晨起来对天大哭,正要找鱼来祭奠母亲,却看到五条活鱼排列在墓前,上面有咬过的牙印。邻居们都很惊讶,正聚集在一起观看,有只水獭从草丛中出来,浮水游走了。众人才知道是水獭所供献的祭品,将情况上报到官府,朝廷表彰了他家。(选自《胡光远传》)

至顺年间,永平有个叫庞遵的人,母亲患水肿病,三年都不能起床。忽然想吃鱼,庞遵到集市上没有买到。回家路上叹息自责,忽然有一条鲤鱼跳进他的船中,他把鱼做成羹汤献给母亲,母亲很高兴,病就痊愈了。

至孝事亲,天灾无犯

李忠晋宁人,幼孤,事母至孝。大德七年,地大震,郇保山移,所过居民庐舍皆摧压倾圮。将近忠家,分为二行,五十余步复合,忠家独完。

吴国宝雷州人,性孝友,父丧庐墓。大德八年,境内蝗害稼,惟国宝田无损。人皆以为孝感所到云。(《李忠传》)

【译文】

李忠是晋宁人,幼年丧父,服侍母亲非常孝顺。元成宗大德七年(1303年),当地发生大地震,郇保山出现山体滑坡,泥石流所过之处,居民的房屋都摧毁倒塌。快要接近李忠家时,泥石流却一分为二,前行五十多步后两股泥石流又汇合,只有李忠家得到保全。

吴国宝是雷州人,生性孝顺友爱,父亲去世后就在墓地旁结庐而居。大德八年(1304年),当地境内蝗虫泛滥毁害庄稼,只有吴国宝家的田地没受损失,人们都认为是他孝行感动上天的结果。(选自《李忠传》)

至孝祷天,皆遂人愿

李茂大名人,徙家扬州,奉母孟氏至谨。母尝病目失明,茂祷于泰安山,三年复明。又愿母寿,每夕祝天,乞损己年益母。孟氏竟八十四而终。大德元年,扬州再火,延烧千余家,火及茂庐,皆风返而灭。(《李茂传》)

【译文】

李茂是大名这个地方的人,后来迁居到扬州,服侍母亲孟氏非常恭敬。母亲曾经生病而双目失明,李茂到泰安山去祈祷,三年后母亲眼睛竟然好了。他又祈愿母亲长寿,每天晚上都向天祈祷,希望减损自己的寿命为母亲延寿。孟氏一直活到八十四岁过世。大德元年(1297年),扬州多次发生火灾,火势蔓延烧毁了一千多家房屋,大火烧到李茂家时,都被风吹回后熄灭。(选自《李茂传》)

至孝祷天,为父延寿

王荐性孝,父尝疾甚,荐夜祷于天,愿减己年益父寿。父绝而复苏曰:"适有神人黄衣红帕首,恍惚语我曰:'汝子孝,上帝命锡汝十二龄。'"疾遂愈。后果十二年而卒。(《王荐传》)

【译文】

王荐生性孝顺,父亲曾经重病,王荐晚上向上天祷告,希望减损自己的寿命为父亲延寿。父亲气绝后又苏醒过来说:"刚才有位神仙,身穿黄衣头戴红巾,仿佛对我说:'你的儿子很孝顺,上帝下令赐你延寿12年。'"父亲的病就痊愈了,过了12年后父亲果然去世了。(选自《王荐传》)

至孝祷天，母疾遂愈

杨皞母牛氏尝病剧，皞叩天求代，遂痊。如是者再。后牛氏失明，皞登太白山取神泉洗之，复如故。牛氏没，哀毁特甚。葬之日，大雨，独皞墓前后数里密云蔽之，雨不沾土，送者大悦。（《杨皞传》）

【译文】
杨皞的母亲牛氏曾经重病，杨皞对上天叩拜请求代母亲受苦，于是母亲就痊愈了。如此这般好几次。后来牛氏双目失明，杨皞登上太白山取回神泉的水给母亲洗眼睛，母亲的眼睛又恢复如初。牛氏过世，他极度哀伤。送葬那天，天降大雨，只有杨皞家墓地前后几里内，乌云密布遮蔽大地，雨却没有下来沾湿泥土，送葬的人都很高兴。（选自《杨皞传》）

割股食母，母疾痊愈

赵荣母强氏有疾，荣割股肉啖之者三。复负母登太白山，祷于神，得圣水饮之，乃痊。后年七十五卒，葬之日，白云庇其墓前后十五里，葬毕而散。（《赵荣传》）

【译文】
赵荣的母亲强氏生病，赵荣三次割下自己大腿的肉做熟给母亲吃。后来他又背着母亲登上太白山，向神明祈祷，得到圣水让母亲喝下去，就痊愈了。后来母亲75岁时过世，下葬那天，白云遮蔽了墓地前后十五里的地方，葬礼仪式完毕云朵才散去。（选自《赵荣传》）

至孝守丧，雷雨不湿

王庸以孝闻，母有疾，庸夜祷北辰，至叩头出血，母疾遂愈。及母卒，哀毁几绝，露处墓前，旦夕悲号。一夕雷雨暴至，邻人持寝席往，欲蔽之。见庸所坐卧之地，独不沾湿，咸叹异而去。(《王庸传》)

【译文】

王庸的孝顺远近闻名，母亲生病时，他就晚上向北极星祷告，磕头直到磕出血来，母亲的病就好了。等到母亲过世，他悲痛欲绝，露宿在坟墓前，白天晚上悲哀痛哭。有一天晚上雷雨大作，邻居拿着席子前往，想帮他遮蔽大雨。只见王庸坐卧的地方，一点儿都没有沾湿，人们都感叹奇异而后离去。(选自《王庸传》)

至孝祷天，父骨得还

黄赟省父永平，父殁已三年矣，求父墓弗得。赟哭祷于神，一夕，梦老父以杖指葬处。曰："见片砖即可得。"明日就其地求之，果得父骨以归。(《黄赟传》)

【译文】

黄赟到永平探望父亲，方才得知父亲已经过世三年了，找寻父亲的墓地，却没有找到。黄赟哭着向天神祈求，一天晚上，梦见父亲用拐杖指着埋葬的地方说："看到这块砖就能找到了。"第二天到梦中处所寻找，果然找到了，带着父亲的遗骨回归故乡。(选自《黄赟传》)

割股奉母，神授良药

陆思孝绍兴山阴樵者，性至孝，母病，思孝医祷不效，方欲割股肉以进。忽梦寐间，恍若有神人者，授以药剂。思孝得而异之，即以奉母，疾遂愈。（《陆思孝传》）

【译文】

陆思孝是在绍兴山阴的一个砍柴人，生性非常孝顺。母亲生病时，陆思孝求医和祷告都不见效，准备割下大腿肉做粥给母亲吃。恍惚中打盹做了个梦，仿佛有位神仙送给他一份药剂。陆思孝拿到药感到很惊奇，把药给母亲服下，母亲的病就痊愈了。（选自《陆思孝传》）

至孝祷天，为父延寿

黄道贤父病笃，道贤夜祷于天，愿减己一纪之算，以益父寿，其父遂愈。至元统二年乃殁，果得一纪之数。（《黄道贤传》）

【译文】

黄道贤的父亲病重，他晚上向上天祷告，希望减损自己十二年的寿命给父亲延寿，父亲的病就好了。到元顺帝元统二年（1334年）父亲才过世，果然延寿了十二年。（选自《黄道贤传》）

天矜孝子，助寻母棺

史彦斌有孝行，至正十四年，河溢，彦斌母柩为水所漂，彦斌缚草为人，置水中，仰天呼曰："母棺被水，不知其处，愿天矜怜哀子之心，假此刍灵，指示母棺。"言讫涕泗横流，乃乘舟随草人所之，经十余日，行三百余

里，草人止桑林中，视之母棺在焉。(《史彦斌传》)

【译文】

　　史彦斌有孝顺的德行，至正十四年（1354年）河水泛滥，史彦斌母亲的灵柩被水冲走，他扎了一个草人，放到水中，仰天高喊道："母亲的棺木被洪水冲走，不知道现在何处，愿老天怜悯一个哀子的孝心，借助这个草人，指示我母亲棺木所在。"说完泪流满面，于是坐船随着草人漂走的方向，经过十多天，行船三百多里，草人停在一片桑树林中，史彦斌看到母亲的棺木正在那里。(选自《史彦斌传》)

天佑孝子，暑天赐冰

　　汤霖母病热，更数医弗能效。母不肯饮药，曰："惟得冰，我疾可愈。"时天气甚暖，霖求冰不得，累日号哭于地上。忽闻池中戛戛有声，拭泪视之，乃冰澌也。取以奉母，疾果愈。(《汤霖传》)

【译文】

　　汤霖的母亲患了热病，找了好几个医生都没有治好。母亲不肯喝药，说："只有找到冰，我的病才能好。"当时天气很热，汤霖找不到冰，连续几天都在地上痛哭。忽然听到池子里有物体碰撞的声音，擦干眼泪一看，正是冰块。于是他取回冰块给母亲，母亲的病果然痊愈了。(选自《汤霖传》)

孝妇治棺，火灾不侵

　　赵孝妇早寡，事姑孝。尝念姑老，一旦有不讳，无由得棺，乃以次子鬻富家，买杉木治棺，置于家。南邻失火，南风烈甚，火势及孝妇家，孝妇亟扶姑出避。而棺重不可移。乃抚膺大哭曰："吾为姑卖儿得棺，无能为我救之者，苦莫大焉！"言毕风转而北，孝妇家得不焚。人以为孝感所致。(《赵

孝妇传》)

【译文】

　　赵孝妇夫君过世得早，自己服侍婆婆非常孝顺。她曾经想到婆婆年事已高，万一有不测，没有钱购置棺木，就把二儿子卖给了富人家，买回杉木打造棺材，放在家中。南边的邻居家突然失火，当时南风很大，火势蔓延到赵孝妇家，她急忙搀扶婆婆出门躲避。但棺材太重移不动，于是她按着胸口大哭道："我为婆婆卖了自己的儿子买的这口棺材，如果不能帮我保住它，实在是太苦了啊！"话音刚落，风向就转成了北风，赵孝妇家没有被烧。人们都认为是她的孝行感动了天地。（选自《赵孝妇传》）

寻夫求骨，天助义妇

　　张义妇，夫戍福宁死，张求夫骨，至福宁。问夫葬地，榛莽四塞，不可识。张哀恸欲绝，夫忽降于童，言动无异其生时，告张死时事甚悲，且指示骨所在处，如其言果得之。（《张义妇传》）

【译文】

　　张义妇的夫君在驻守福宁时过世了，她为了寻找夫君的尸骨，来到福宁。她询问到丈夫埋葬的地方，却是杂草灌木丛生，找不到确切的地方。张义妇悲痛欲绝，她丈夫忽然附体在一个小孩身上，言谈举止跟活着时没有两样，告诉她自己死时的情况，非常悲伤，并且指出遗骨所在的地方，按照他说的挖地果然找到了尸骨。（选自《张义妇传》）

母贞子孝，天赐甘泉

　　武用妻苏氏，用疾，苏氏刲股为粥以进，疾即愈。生子德政，四岁而寡，德政长，事苏氏至孝。苏氏死时，天方大旱，德政方掘地求水，以供葬

事。忽二蛇跃出，德政因默祷焉。二蛇一东一北，随其地掘之，果得泉。（《武用妻苏氏传》）

【译文】
　　武用的妻子苏氏，在武用生病时，割下大腿上的肉做粥给他吃，武用病很快痊愈了。后来生了儿子武德政，孩子四岁时丈夫就去世了，等到武德政长大，服侍苏氏非常孝顺。苏氏去世时，恰逢天气大旱，武德政正在挖地找水，供办葬礼时使用。忽然跳出两条蛇，他就默默祷告。两条蛇一条爬到东边停下，一条爬到北边停下，武德政随即在它们停下来的地方挖掘，果然得到了泉水。（选自《武用妻苏氏传》）

明 史

刑酷害命,世子暴卒

宗室恩鏋招群小夺军民商贾利。惠王①恩镨发其事,朝廷遣官按实,幽恩鏋等凤阳,谪戍其党有差。恩镨阴使途者刑梏之,毙几十余人。不数日,世子暴卒,恩镨疽发背薨。(《辽王植传》)

恩鏋不道,杀之固当。至其党类,不过声援相附。乃背王命而尽歼之,其能逃阴责乎?

【注释】

①辽惠王朱恩镨(1452年~1495年):明朝第五代辽王,靖王朱豪墭的嫡次子。他在成化十三年(1477年)受封申泽王,成化十六年(1480年)晋封辽王。

【译文】

明朝宗室朱恩鏋招集一群小人,掠夺军民商人的利益。惠王朱恩镨揭发他的罪行,朝廷派官员考查核实,把朱恩鏋等人关在凤阳,降职发配他的党羽到不同地方守边关。朱恩鏋暗中指使押送的人用刑具拘禁,死去了好几十人。没过几天,他的大儿子突然死去,朱恩镨背上的毒疮发作而死。(选自《辽王植传》)

朱恩鏋不讲道义,杀了他本人确实应该。至于他的同党,不过是支持和依附于他而已。朱恩镨违背王命尽数杀死他们,能逃得过冥冥中的惩罚吗?

祖上厚德,子孙必兴

刘基①曾祖濠,仕宋为翰林掌书。宋亡,邑子林融倡义旅。事败,元遣使簿录其党，多连染。使者道宿濠家，濠醉使者而焚其庐，籍悉毁。使者计无所出，乃为更其籍，连染者皆得免。基幼颖异，其师郑复初谓其父曰："君祖德厚。此子必大君之门矣。"基博通经史，尤精象纬之学。佐明太祖定天下，封诚意伯。(《刘基传》)

【注释】

①刘基(1311年~1375年)：字伯温，谥曰文成，元末明初杰出的军事谋略家、政治家、文学家和思想家，明朝开国元勋，汉族，浙江文成南田(原属青田)人，明洪武三年(1370年)封诚意伯。通经史、晓天文、精兵法，辅佐朱元璋完成帝业。

【译文】

刘基的曾祖父刘濠，在南宋担任翰林掌书一职。宋朝灭亡后，同乡人林融领兵起义。起义失败后，元朝朝廷派使者登记他的同党，受牵连的人很多。这位使者路过并借宿在刘濠家，刘濠灌醉了使者并烧掉了自己的屋子，记录名册都被烧毁了。使者没有办法，于是重写了一份名单，受到牵连的人都得以幸免。刘基年幼就聪颖过人，他的老师郑复初对他的父亲说："您家祖上阴德深厚，这个孩子一定会光大您的门楣。"刘基博览群书通达经史的道理，尤其精通周易卦象和占卜预测的学问。刘基辅佐明太祖平定天下，被封为诚意伯。(选自《刘基传》)

阴毒险刻，父子受诛

詹徽①官吏部尚书，有才智。然性险刻。李善长②之死，徽有力焉。蓝玉③下狱，语连徽，及子尚宝丞绂并坐诛。(《詹徽传》)

【注释】

①詹徽(？~1393年)：字资善，婺源(今属江西)人，明朝元勋詹同之子，与父亲詹同一样曾官拜吏部尚书，后官至太子少保。

②李善长（1314年~1390年）：字百室。凤阳定远（今属安徽）人。明朝开国功臣，曾任中书省丞相。洪武二十三年（1390年），以胡惟庸党追问，一门七十余人被杀。

③蓝玉（？~1393年）：凤阳定远（今属安徽）人，常遇春妻弟，明朝开国名将，官拜大将军，封凉国公。后遭疑谋反，被明太祖处决，株连一万五千多人，是为明前期之"蓝玉案"。

【译文】

詹徽官拜吏部尚书，颇有才学智慧，但是性格阴险妒忌刻薄。李善长的死，詹徽有推波助澜的举动。后来洪武二十六年（1393年）蓝玉下狱，供出詹徽和他的儿子詹绂是他的同党，当时詹绂担任尚宝丞一职，詹徽父子都遭连坐诛杀。（选自《詹徽传》）

冤枉无辜，楚疾而卒

王瑜①以总旗隶赵王②府。永乐末，告常山护卫指挥孟贤等变，按治有验，贤等伏诛。而授瑜千户。而所发不轨事有枉者。正统四年，得疾，束两手如高悬状，号救求解而卒。（《王瑜传》）

孟贤等既罪状属实，则瑜之知情而告变，于义当矣。顾不当连及无辜耳！

【注释】

①王瑜（1382年~1439年）：字廷器，南京淮安府山阳县（今江苏省淮安县）人，明朝官员。

②赵王朱高燧（1386年~1431年）：明太祖朱元璋孙，明成祖朱棣第三子。为朱棣与皇后徐氏之子。明成祖永乐二年（1404年），晋封赵王。

【译文】

王瑜是赵王府的总旗统领，明成祖永乐末年，他告发常山护卫指挥孟贤等人图谋兵变，调查后确有此事，孟贤等人被处死。因而王瑜被授予千户侯。然而他所揭发叛乱之事中曾经冤枉无辜。明英宗正统四年（1439年），他得了重病，双手像被捆绑高悬的样子，大声呼救求人帮他解开束缚，就这样死去了。（选自《王瑜传》）

孟贤等人犯罪事实确凿，所以王瑜知道情况后告发叛变，从道义上来讲是应该的，但是不应当牵连到无辜的人啊！

深文刻薄，受诬狱卒

牟俸抚苏松。中官汪直①有事南京，或谮俸。十四年，俸议事至京，直请执俸下诏狱，谪戍湖广。俸在江西时，其成许聪狱，人多议其深文。至是被祸，皆知为直诬，然无白其冤者，逾年卒戍所。（《牟俸传》）

【注释】

①汪直（？~1487年）：明朝成化年间的宦官，明代权宦之一。广西桂平西北大藤峡人，瑶族，曾伺奉明宪宗万贵妃。总领京兵精锐"十二团营"，开明代禁军掌于内臣之先河。

【译文】

牟俸任苏州和松江的巡抚。宦官汪直到南京办事，有人向他说牟俸的坏话。成化十四年（1478年），牟俸到京城商议公事，汪直奏请朝廷拘捕牟俸关进了钦犯监狱，并被发配到湖广一带。牟俸在江西做官时，酿成了许聪一案，人们大多议论他执法严苛。到此时遇到灾祸，大家都知道他是被汪直诬陷的，但没有人为他辩白申冤，过了一年，牟俸死在戍所。（选自《牟俸传》）

法网恢恢，疏而不漏

周新①官浙江按察使，初入境，群蚋迎马头，迹得死人榛中，身系小木印。新验印，知死者故布商。密令广市布，视印文合，捕鞫之，尽获诸盗。一

日视事，旋风吹叶坠案前，叶异他树，询左右，独一僧寺有之。寺去城远，新意僧杀人。发树果见妇人尸。鞫实磔僧。（《周新传》）

【注释】

①周新：字志新，一字日新，南海（今广东南海县）人，明朝司法官，善于决狱，判案廉直义正，后得罪权贵，被明成祖处死，后成祖封之为杭州城隍。

【译文】

周新担任浙江按察使，当周新进入浙江境内时，有一群蚊虫迎着马头飞舞，追随着蚊虫在树丛中发现一具尸体，身上系着一个小木印。周新检验了木印，知道死者生前是个布商。于是秘密下达命令广泛购买布匹，发现上面印文相合的，就抓捕审讯，全数抓获了盗匪。有一天周新处理公事时，旋风吹落一片树叶掉在公案前，叶子和周围的树叶都不一样，询问身边侍从，只有一个寺庙有这种树。寺庙离城很远，周新怀疑庙里的僧人杀了人，挖开树，果然发现一具女人的尸体，审讯得到实情后，将僧人凌迟处死。（选自《周新传》）

诬杀直臣，终以罪诛

锦衣卫指挥纪纲①，使千户缉事浙江，攫贿作威福。廉使周新欲按治之，遁去，纲诬奏新罪，逮新戮之。临刑大呼曰：生为直臣，死当作直鬼。帝后若见人绯衣立日中，曰：臣周新，已为神，当为陛下治奸贪吏。后纪纲以罪诛，新事益白。（《周新传》）

【注释】

①纪纲：山东临邑人。明朝锦衣卫都督佥事。后因图谋不轨，被明成祖处死。

【译文】

锦衣卫指挥纪纲，派遣千户到浙江去办案，千户索取贿赂作威作福。任廉使的周新想将他查讯惩办，千户逃脱回京。纪纲就上奏诬陷周新有罪，逮捕周新并杀了他。临刑前周新大声呼喊道："我生为正直的臣子，死后也应当是正直的鬼。"皇帝后来仿佛看见有人穿着红衣站在阳光下，说："臣是周新，已经封为神灵，应当为陛下惩治奸贪的官员。"后来纪纲犯罪被杀，周新的事更加大白于天下。（选自《周新传》）

义妇冤死，天降大旱

张昺官铅山知县，铅山俗，妇人夫死辄嫁。昺欲变其俗，令寡妇皆具牒受判。署二木，曰羞，嫁者跪之，曰节，不嫁者跪之。民傅四妻祝，誓死守，舅姑绐令跪羞木下，昺判从之。祝投后园池中死，邑大旱。昺梦妇人泣拜，觉而识其里居姓氏，往诘其状。及启土，貌如生。昺哭之恸，曰：杀妇者我也。为文以祭，改葬焉，天遂大雨。（《张昺传》）

【译文】

张昺担任铅山知县，铅山当地有个风俗，丈夫去世了妻子，就要再嫁。张昺想改变这个风俗，命令寡妇都准备文书接受裁决。他在两块木头上各写一字，一块写着"羞"，再嫁的人跪在下面；一块写着"节"，不嫁的人跪在下面。平民傅四的妻子祝氏发誓到死守志，公婆欺骗她，叫她跪在"羞"木下。张昺按她的选择判决同意改嫁。祝氏就跳进后园水塘中死去，县中遭遇大旱灾。张昺梦见有一位妇人哭着向他叩拜，醒来后张昺知道她居住的地方和姓氏，前去查问她的情况。等到挖开泥土，她的面貌像活着的人一样。张昺哭得非常悲痛，说："杀死此妇人的，是我啊。"张昺写文章祭祀祝氏，并改葬到其他地方，天上就下起大雨。（选自《张昺传》）

虐下诬杀，号病而卒

尹昌隆[①]初为皇太子傅，后改礼部主事。尚书吕震[②]方用事，当其独处精思，以手指刮眉毛，则必有密谋深计。官属相戒，无敢白事者。昌隆前白事，震怒不应。昌隆退，白太子，取令旨行之。震大怒，奏昌隆蓄无君心，下狱置极刑死。震后病，号呼尹相，言见昌隆守欲杀之云。(《尹昌隆传》)

【注释】

①尹昌隆（？~1417年）：字彦谦，江西泰和人，明朝政治人物、进士榜眼。曾任礼部主事，之后得罪尚书吕震，被诬陷下狱获死。

②吕震（1365年~1426年）：字克声，陕西行省奉元路临潼县（今陕西省临潼县）人，明朝政治人物。任礼部尚书兼任太子少师，后晋升太子太保兼吏部尚书。

【译文】

尹昌隆当初任皇太子傅，后来改任礼部主事。礼部尚书吕震刚掌权的时候，每当他处心积虑思考时，就用手指刮眉毛，一定能盘算出深入周密的想法。下属们互相告诫这个时候一定不要去禀告公务。尹昌隆却上前禀报事情，吕震生气不理睬。尹昌隆退下后，把事情禀报太子，得到太子的命令就去执行了。吕震非常生气，上奏告发尹昌隆目无君上，把他逮捕入狱并处以死刑。吕震后来生病时，大声呼喊"尹相"，说看见尹昌隆守在身边要杀他。(选自《尹昌隆传》)

扰乱国政，死于非命

刘球①官翰林侍读。正统四年，帝以王振②言，大举征麓。球上疏谏，振衔之。钦天监正彭德清，球乡人也，倚振势为奸，球绝不与通。德清恨之，遂摘疏中揽权语，谓振曰："此指公耳。"振大怒，逮下诏狱，属指挥马顺杀球。顺深夜携一小校持刀至球所，球方卧起立，颈断，体犹植。遂支解之，瘗狱户下。顺有子病久，忽起捽顺发，拳且蹴之。曰："老贼，令尔他日祸逾我。我刘球也。"顺惊悸，俄而子死，小校亦死。球死数年，瓦剌果入寇，英宗北狩，振被杀。朝士立击顺毙之，而德清自土木遁还，下狱论斩，寻瘐死，诏戮其尸。(《刘球传》)

【注释】

①刘球（1392年~1443年）：字求乐，更字廷振，江西安福县人，明朝官员。曾家居读书十年，从学者众，有《两溪文集》)

②王振（？~1449年）：明英宗时宦官，山西蔚州（现今河北蔚县）人。瓦剌大举入侵。王振鼓动英宗亲征，行至土木堡（今河北怀来东），全军覆没，英宗被俘，王振被护卫将军樊忠锤杀。

【译文】

刘球任翰林侍读一职，正统四年（1439年），英宗听信王振的谗言，大举讨伐麓川。刘球上奏进谏，王振怀恨在心。钦天监正彭德清是刘球的同乡，倚仗王振的势力做了不少坏事。刘球拒绝与他来往，彭德清怀恨在心，就摘录刘球奏折中提到揽权的话，对王振说："这是指您啊！"王振大怒，抓捕刘球下了天牢，并指使指挥马顺杀死刘球。马顺深夜带一名小校拿着刀到刘球的囚处，刘球睡下后刚起来，就被砍断脖子，身体却还直立着。于是马顺支解了刘球的尸体，埋在牢狱门外的地下。马顺有个儿子生病已久，忽然站起来揪住马顺的头发，拳打脚踢地说："老贼，让你以后遭遇比我更惨痛的灾祸，我就是刘球。"马顺惊惧不已，很快他儿子就死了，跟随他的小校也死了。刘球死后几年，瓦剌军队入侵，明英宗亲征被俘，王振被杀，朝官们一起把马顺打死。彭德清从土木堡逃了回来，被抓入狱判了死罪，不久死在狱中，代宗皇帝下令暴尸示众。（选自《刘球传》）

诬人冤枉，楚疾而死

范广①为都督同知，与都督张軏②不相能。軏诬广谋立外藩，下狱论死。明年春軏早朝还，途中为拱揖状，左右怪问之。曰："范广过也。"遂得疾，不能睡，痛楚月余而死。（《范广传》）

【注释】

①范广：辽东人，明朝军事将领。勇猛善战，土木堡之变后，助于谦坚守北

京,最终被排挤陷害而死。

②张軏(1393年~1458年):河南开封府祥符县(今河南省开封市)人,明朝军事人物。当时于谦、王文、范广的死,都有张軏背后出力。

【译文】

范广担任都督同知,与都督张軏关系不好。张軏诬陷范广密谋拥立藩王,将范广下狱判了死刑。第二年春天,张軏下早朝回家,路上做出拱手作揖的样子,左右的人奇怪地问他,他说:"是范广刚才路过。"于是张軏得了重病,无法入睡,痛苦了一个多月才死去。(选自《范广传》)

厚德慎言,子孙满堂

商辂①官大学士,既谢政。刘吉②过之,见其子孙林立,叹曰:"吾与公同事历年,未尝见公笔下妄杀一人,宜天之报公厚。"辂曰:"正不敢使朝廷妄杀一人耳。"居十年卒,年七十三。(《商辂传》)

【注释】

①商辂(1414年~1486年):字弘载,号素庵,浙江淳安人,明朝状元,官至内阁首辅。

②刘吉:字祐之,京师保定府博野县(今河北省博野县)人。明朝政治人物,宪宗成化年间著名的"纸糊三阁老"之一。孝宗初期为明廷首辅。

【译文】

商辂官至大学士,已经辞官回乡。刘吉去拜访他,看到他子孙满堂,感叹说:"我跟您同事多年了,从来没有看到您笔下乱杀过一个人,难怪老天给您子孙满堂的厚报啊!"商辂说:"的确不敢让朝廷乱杀一个人啊!"后来他居家十年才去世了,享年七十三岁。(选自《商辂传》)

祷告城隍，昭雪冤情

黄绂①官四川左参政，按部崇庆，旋风起舆前，不得行。绂曰："此必有冤，吾当为理。"风遂散。至州，祷城隍神，梦若有言州西寺者。寺去州四十里，倚山为巢，后临巨塘。僧夜杀人沉之塘下，分其赀，且多藏妇女于窟中。绂发吏兵围之，穷诘得其状，诛僧。（《黄绂传》）

【注释】

①黄绂（1422年~1493年）：字用章，平越卫（今贵州福泉）人。明朝南京户部尚书、进士出身。为官守正不阿，当时有"硬黄"之称。

【译文】

黄绂任四川左参政，巡视管辖内的崇庆时，一阵旋风吹到车前，不能前行。黄绂说："这里一定有冤情，我应当要断明此案。"风于是停息了。到了州城，他去城隍庙祷告，梦里仿佛有人说州城西面的寺院。寺院距离州城有40里，靠山而建，后面临近一个大水塘。僧人夜里杀人并投尸进水塘中，瓜分了被杀者的财物，还在洞窟中藏了不少妇女。黄绂派官兵包围寺院，深入追查，得到实情，诛杀了犯罪的僧人。（选自《黄绂传》）

直谏受刑，天感护佑

杨爵①官御史，疏诋符瑞，言过切直。下诏狱，榜掠，血肉狼藉，死而复苏。逾年，工部员外郎刘魁、再逾年、给事中周怡，皆以言事同系。嘉靖二十六年十一月，大高元殿灾，帝祷于露台。火光中若有呼三人忠臣者，遂传诏急释之。（《杨爵传》）

【注释】

①杨爵（？~1549年），字伯珍，陕西富平人。明朝政治人物，因直言劝谏明世宗而入狱，著《周易辨说》、《中庸解》。

【译文】

杨爵担任御史，上疏否定天降祥瑞的说法，言辞过于恳切直率。皇帝将他下诏狱，严刑拷打，打得血肉模糊，晕死后又苏醒过来。第二年，工部员外郎刘魁，再过一年，给事中周怡，都因为向君王进谏而被拘禁。嘉靖二十六年（1547年）十一月，大高元殿起火，皇帝在露台祷告。火光中像有人呼喊那三位是忠臣，于是皇帝急忙传诏令释放他们。（选自《杨爵传》）

阴贼良善，终受报应

永邵卜为西宁患，诱杀副使李魁，边臣不能报。二十三年，直入南川，参将达云设攻要害，大败之。手馘其帅一人，即前杀李魁者，其地即魁阵亡处，时又皆九月也。（《达云传》）

【译文】

永邵卜成为西宁的边患，曾经诱杀副使李魁，边疆的大臣却不能为他报仇。万历二十三年（1595年），永邵卜带兵直入南川，参将达云在战略要地设置兵力，大败永邵卜。达云亲手杀死敌帅一人，正是之前杀死李魁的人，设伏的地方也正是李魁阵亡的地方，时间又都是九月。（选自《达云传》）

为公直谏，避害免死

邹元标①观政刑部。张居正夺情，元标上疏极谏。居正②大怒，廷杖八十，谪戍都匀卫，元标处之怡然。巡按御史承居正指，将害元标。行次镇远，一夕御史暴死，元标遂免。（《邹元标传》）

【注释】

①邹元标（1551年~1624年）：字尔瞻，号南皋。江西吉水县人，明代东林党首领之一，与赵南星、顾宪成号为"三君"。

②张居正（1525年~1582年）：字叔大，号太岳，湖广江陵（今属湖北省）人，少名张白圭，又称张江陵。明代政治家、改革家。中国历史上优秀的内阁首辅之一。

【译文】

邹元标在刑部学习政事。当时张居正未按礼仪回家给父亲守丧，邹元标上疏极力劝谏。张居正非常恼怒，打了他八十棍子，贬职流放到都匀卫，邹元标却处之泰然。巡按御史受张居正的指使，想要陷害邹元标。路过镇远时，一天晚上御史突然死去，邹元标于是幸免于难。（选自《邹元标传》）

尽忠守节，鬼神护佑

贺逢圣①官大学士致政。张献忠②陷武昌，执逢圣。叱曰："我朝廷大臣，若曹敢无礼。"贼麾使去，遂投墩子湖死也。贼来自夏，去以秋云。大吏望衍而祭，有神梦于湖之人："我守贺相殊苦，汝受而视之。有黑子在其左手，其征是。"觉而异之，竢于湖，赫然而尸出。验之，果是。盖沉之百有七十日，面如生。以冬十一月壬子殓，大吏挥泪而葬之。（《贺逢圣传》）

【注释】

①贺逢圣（1585年~1643年）：字克繇，号对扬，湖广江夏（今湖北武汉）人。明末政治人物。张献忠攻陷武昌，投湖死。

②张献忠（1606年~1647年）：字秉吾，号敬轩，明末农民起义领袖，主要割据于四川，曾建立大西政权。

【译文】

贺逢圣官拜大学士，后辞官还乡。张献忠攻陷武昌，抓住贺逢圣，贺逢圣呵斥道："我是朝廷大臣，你们胆敢对我无礼！"贼寇们对他随意驱使，于是他就跳墩子湖自尽了。贼兵夏天来,到秋天离去。地方长官在湖边祭祀贺逢圣,有神灵托梦给湖边的人说:"我为贺宰相守灵很辛苦,你把他接过去守护吧,他的左手有颗黑痣,可以证明身份。"那人睡醒后非常奇怪,等候在湖边,尸体突然浮上水面,验证后,果然是贺逢圣的尸体。从他投湖以来已经有一百七十天了,面色像生前一样。在冬天十一月壬子日装殓入棺,地方长官洒泪把他埋葬了。(选自《贺逢圣传》)

不媚权势,天神护佑

施邦曜①官工部营缮司员外郎,魏忠贤②兴三殿工,诸曹奔走其门,邦曜不往。忠贤欲困之,使拆北堂,期五日。适大风拔屋,免谯责。又使作兽吻,仿嘉靖间,制莫考。梦神告之,发地得吻,嘉靖旧物也。忠贤不能难。(《施邦曜传》)

【注释】

①施邦曜(1585年~1644年):字尔韬,号四明,浙江余姚人。明末忠臣,李自成破北京后以死殉国。

②魏忠贤(1568年~1627年):原名魏四,入宫后改名李进忠。由才人王氏复姓,出任秉笔太监后,改名忠贤,表字完吾。明朝末期著名宦官。北直隶肃宁(今河北沧州肃宁县)人。

【译文】

施邦曜任工部营缮司员外郎,魏忠贤要重建三大殿工程,工部各官员都到他门下奔走钻营,只有施邦曜不去。魏忠贤想刁难他,让他负责拆除北堂,只给他5天的期限。恰好大风吹倒房屋,免去了施邦曜被责难的劫难。又让他制造门环饰,还要仿照嘉靖年间的款式,没有可供参考的资料。施邦曜梦见神灵指点他,挖地得到了门环饰,正好是嘉靖年间的旧物。魏忠贤没能刁难到他。(选自《施邦曜传》)

惠政爱民，喜生贵子

史可法①祖应元官黄平知州，有惠政，语其子从质曰："我家必昌。"从质妻尹氏有身，梦文天祥入其舍，生可法。以孝闻，官至太傅，为明忠臣。（《史可法传》）

【注释】

①史可法（1601年~1645年）：字宪之，又字道邻，河南开封府祥符县（今河南开封市）人，祖籍顺天府大兴县（今北京），师承左光斗。明末南京兵部尚书、东阁大学士，民族英雄。因为抗清被俘，不屈而死。

【译文】

史可法的祖父史应元，担任黄平知州，施行仁政，告诉他的儿子史从质说："我们家一定会昌盛。"史从质的妻子尹氏有了身孕，梦见文天祥进入她的房间，生下了史可法。史可法的孝顺出了名，官职做到太傅，是明朝有名的忠臣。（选自《史可法传》）

守节尽忠，天神护佑

何腾蛟①以兵部右侍郎总督湖广诸省军务。左良玉②举兵反，邀腾蛟偕行，不可，则尽杀城中人以劫之。士民争匿其署中，良玉破垣举火。腾蛟急解印，付家人，令速走。将自到，为良玉部将拥去。良玉欲与同舟，不从，乃置之别舟，以副将四人守之。舟次汉阳门，乘间跃入江，水漂十余里，一渔舟救之起，则汉前将军关壮缪侯庙前也。家人怀印者亦至，相视大惊，觅渔舟忽不见。远近咸谓腾蛟忠诚，得神佑云。（《何腾蛟传》）

【注释】

①何腾蛟（1592年~1649年）：字云从，浙江山阴人。明末抗清人物，著有《明中湘王何腾蛟集》一卷，谥文烈。兵败被俘自杀。

②左良玉（1599年~1645年）：字昆山。明末山东临清人。明朝、南明军事人物。

【译文】

何腾蛟担任兵部右侍郎，监察湖广各省的军务。左良玉起兵造反，邀约何腾蛟跟他一起举事，他没有同意，左良玉就屠杀城中百姓来威逼何腾蛟。官民都争相躲藏在官府中，左良玉攻占官府并纵火烧毁。何腾蛟急忙取出印绶，交给家人，让他们快快逃走。他准备自杀时，被左良玉的部下将官抓住。左良玉要与何腾蛟同船而行，何腾蛟不服从，就把他安置到别的船上，派4名副将看守他。船行到汉阳门时，何腾蛟趁机跳入江中，顺水漂流十多里，一条渔船把他救起，救起的地方正好在汉前将军关羽庙前。家人也正好怀藏着印绶走到这里，相见后大吃一惊，再找那条渔船时却消失不见了。远近的人都说何腾蛟因为忠诚而得到神灵的保佑。（选自《何腾蛟传》）

为民诚祷，感天降雨

方克勤①官济宁知府。永嘉侯朱亮祖②常率舟师赴北平，水涸，役夫五千浚河。克勤不能止，泣祷于天，忽大雨，水深数尺，舟遂达，民以为神。（《方克勤传》）

【注释】

①方克勤（?~1376年）：字去矜，浙江宁海人，号愚庵，因曾任山东济宁知府，故又称方济宁，方孝孺之父。

②朱亮祖（?~1380年）：字从亮，庐州六安（今属安徽）人，明朝初年开国功臣，封永嘉侯。与其长子朱暹被鞭挞至死。

【译文】

　　方克勤担任济宁知府。永嘉侯朱亮祖曾经带领水军赶赴北平，河水干涸，征调五千劳工去疏通河道。方克勤不能制止，只得哭泣向天祷告，忽然天降大雨，河水深达几尺，水军的船可以通过，百姓把他当作神一样看待。(选自《方克勤传》)

为民息灾，诚感天地

　　谢子襄官处州知府。郡有虎患，岁旱蝗。祷于神，大雨二日，蝗尽死，虎亦遁去。有盗窃官钞，子襄檄城隍神。盗方阅钞密室，忽疾风卷堕市中，盗即伏罪。民鬻牛于市，将屠之，牛逸至子襄前，俯首若有诉，乃捐俸赎还其主。(《谢子襄传》)

【译文】

　　谢子襄担任处州知府。州郡出现老虎为害百姓，同时还发生旱灾和蝗灾。他向神灵祷告后，下了两天大雨，蝗虫都死光了，老虎也逃走了。有一个盗贼偷窃官府的钱财，谢子襄用檄文告知城隍神。盗贼正在密室里面点钱，突然刮起一阵狂风把他和赃物裹挟到集市中，盗贼立即认罪伏法。一个百姓在市场上卖牛，将要屠宰它时，牛逃到谢子襄跟前，低着头像是有话要说，他就捐出自己的俸银把牛赎下，还给了主人。(选自《谢子襄传》)

天悯冤情，作恶受报

　　叶宗人官钱塘知县，尝视事，有蛇升阶，若有所诉。宗人曰："尔有冤乎？吾为尔理。"蛇即出，遗隶尾之，入饼肆炉下。发之，得僵尸，盖肆主杀而瘗之也。又尝行江中，有死人挂舟舵，推问，则里无赖子所沉者。遂俱伏法。(《叶宗人传》)

【译文】

叶宗人担任钱塘知县,有一次处理公务时,有条蛇爬上台阶,好像有话要说的样子。叶宗人说:"你有冤情吗?我为你做主。"蛇立即爬出,他派差役跟随着蛇,蛇爬进一家饼店的炉子下面。挖开地面,发现一具尸体,原来是店铺主人杀人后埋在那里。叶宗人曾经坐船行进在江上,有一具死尸挂在船舵上,仔细调查后,是被附近的无赖杀害后沉尸江中的。于是犯人全都认罪伏法了。(选自《叶宗人传》)

仁政爱民,饥年施粥

徐九思①官句容知县,讼者扶不过十。诸所催科,预为之期,逾期则令里老逮之而已,隶莫敢至乡落。岁祲,煮粥食饿者,全活甚众。官至高州知府,致仕,句容民为建祠茅山。九思年八十五,抱疾,抗手曰:"茅山迎我。"遂卒。(《徐九思传》)

【注释】

①徐九思(1481年~1566年),字子慎,江西贵溪县人。为明朝孝宗、武宗、世宗、穆宗、神宗五世臣。一生官职不高,但刚正廉洁,爱民如子。

【译文】

徐九思担任句容知县时,被诉讼的人鞭打不会超过十下。各种税收的催缴,事先约定期限,过期未交的就派里长逮捕他就算了,差役不敢到乡村里去骚扰百姓。遇到饥荒年,他煮粥给饥饿的人吃,救活了很多人。后来徐九思升到高州知府,告老还乡,句容的百姓在茅山上为他建了祠堂。徐九思八十五岁那年生了病,举手告别说:"茅山要迎我去了。"然后就去世了。(选自《徐九思传》)

尽忠殉节，尸骸不腐

孙燧①巡抚江西。宸濠②反，缚燧与副使许逵，二人且缚且骂不绝口，同遇害。死之日，天忽阴惨，烈风骤起，凡数日，城中民大恐。走收两人尸，尸未变，黑云蔽之，蝇蚋无近者。(《孙燧传》)

史载捐躯殉节诸人，盛暑体不变，乌犬不敢近者。其事甚多，不胜录，兹录其尤异者。

【注释】

①孙燧（1460年~1519年）：字德成，号一川，浙江余姚人。明朝忠臣。官至江西巡抚，宁王朱宸濠谋反时将其杀害。

②宁王朱宸濠（?~1521年）：朱元璋第十七子朱权五世孙，正德十四年六月十四日，朱宸濠在南昌起兵，六万军队自九江沿江而下、窥伺南京，即宸濠之乱，仅仅三十五日，被巡抚南赣的右佥都御史王守仁，会同吉安知府伍文定等迅速平定。

【译文】

孙燧担任江西巡抚。宁王朱宸濠造反，抓住孙燧和副使许逵，二人被捆绑还骂不绝口，一起被杀害了。在行刑那天，天色突然变得阴森凄惨，狂风大作，刮了好几天，城中的百姓都非常害怕。有人去为遇害的两个人收尸，尸体没有腐坏，黑云遮蔽下，苍蝇蚊子都没有接近尸体的。(选自《孙燧传》)

史书记载为国捐躯和为正义牺牲的人，即使在夏天最热时尸体也不会腐烂，乌鸦、狼犬等不敢接近。这样的事情很多，不能一一收录，在此只收录了特别突出的例子。

母疾祷天，神授良药

徐学颜母疾，祷于天，请以身代。夜梦神人授药，旦识其形色，广觅之，得荆沥，遂即愈。(《徐学颜传》)

【译文】
徐学颜的母亲生病了，他向上天祷告，希望自己代替母亲受病苦。夜里徐学颜梦见有神人送给他药，第二天早上记住了形状和颜色，四处寻找，得到荆沥草药，很快治好了母亲的病。(选自《徐学颜传》)

寻鱼奉母，飞鸟相助

姚玭母疾，思食鱼。暮夜无从得。家养一乌，忽飞去，攫鱼以归。(《姚玭传》)

【译文】
姚玭的母亲生病了，想吃鱼。正值夜晚时分，姚玭没有办法弄到鱼。家里养的一只乌鸦，忽然飞走，抓了鱼回来。(选自《姚玭传》)

孝子寻父，神明相助

刘镐父允中，官凭祥巡检，卒于任。镐赴凭祥，莫知葬处。镐昼夜环哭，一苍头故从其父，已转入交趾，忽暮至，若有凭之者，因得冢所在。(《崔敏传》)

【译文】
刘镐的父亲刘允中，在凭祥担任巡检，在任时去世。刘镐赶奔凭祥，却不知道父亲埋葬何处。刘镐日夜不停地哭泣,一位奴仆曾经跟随过他父亲,已经迁到了交趾,一天晚上奴仆忽然回来,仿佛有鬼神附体一样,指引他找到了父亲的坟墓。(选自《崔敏传》)

孝养父母,猛虎不侵

包实夫①途遇虎,衔衣入林中,释而蹲。实夫拜请曰:"吾被食,命也,如父母失养何?"虎即舍去。后人名其地为拜虎冈。

其后筠连诸生苏奎章从父入山,猝遇虎。奎章仓皇泣告,愿舍父食己,虎曳尾徐去。(《谢定住传》)

【注释】

①包实夫:明初江西进贤人。元末包希鲁之子。事亲尽孝,明经力学。"实夫拜虎"的故事在当时被视为孝义的典范。

【译文】

包实夫在半路上遇到了一只老虎,衔住了他的衣服把他拖到树林里,老虎把他放下并蹲着。包实夫就礼拜老虎说道:"我被你吃了,那是我的命,但父母没有人奉养可怎么办呢?"那老虎听了就舍弃他离开了。后人就把那个地方起名叫作拜虎冈。

后来筠连的儒生苏奎章,跟父亲进入山里,突然遇到猛虎。苏奎章急忙哭泣求告,希望猛虎放过父亲来吃自己,老虎就拖着尾巴缓缓离开了。(选自《谢定住传》)

至孝寻父,贵人相助

史五常父萱,官广东佥事,卒,葬南海和光寺侧。五常方七岁,母携以归。比长,恨父不得归葬,往迎父榇,寺没于水久矣。五常泣祷。有老人以

杖指示寺址，发地，果得父椟。(《史五常传》)

【译文】

　　史五常的父亲史萱，担任广东佥事，去世后埋葬在南海和光寺旁边。当时史五常只有七岁，母亲带他回家乡。等到史五常长大了，悔恨不能让父亲回乡安葬，他前往南海接回父亲的遗体，但寺庙已经被水淹没很久了。史五常哭泣祷告。有一位老人用拐杖指点他寺庙遗址，挖开土，果然得到了父亲的棺木。(选自《史五常传》)

至诚寻父，家人团聚

　　王原文安人，父珣以家贫役重，逃去。原稍长，问父所在，母告以故。号泣辞母，遍历山东南北。一日渡海，至田横岛，假寐神祠中，梦至一寺，当午炊莎和肉羹食之。一老父至，惊觉。原告之梦，请占之。老父曰："若何为者？"曰："寻父。"老父曰："午者正南位也，莎根附子肉和之，附子胗也，求诸南方，父子其会乎。"原喜谢去。至辉县带山，有寺曰"梦觉"，原心动。天雨雪，卧寺门外，及曙，一僧启门出，骇曰："汝何人？"曰："文安人，寻父而来。"时珣方执爨灶下，僧谓之曰："若同里有少年来寻父者，若倘识其人。"珣出，见原，皆不相识。问其父姓名，则王珣也。珣亦呼原乳名，抱持恸哭。父子相持归，夫妻子母复聚。原子孙多仕宦者。(《王原传》)

【译文】

　　王原是文安人，父亲王珣因为家里穷、徭役繁重，逃离家乡。王原长大后，问父亲在哪里，母亲如实相告。王原哭着告别母亲，走遍山东南北寻找父亲。有一天王原渡海到田横岛，在神祠中打盹，梦见自己来到一座寺院，当时正是中午，煮莎草和肉汤吃。一个老人走来，将他惊醒。王原把梦告诉他，请他帮助解梦。老人问："你想求什么事？"他说："我要寻找父亲。"老人说："中午是正南方向，莎草的根是附子，加上肉是附子胗。向南方寻找，父子可能会相见吧。"王原很高兴地道谢离去。来到辉县的带山，看见一座佛寺名为梦觉寺，王原心中一动。此时天降雨雪，他躺在寺门外，等到天亮，有一位僧人开门出来，吃惊地问："你是何方人士？"王原回答说："我是文安人，寻找我的父亲走到这里。"当时王珣正在灶下烧火，和尚对他说："你家乡有一位来寻找父亲的年轻人，你也许认识这个人。"王珣出来见到王原，两人互不相识，王珣问王原父亲的姓名，说是王珣。王珣也叫出了王原的乳名，两人抱头痛哭。父子一同回家，夫妻母子重又团聚。后来王原的子孙大多是做官的人。（选自《王原传》）

孝子寻母，天感其诚

邱绪，鄞县诸生也。生母黄为嫡余所逐，适江东包氏。未几，转适他所，遂不复相闻。绪父没，事余至孝。余疾，谨奉汤药，不解衣带者数月，余重感其孝。病革与诀曰："我即死，汝无忘若母。"时母被逐已二十年矣。一夕梦人告曰："若母在台州金鳌寺前。"觉而识之。次日与人憩于途，诘之，则包氏故养马厮也。叩以母所向，曰："有周平者，曾悉其事，今已戍京卫矣。"绪姊壻谒选在京，遗书嘱访平，久之未得。一日有避雨于邱门者，其声类鄞人，叩之则周平也。言黄已适台州李副使，子绪得报。即至台，而李已没，其嗣子漫不知前事。绪彷徨掩泣于道。有伤之者，导谒老媒妁王四，曰："已再适仙居吴义官，吴仙居巨族也。"绪至，历瞷数十家，无所遇。已而抵一儒生吴秉朗家，语之故，生感其意留止焉。有叔母闻所留者异乡人也，恚而咻之。生告以绪意，叔母者黄故主母也，颇忆前事，然不详所往。呼旧苍头问之，云金鳌寺前，去岁经之棺已殡寺旁矣。绪以其言与梦合，信之。行且泣，牛触之，坠于沟，则舆夫马长之门也。骇而出，问所从来，绪以情告。长曰："吾前舆一妇至缙云苍岭下，殆是也。"舆绪至其处，绪遍物色，无所遇，怅怅行委巷中。为一媪立门外，探之，知鄞人，告以所从来。媪亦转询邱氏耗，则绪母也。抱持而哭，闾里皆感动。寺旁棺者，盖其姒氏云。所适陈翁，贫而无子，绪并迎以归，备极孝养。（《邱绪传》）

【译文】

邱绪是鄞县的秀才，生母黄氏被嫡母余氏驱逐出门，黄氏嫁给江东的包氏。不久就搬到了其他地方，就再无音信了。邱绪的父亲过世后，他服侍嫡母余氏非常孝顺，余氏生病，他小心地侍候治疗，一连几个月夜晚不敢解衣而眠。余氏深深被他的孝心感动，临终时与他诀别道："我马上就要走了，你不要忘记你的母亲。"此时邱绪生母被赶走已经有二十年了。一天夜里，邱绪梦见有人对他说："你的母亲在台州金鳌寺前面。"醒来后记住了这句话。第二天与某人在路途中一同休息，一打听，对方原来是包氏以前养马的仆役。邱绪向他询问母亲的去向，对方说："有个叫周平的人了解此事，现在已经去京师卫所当兵了。"邱绪的姐夫正在京师等候选官，便写信去请他寻找周平，很长时间都没有寻到。一天有人在旅馆前避雨，口音很像鄞县人，上前询问，对方正是周平，周平说黄氏已经嫁给台州李副使。邱绪得到消息即刻前往台州，而李副使已经去世，他的继子对过去的事毫不知情，邱绪徘徊在路上掩面哭泣，有人同情他，就带他去见老媒人王四，王四说黄氏已再嫁给仙居人吴义官了。吴氏是仙居的大家族。邱绪找到那里，探访数十家，都没有找到。最后到了一个儒生吴秉朗家，告诉他缘由，吴秉朗被邱绪的心意感动，留他住下。他叔母听说留宿了外乡人，生气怒骂。吴秉朗告诉她邱绪为何而来，他叔母恰好正是黄氏原来的女主人，对过去的事情记得很清楚，但不知道黄氏去向。喊来旧日的仆人询问，回答说去年经过金鳌寺，黄氏的棺木已经埋在寺旁了。邱绪因为这话与梦见的相吻合，相信了，边走边哭，被牛撞倒掉进沟里，正好这里是轿夫马长家门口。马长惊讶地出来，问他从哪里来的，邱绪以实情相告，马长说："我前些时抬一位妇女到缙云苍岭脚下，大概就是那儿吧。"就用轿子抬邱绪到那里，邱绪四处寻找，没有找到，在小巷中行走，不知所措。一位老妇站在门外，邱绪便向她询问，知道她也是鄞县人，告诉她自己从哪里来，老妇也反问邱家的情况，此人正是邱绪的母亲。母子相认抱头痛哭，邻里都被感动。寺旁的棺材原来是黄氏的妯娌。所嫁的陈姓老人，家贫无子，又欠很多债，邱绪回家取钱帮他还了债，连同陈老人一同迎接回家，奉养极其孝顺。（选自《邱绪传》）

万里寻亲,仙人指路

赵重华云南太和人,父廷瑞游江湖间,久不返。重华长,谒郡守请路引。榜其背曰"万里寻亲"。久之,竟无所遇。过丹阳,盗攫其货,所遗独路引。且行且乞,遇一老僧呼问其故,笑曰:"汝父客无锡南禅寺中。"语讫,忽不见。华急趋至寺,果其父,出路引示之,相与恸哭。留数日乃还云南。(《赵重华传》)

【译文】

赵重华是云南太和人,父亲赵廷瑞外出到各地游历,一直没有回来。赵重华长大后,拜见郡守请求发给通行凭证。并在凭证背面写上"万里寻亲"。过了很久,一直都没找到。路过丹阳时,强盗将他的钱财抢走,只留给他通行凭证。他边走边乞讨,遇到一位老和尚叫住他询问原因,然后笑着对他说:"你的父亲居住在无锡的南禅寺中。"说完人就不见了。赵重华急忙赶到寺院,果然找到了父亲,他拿出通行凭证给父亲看,两人抱头痛哭。赵重华住了几天,就与父亲一起回云南。(选自《赵重华传》)

孝女至诚,天遂人愿

招远有孝女,不知其姓。父采石南山,为蟒所吞,女哭云:"愿见父尸同死。"俄顷,大雷电击蟒坠女前,腹裂,见父尸。女负土掩埋,触石而死。(《姚孝女传》)

【译文】

招远县有一位孝女,不知道她的姓氏。父亲在南山采石时,被蟒蛇吞食,孝女哭着说:"希望能见到父亲尸体,跟父亲一起死。"过了一会儿,一阵大雷电把蟒蛇击落在孝女面前,它的腹部裂开,父亲尸体显露出来。孝女背土掩埋

了父亲后,以头撞石自尽而死。(选自《姚孝女传》)

残杀烈女,无处可逃

蔡烈女少孤,与祖母居。一日祖母出,有逐仆为僧者,来乞食,挑之,不从。挟以刃,女徒手搏之,受伤十余处,死。贼遁去,官行验,忽来首伏。官怪问故,贼曰:"女拘我至此。"遂抵罪。(《孙烈女传》)

【译文】

蔡烈女小时候就成了孤儿,跟祖母一起居住。一天祖母出门,有个僧人以前是被赶走的仆人,前来乞讨,挑逗蔡烈女,她坚决不从。对方拿出刀刃要挟,蔡烈女赤手空拳与他搏斗,受伤十几处后被杀害。贼人逃走了,官府查验现场,贼人突然来自首。官吏奇怪地问他缘故,贼人说:"是蔡烈女把我抓到这里的。"于是他认罪伏法。(选自《孙烈女传》)

孝顺守节,天神护佑

玉亭县君,伊府宗室典柄女。适杨仞,不两月,仞卒,号恸不食。或劝以舅姑年老,且有遗孕,乃忍死襄事。及生男,家日落。万历二十一年,河南大饥,宗禄久缺,纺绩三日,不得一餐。母子相持恸哭,夜梦神语曰:"汝节行上闻于天,当有以相助。"母子所梦皆符,其子曰:"取屋后土作坯易粟。"其日掘土得钱数百,自是每掘辄得钱。一日,舍旁地陷,得石炭一窖。取以供爨,延两月余,官俸亦至。人以为苦节所感。(《玉亭县君传》)

【译文】

玉亭县君是皇族朱典柄的女儿。嫁给杨仞,不到两个月,杨仞就过世了,她悲痛得不吃东西。有人劝说她公婆年岁大了,而且她还怀有身孕。她这才忍住悲痛帮助料理葬事。后来她生了个儿子,家道日益衰落。万历二十一年(1593

年),河南发生大饥荒,宗室的俸禄很久领不到,纺纱织线三天也换不到一顿饭。母子抱头痛哭,晚上梦见神仙对她说:"你的守节行为老天已经听说了,会来帮助你的。"母子所做的梦不约而同。她的儿子说:"挖房后的土做土坯换粮食吧。"那天挖土挖出来几百文钱,从此,每次挖土都能找到钱。一天屋旁的地面塌陷,得到一窖煤炭,用来烧火做饭。过了两个多月,官俸也送到了,人们认为这是艰苦守节的回报。(选自《玉亭县君传》)

至诚守节,官府赡老

马节妇适诸生刘濂,十七而寡,翁家甚贫,利其再适,必欲夺其志。不与饮食,百计挫之,志益厉。尝闭门自经,救之,渐苏。翁阴纳沈氏聘,其姑诱与俱出,令女奴抱纳沈舟,妇投河不得,疾呼天救我。须臾风雨昼晦,疾雷击舟,欲覆者数四。沈惧,乃旋舟还之。事闻于县,县令妇别居,官赡之以老。(《马节妇传》)

【译文】

马节妇嫁给了秀才刘濂,十七岁就守寡了,公公家很穷,想让她再嫁收点钱,于是非要让她改嫁不成。公公婆婆不给她吃喝,千方百计折磨她,她的意志却更加坚定。曾经关起房门上吊自杀,被救下来,渐渐苏醒。公公暗中收了沈家的聘礼,婆婆骗她一同出门,令女仆抱着她送到沈家船上。马节妇投河不成,大喊天救我。不一会儿,天昏地暗风雨大作,雷电击打到船上,船多次几乎倾覆。沈家害怕了,于是调头将马节妇送还。事情传到县里,县令让她单独居住,官府赡养她到老。(选自《马节妇传》)

割乳救姑,至诚感天

李孝妇名中姑,适桂廷凤。姑疾将不起,妇涕泣忧悼。闻有言乳肉可疗者,一日煮药,爇香,祷灶神,自割一乳,昏仆于地,气已绝。廷凤呼药不至，出视，见血流满地，大惊，呼救，倾骇城市。邑长佐皆诣其庐，命亟治。俄有僧踵门曰："以室中蕲艾傅之，即愈。"如其言果苏，比求僧，不见矣。乃取乳和药进姑，姑竟获全。（《李孝妇传》）

【译文】

李孝妇名叫中姑，嫁给桂廷凤。婆婆得了病快要死了，她担忧哭泣。听说乳房上的肉可以治疗，有一天中姑煮上药敬上香，向灶神祷告，自己割下一个乳房，昏倒在地，几乎断了气。桂廷凤喊她拿药来没有回音，出屋一看，只见血流满地，大吃一惊，连忙呼救，惊动了全城。当地官员都来到她家，命令即刻治疗。不久有一位僧人登门说："用屋里蕲州所产艾草敷在伤口，便可痊愈。"于是照他的话做了，李孝妇果然苏醒过来，等到去找那位僧人，就不见了。就用乳房的肉煮药给婆婆吃，婆婆竟然保住了性命。（选自《李孝妇传》）

诬谤烈女，惨受杖杀

刘烈女，邻富儿张阿官屡窥之，一夕缘梯入，女呼父母共执之，将讼官。张之从子倡言刘女诲淫，缚人取财，人多信之。女呼告父曰："贼污我名，不可活矣，我当诉帝求直耳。"即自缢。盛暑待验，暴日中无尸气。张延讼师丁二，执前说，女傅魂于二曰："汝以笔污我，我先杀汝。"二立死。时江涛震吼，岸上裂崩数十丈，人以为女冤所致。有司立杖杀阿官及从子。（《刘烈女传》）

【译文】

刘烈女邻居富家子弟张阿官多次打她的主意，一天晚上爬梯子进她家，刘烈女呼唤父母一同将他抓住，准备报官。张阿官的侄子公然说是刘氏女以色引诱，抓住人讹诈财物，人们大多相信。刘烈女告诉父亲说："贼人玷污我的清誉，我不能活了，我要向上天控诉讨个公道。"随即上吊而死。夏天最热时等候验尸，暴晒在烈日下毫无尸臭气味。张家请讼师丁二坚持前面的说法，刘烈女鬼魂附在丁二身上说:"你用笔污蔑我,我先杀了你。"丁二立刻就死了。当时江中波涛汹涌水声震响,江岸崩裂了几十丈,人们认为是刘烈女的冤情引起的。官府便用杖刑打死了张阿官和他的侄子。(选自《刘烈女传》)

原 跋

　　易书积善余庆，书言作善降祥，经训昭垂尚矣。《太上感应篇》虽出于道藏，而祸福无门惟人自召，仍本春秋左氏传语。其所劝惩，皆切于民生日用，与道家诸书之尚符箓讲导引者不同。后人或援稗官野史，及里巷传闻，为之诠证，不免为儒者所轻。余家自先五世祖侍讲公以来，世守文昌阴骘文，以为束身寡过之资。洎先大人少孤力学，刻意潜修，兼奉感应篇一书。尝辑正史所载善恶报应之彰彰者，凡若干条，曰二十二史感应录，以明劝戒。刊版行世，垂六十年，吾吴及京师久已风行。今蕴章视学来闽，重刊以广流传。俾承学之士，见援引皆本于史传，益以信感应之不诬，而检束身心，以迎善气，未必无功于世也。夫人为善为恶，未有不自知者。知为善而充之，善心日扩，善气日臻矣。知为恶而纵之，恶心日炽，恶气日盈矣。即此善恶之心，积而为吉凶之应，则不待庚申三尸之奏，月晦司命之言，而始邀天鉴也。此心之炯然难昧者，即谓之三尸可也，即谓之司命可也。铜山西倾，洛钟东应，以类相感。在物且然，而况于人乎。

道光二十六年十二月上澣男蕴章谨跋

【译文】

　　《周易》上说，积善行的家庭必定会给后世遗留吉庆。《尚书》说，行善天会降临吉祥，经书上的训诫教诲是值得推崇的。《太上感应篇》虽然是道家经典，但"祸福无门，惟人自召"，原来是《春秋左氏传》中的话。它所讲的惩恶劝善道理，都切合日常生活，与道家崇尚画符和道气引体的书不同。后世有人引用野史小说和市井传闻，为《太上感应篇》作诠释和佐证，难免被读书人轻视。我家自上世五代祖先（当时任侍讲公一职）以来，世代以《文昌帝君阴骘文》保守节操，作为约束行为减少过失的依据。传到先父大人，少失父母而勤勉治学，克制意念专心深造，同时奉行感应篇。先父曾经汇集正史记载的善恶报应中较为显著的，总辑成册，名为《二十二史感应录》，来阐明劝善戒恶的道理。刊版发行将近六十年了，从江南到京师都普及很广。现在我来福建督学，再次出版此书使它广为流传。使继承学习此书的人，看到引用的都是史书内容，更加深信因果感应的真实不虚，而检点约束身心行为，得到善心善果的祥瑞之气，一定会对世间风气好转起到积极作用。人行善作恶没有心里不清楚的，知道行善而多多去做，善心就会每天增长，吉祥之气就会接连不断。知道作恶而放纵自己，恶心会每天炽盛，灾殃之气也会越来越多。这份善恶的心，积累久了就会有吉凶祸福的报应，不用等到庚申日三尸神向上天汇报，也不用等到农历最后一天灶神对天帝言说时，才请天神来审判。这颗心的明亮锐利不可欺，既可以是三尸神，也可以是灶神。铜山西倾，洛钟东应，重大事件彼此都会相感应，事物尚且如此，何况人呢？

道光二十六年十二月上澣男蕴章谨跋

附 积善之家：长洲彭氏家族简介

《易》云："积善之家，必有余庆。"意思是说，一个积累善行的人家，会给他的后代子孙留下多余的吉庆，以庇佑子孙。几千年来，中国人就秉承这样的理念，教导后世子孙，要积善传家。

在中国历史上，有许多人才辈出、绵延千年的家族，即是以此作为传家之宝。如苏州范家，自宋文正公范仲淹以来，八百余年，家风不坠，科甲相继，堪称世德书香世家。本书辑录者彭希涑之家，同样亦是如此。其门长洲彭氏是清代苏州四大望族之一，因在明清时期世居苏州府长洲县十全街，故称长洲彭氏。彭氏家族世代书香门第，从清朝初年以来，科甲冠于天下，成为科举世家，仅《彭氏宗谱》有记载的二十世中，就有进士18人，举人23人。彭氏作为贯穿整个清代的科举世家，世代力行善事，笃信因果，重视教育，广著劝善文，刊印善书，以《文昌帝君阴骘文》和《太上感应篇》传家。

一、行善寒素之家风

在光绪年间余治所辑的《得一录》中称："苏郡世德，首推彭氏"，可见彭氏家族世代积善的家风，在当时影响深远。彭氏早在明末时四世祖彭淳就因与人为善而名闻吴中，到清代，彭氏将科举功名的显赫所带来的财富和影响力，致力于当地的公益慈善事业。凡有益于民众教育和劝善救济之事，家族成员便积极参与，不辞劳苦。康熙年间，彭氏十世祖彭定求积极参与新建修葺学校、文化遗址和前贤祠宇的劝募集资活动，后世子弟继承先志，在民众教育事业方面贡献良多。彭绍升拓展家族原有善举，创设增扩润族田和创办近取堂，慈善业绩最为突出。彭氏还深入到社会救济的公益事业中，创建了各种善堂救助贫困孤独，逢灾年施衣药、设粥厂，倡导保物放生、珍惜字纸等善行。清朝彭氏在苏州参与慈善事业的情况详见下表：

人物	世系	善堂名	善堂功能	参与类型	参与时间
彭定求	第10世	放生会	保全物命	创建	康熙年间
彭绍升	第13世	近取会	济贫	创建	乾隆37年
		近取堂	周恤孤寡	创建	乾隆40年
		恤嫠会	周济孀居儒嫠	创建	乾隆39年
		放生会	保全物命	创建	乾隆年间
		润族会	救济贫族	创建	乾隆年间
彭希洛	第14世	施棺局	施棺掩埋	重建	嘉庆年间
		育婴堂	育婴保婴	募捐两千余两	嘉庆9-10年
		济贫会	施钱米，代觅生计	募捐相助	嘉庆9-10年
彭慰高	第16世	男普济会	济贫	董理	道光后期
		彭氏谊庄	求济贫族，资助教育	创建	光绪二年
彭祖贤	第16世	彭氏谊庄	求济贫族，资助教育	创建	光绪二年
彭森	第16世	儒嫠会	周济儒嫠、民嫠	创办	咸丰元年
		惜字局	收焚废纸	与人共建	咸丰年间
彭康保	第17世	儒嫠会	专济儒嫠儒孤	接办	同治初年
		民嫠会	专济民嫠	接办	同治23年
		儒嫠学堂		辅助办理	同治21年
彭福保	第17世	仁济会	收埋代葬，修葺桥梁	创建	咸丰7年
		恤嫠会	救济寡妇	与人共建	咸丰元年
		惜字会	收焚废纸	与人共建	咸丰元年
彭福孙	第17世	平粜局	低价供米	创建	光绪23年以后
		施粥厂	施粥	创建	
		彭氏小学	招收本族及外姓学生	创建	光绪30年

彭氏从一介寒士通过科举起家成为官宦世家，却一直保持着寒素的家风，在彭文杰的《彭氏宗谱》序中说到："历世二十，为年五百，清门素业，不涉浮夸。"家族世代崇尚节俭，居官清廉，不积私产，家财大多施舍救济。10世祖彭宁求"虽置身清班，而举家食指所资瘠田不及顷，卜庐复售他姓，仅就旁舍以居。"12世祖官居一品的彭启丰"由会状起家，官至极品，而遗产不及十顷。"同样官至一品的15世祖彭蕴章"位极人臣，襄替枢密，身后仅五百亩耳。"

二、笃信因果之家学

彭氏作为科举人才辈出的官宦世家，以儒家学问奠基，兼修佛道，尤以佛学方面造诣深厚。这种融通儒释、笃信因果的家学与行善寒素的家风相得益彰，培养出了众多志在修齐治平、淡泊名利、恩及一方的人才。下表列举了彭氏家族18位进士及第先人：

姓名	世系	科份	名次
彭昉	第5世	正德辛未（1511）	三甲一百八十一名
彭汝谐	第7世	万历丙辰（1616）	三甲第五名
彭珑	第9世	顺治己亥（1659）	二甲六十六名
彭定求	第10世	康熙丙辰（1676）	一甲第一名
彭宁求	第10世	康熙壬戌（1682）	一甲第三名
彭启丰	第12世	雍正丁未（1727）	一甲第一名
彭绍观	第13世	乾隆丁丑（1757）	二甲五十七名
彭绍升	第13世	乾隆辛巳（1761）	二甲十八名
彭希濂	第14世	乾隆甲辰（1784）	二甲第九名
彭希洛	第14世	乾隆丁未（1787）	二甲十一名
彭希郑	第14世	乾隆己酉（1789）	三甲十五名
彭蕴辉	第15世	嘉庆己未（1799）	二甲四十四名
彭蕴章	第15世	道光乙未（1835）	二甲五十名
彭諲祥	第17世	光绪甲午（1894）	二甲二十二名
彭泰士	第18世	光绪戊戌（1898）	二甲四十五名
彭士襄	第18世	光绪癸寅（1903）	二甲五十四名

彭氏家族作为科举世家，对当时的儒学心学尤其是佛学发展均有重要贡献，以13世祖彭绍升为例，二十二岁中进士，乐善好施，深入佛教经藏，勤于笔耕，为佛教学人留下诸多著作，人称清中最著名的菩萨居士。他促成禅净合一，导归西方净土，开辟了近代佛教念佛实修的道路，为净土宗的盛行起到推波助澜的作用。再如17世祖彭翼仲，于清末外寇横行之际，弃官投身报界，以舆论开启民智。创办了开启童智的《启蒙画报》、开启民智的《京话日报》和开启官智的《中华报》，宣传维新救国思想，成为中国新闻事业的开拓者。

彭氏是有名的积善之家，世代奉行《太上感应篇》和《文昌帝君阴骘文》，笃信因果，不但家人力行善道，还撰写劝善书文，广刊善书，将因果伦理道德思想广宣流布。彭定求、彭启丰、彭绍升和彭蕴章等，都亲笔撰写宣扬因果教育的文章或为此类书籍作序。彭启丰在位登尚书之后，还日读《感应篇》，并为《感应篇》题名"元宰必读书"，又解释说："非谓读此书，即可作状元宰相，而状元宰相，决不可不读此书。"正是在这种重视因果教育的家风影响下，彭希涑才辑此《二十二史感应录》，劝导大众去恶就善。

三、积善得福之家道

彭氏家族不积财物，而以积善得福之道兴旺，不但在清朝民国时期传为美谈，更为现代社会树立了长保尊贵平安的榜样。彭氏世代利益民众、热心公益，在仕途上不屑趋名逐利，却也有不少官居尊位的族人，且居高位者以"先天下之忧而忧，后天下之乐而乐"为勉励，秉承志在圣贤，成为读书为官者的楷模。彭氏族人出仕为官的情况详见下表：

世系	一品	二品	三品	四品	五品	六品	七品	八品	九品
第5世							1		
第6世								1	
第7世									
第8世									
第9世							1		
第10世				2				2	
第11世						2	1	1	
第12世	1						2		1
第13世				1	1		2	1	2
第14世		1		1	1	2	3		3
第15世	1				3	4		3	6
第16世			1	1	3	5		5	3
第17世				3	4	4	3	10	5
第18世					1	6	6	2	1

第10世族人彭定求、彭宁求，先后中了状元和探花。彭定求状元及第后授翰林院修撰，历国子监司业，翰林院侍讲。他所撰善书包括《元宰必读书》、《保富确言》、《文昌玉局心忏》与《质神录》等，都是教人修身立命之学的著作。《元宰必读书》收录感应、劝孝、阴骘、觉世、敬字、遏欲、放生等文章，后来成为家塾课本，用以教子授徒。自彭定求以后，彭氏世代诵读及撰著善书，绵绵不绝。

彭定求之孙彭启丰在27岁时就状元及第，创彭氏祖孙会状佳话。他历事雍正、乾隆两朝，为官四十年，官至兵部尚书，为官表里如一，论事"必度时势所宜，不苟为高论"。晚年归乡后主讲紫阳书院十五年，教化一方子弟，乾隆年间状元钱棨、石韫玉等都出自他的门下。

到第14世彭希濂高中进士，历事乾隆、嘉庆两朝，官至刑部和吏部右侍郎、福建按察使司按察使，多次审办地方大案要案。

本书作者彭希涑之子彭蕴章，是彭氏家族中又一位官居高位之人，历任兵、工两部尚书，荷嘉庆、道光、咸丰三朝知遇之隆。他精于财政，在战火四起的咸丰年间为征兵筹饷尽力调度，对解决当时财政困难出力甚多，成为晚清名臣之一。彭蕴章还亲自课子读书，对子女教育非常严格，长子彭慰高中举人，官至二品顶戴、盐运使衔浙江候补道；四子彭祖贤也是出色的政治人才，后官湖北巡抚，头品顶戴兼湖广总督。

近代佛门大德印光老法师曾云："凡发科发甲，皆其祖父有大阴德。若无阴德，以人力而发，必有大祸在后，不如不发之为愈也。历观古今来大圣大贤之生，皆其祖父积德所致，大富大贵亦然。"彭氏家族的兴盛，即是明证。

纵观历史上兴盛过百年的世族，都如民国时期聂云台先生著作《保富法》中所讲，往往是"钱最少的大官"。那些"为天地立心，为生民立命，为往圣继绝学，为万世开太平"的读书人，将自己的才学功名贡献给劳苦大众，不积财给子孙，却将无尽福报延绵后世。正如长洲彭氏家族，它为当代人树立了注重家风家学家道、以德行智慧传家的典范。

参考资料：

彭文杰：《彭氏宗谱》12卷，民国11年（1922），衣言庄刻本

胡艳杰：《清代苏州科举世家研究》，苏州大学，2006年4月

中华文化讲堂系列图书

序号	书名	著者	定价
"治要"系列			
1	《群书治要》考译	（唐）魏徵等	298.00
2	《群书治要》译注（全二十八册）	（唐）魏徵等	420.00
3	《群书治要》译注（精装全十册）	（唐）魏徵等	980.00
4	《群书治要》译注（简体全十册）	（唐）魏徵等	420.00
5	群书治要（原文版）	（唐）魏徵等	128.00
6	《群书治要》360	（唐）魏徵等	15.00
7	《群书治要》360（二）	（唐）魏徵等	15.00
8	品读《群书治要》	刘余莉	32.00
9	《群书治要》心得	萧祥剑	32.00
10	《群书治要》五十讲	萧祥剑	49.80
11	国学治要（全八册）	张文治	320.00
12	群书治要菁华录（全三册）	（唐）魏徵等	98.00
13	古镜今鉴：《群书治要》故事选	（唐）魏徵等	29.80
14	建国君民，教学为先：《群书治要》的启示	刘余莉等	25.00
15	群书治要360（正体字版）Ⅰ	（唐）魏徵等	30.00
16	群书治要360（正体字版）Ⅱ	（唐）魏徵等	30.00
王凤仪伦理思想系列			
1	王凤仪讲人生	王凤仪	32.00
2	王凤仪诚明录	王凤仪	29.80
3	王凤仪嘉言录	王凤仪	29.80
4	王凤仪言行录	王凤仪	29.80
5	王凤仪笃行录	王凤仪	29.80
6	来自山沟的大智慧(全二册)	以志	58.00
7	王凤仪年谱与语录(全二册)	王凤仪	48.00
8	王凤仪性理讲病录	王凤仪	29.80
9	家和万事兴	王元五	29.80

10	家和万事兴Ⅱ：伦理道德与幸福人生	王元五	25.00
11	来自山沟的大智慧（精装版）	以志	58.00

钟茂森儒释道经典讲座系列

1	《孝经》研习报告	钟茂森	29.80
2	《朱子治家格言》研习报告	钟茂森	25.00
3	《弟子规》研习报告	钟茂森	18.00
4	《太上感应篇》研习报告	钟茂森	18.00
5	《十善业道经》研习报告	钟茂森	18.00
6	找寻中国精神	钟茂森	25.00
7	《了凡四训》研习报告	钟茂森	25.00
8	细讲《大学》	钟茂森	25.00
9	钟博士讲解《弟子规》	钟茂森	22.00
10	钟博士简讲《孝经》	钟茂森	22.00
11	细讲《论语》（Ⅰ、Ⅱ）	钟茂森	23.80
12	窈窕淑女的标准	钟茂森	29.80
13	中国精神	钟茂森	10.00
14	《文昌帝君阴骘文》讲记	钟茂森	108.00
15	母慈子孝	钟茂森	19.80
16	赵良玉钟茂森母子讲演录（全二册）	赵良玉 钟茂森	16.00
17	《论语》讲记（全九册）	钟茂森	360.00
18	钟茂森博士儒释道经典讲座文集（全五册）	钟茂森	160.00
19	《弟子规、太上感应篇、十善业道经》研习报告	钟茂森	32.00
20	《地藏菩萨本愿经》研习报告	钟茂森	32.00
21	《佛说阿弥陀经》研习报告	钟茂森	32.00
22	《三十七道品》研习报告	钟茂森	32.00
23	《佛说盂兰盆经》研习报告、细讲《六和敬》	钟茂森	32.00

女德教育系列

1	女四书·女孝经	（清）王相	18.00
2	女子德育课本	蔡振绅	18.00

3	窈窕淑女的标准	钟茂森	29.80
4	《女四书》白话解	沈朱坤	15.00
5	齐家治国 女德为要	陈静瑜	26.00
6	《女四书·女孝经》译注	（清）王相	26.00
7	《教女遗规》译注	（清）陈宏谋	32.00
8	教子要言	（清）郭家珍	18.00

童蒙养正系列

1	五种遗规	（清）陈宏谋	58.00
2	民国老课本（全五册）	沈颐、戴克敦等	75.00
3	《养正遗规》译注	（清）陈宏谋	32.00
4	《弟子规》图说	（清）李毓秀	6.00
5	德育课本（全四册）	蔡振绅	128.00
6	言文对照小学集注	（宋）朱熹	29.80
7	民国小学生作文选刊（全八册）	蔡元培等	240.00
8	民国老作文：全国学生国文成绩新文库	蔡元培等	120.00
9	常礼举要讲记	徐醒民	20.00
10	澄衷蒙学堂字课图说（全八册）	刘树屏	240.00
11	福田心耕—青少年要上的十二堂国学课	蔡礼旭	15.00
12	为你自己读书	肖卫	26.80
13	为你自己读书Ⅱ	肖卫	26.80

深入经藏系列

1	《阿弥陀经》白话解释	黄智海	20.00
2	《观无量寿佛经》白话解释	黄智海	20.00
3	《普贤行愿品》白话解释	黄智海	20.00
4	《心经·金刚经》白话解释	黄智海等	20.00
5	《无量寿经》白话易解	净空法师	20.00
6	《地藏菩萨本愿经》白话解释	胡维铨	20.00
7	改过修善、惜福积福——《太上感应篇》讲记	净空法师	26.00
8	改造命运、心想事成——《了凡四训》讲记	净空法师	26.00

9	印光法师文钞全集	印光法师	168.00
10	感应篇汇编	印光法师鉴定	68.00
11	安士全书	周安士	68.00
12	《佛说阿弥陀经要解》讲记	净空法师	30.00
13	《六祖坛经》讲记	净空法师	30.00
14	《地藏菩萨本愿经》讲记	净空法师	30.00
15	《阿难问事佛吉凶经》讲记	净空法师	30.00
16	《无量寿经菁华》讲记	净空法师	30.00
17	《十善业道经》讲记	净空法师	30.00
18	《发起菩萨殊胜志乐经》讲记	净空法师	30.00
19	《金刚经》讲记	净空法师	30.00

国学经典系列

1	张居正讲《大学 中庸》	（明）张居正	24.00
2	张居正讲《论语》	（明）张居正	32.00
3	张居正讲《孟子》	（明）张居正	42.00
4	读易简说、儒学简说	徐醒民	32.00
5	悦心集	（清）雍正	29.80
6	《论语》讲要	李炳南	36.00
7	文白对照曾国藩家书全编（全四册）	（清）曾国藩	198.00
8	言文对照《古文观止》	宋晶如	58.00
9	曾文正公全集（全二十三册）	（清）曾国藩	698.00
10	中华传世经典藏书（第一辑）全十册	王应麟等	100.00
11	纳兰词笺	（清）纳兰性德	29.80
12	曾文正公家书（正体竖排）	（清）曾国藩	78.00
13	儒释道经典临摹字帖（全40册）	中华文化讲堂	240.00

其他系列

1	《中华文化大讲堂》（第一、二、三辑）	诚敬和	32.00
2	企业人的道德修养	慧祥	25.00
3	人生宝典：了凡四训、俞净意公遇灶神记、心相篇、保富法、王凤仪嘉言表	和谐	29.80

4	曾国藩传	蒋星德	29.80
5	家和宝典	刘光启	29.80
6	踏对人生的脚步	蔡礼旭	25.00
7	建立理智的人生观	蔡礼旭	22.00
8	老人言	净空法师	29.80
9	民间国学手抄本	周本寿	29.80
10	老祖宗的吃饭智慧	田永胜	25.00
11	述而集	李树明	20.00
12	老子的智慧	赵远帆	21.00
13	读史是人生的必修课	(清)彭希涑	32.00

联系方式

电　话：010 — 65407420　13911578809　　网　址：www.zhwhdjt.com

（"中华文化讲堂系列丛书"编辑工作组诚邀广大热爱传统文化的同仁加入，从事编辑、设计的工作，欢迎有志者发送个人简历至电子邮箱：bjcgwx@aliyun.com）